Das Buch
Ein Toter wird gefunden. Keiner kennt ihn. Er ist verstümmelt. Weder Alter noch Geschlecht sind erkennbar. Wie kann er identifiziert werden?
Bei einem anderen Todesfall stellt sich die Frage: Ist die Person eines natürlichen Todes gestorben, oder handelt es sich hier um einen Unfall, Selbsttötung oder Mord?
Das Buch schildert äußerst spannend authentische Kriminalfälle. Kriminalisten und Gerichtsmediziner arbeiten gemeinsam und engagiert an ihrer Aufklärung. Und manchmal tritt die Wahrheit erst im erbitterten Streit der Meinungen hervor. Der Leser erlebt erregende und tragische Schicksale von Menschen, die verzweifelt sind und den Tod suchen, von unschuldig Verurteilten und raffinierten Mördern. Ein spannendes Buch, das niveauvoll unterhält.

Der Autor
Hans Pfeiffer, Jahrgang 1925, studierte Germanistik und beschäftigt sich seit Jahrzehnten mit authentischen Gewaltverbrechen. Er hat zahlreiche Kriminalromane geschrieben, ist Autor von Sachbüchern und Dramendichter.
Hans Pfeiffer lebt in Leipzig.

HANS PFEIFFER

Die Sprache der Toten

Ungeklärte Todesfälle auf dem Seziertisch

WILHELM HEYNE VERLAG

MÜNCHEN

HEYNE ALLGEMEINE REIHE
Nr. 01/10482

Umwelthinweis:
Dieses Buch wurde auf
chlor- und säurefreiem Papier gedruckt.

7. Auflage

Copyright © 1994 by Miltzke Verlag, Leipzig
Wilhelm Heyne Verlag GmbH & Co. KG, München
Printed in Denmark 2002
Umschlagillustration: Tony Stone Images/Leland Bobbe
Umschlaggestaltung: Atelier Ingrid Schütz, München
Satz: (2859) IBV Satz- und Datentechnik GmbH, Berlin
Druck und Bindung: Nørhaven Paperback A/S, Viborg

ISBN 3-453-13064-2

INHALTSVERZEICHNIS

VORWORT 7

I. KAPITEL

Probleme der Identifizierung 11
    Der 3-Knochen-Fall 13
    Der Fall Webster 16
    Der Zyklopenauge-Fall 23
    Der Kindermord-Fall von Aberdeen 33
    Nur ein Haar 40
    Bankraub und Raubmord 47
    Der Sexualmörder Pitchfork 51

II. KAPITEL

Natürlicher Tod, Unfall, Selbstmord oder Mord? 59
    Wenn Tote wiederauferstehen 60
    Tod einer Tierfreundin 62
    »Russisches Roulett« 66
    Die lachende Tote 69
    Halsschnitt 74
    Entrinnen unmöglich 82
    Tod in der Badewanne 88
        Fall Nr. 1: Die toten Bräute in der Badewanne 88
        Fall Nr. 2: Hinter verschlossener Tür 95
        Fall Nr. 3: Der sicherste Weg ins Jenseits 100
    Elektrotod 104
        Fall Nr. 1: Ende eines Sonntags 104
        Fall Nr. 2: Tödliche Masturbation 110
        Fall Nr. 3: Selbsthinrichtung 113
        Fall Nr. 4: Elektromörder ohne Chance 115
    Der Tod im Abendmahlskelch 120
    Sein wie ein Vogel 123

Die Nikotinmörder 129
Anzeige gegen Unbekannt 138
Der »schöne Schlaf« 144
Tödliches Dreieck 153
»Plötzlich und unerwartet« 162

III. KAPITEL

Duell der Experten 169
  Der Fall Marie Lafarge 170
  Der Fall Marie Besnard 184
  Der Rasiermesser-Fall 192
  Der Fall der »schrecklichen roten Löcher« 204
  Der Kulmbacher Fall 217
  Der Fall des Zahnarztes Dr. Müller 224
  Der Kälberstrick-Fall 239

NACHBEMERKUNG 251

VORWORT

Berichtet wird im folgenden von der Tätigkeit des Gerichtsmediziners bei der Untersuchung ungeklärter Todesfälle. Der Leser erhält Einblick in einen Bereich, der im Kriminalroman meist zu kurz kommt oder ganz ausgespart wird.

Mit seiner Arbeit unterstützt der Gerichtsmediziner – heute meist Rechtsmediziner genannt – die Rechtspflege. Der Gerichtsmediziner tritt in Tätigkeit, wenn bei einem Todesfall natürliche Ursachen bezweifelt werden. Er besichtigt und obduziert die Leiche und stellt dabei Todesart, Todesursache und -zeit fest. Hat fremde Hand den Tod eines Menschen verursacht, hilft der gerichtsmedizinische Befund, die äußere und innere Seite der Tat in ihrer Gesamtheit zu ergründen. Manchmal ist die Rekonstruktion eines Tatherganges überhaupt nur durch gerichtsmedizinische Erkenntnisse möglich. Der Rechtsmediziner trägt damit zur Rechtssicherheit in der Gesellschaft bei. Als Sachverständiger macht er vor Gericht seine Aussage. Aber seine Beweise dienen weder der Anklage noch der Verteidigung allein. Der Arzt als Sachverständiger vor Gericht, so sagt G. Hansen, nimmt nicht zur Schuldfrage Stellung. »Seine Aufgabe besteht in der objektiven wissenschaftlichen Darstellung und Erörterung von Tatsachen.« Als naturwissenschaftlicher Sachverständiger hilft er der Justiz, die Rechtsprechung von subjektiver und emotionaler Verzerrung zu befreien und zu Wahrheit und gerechtem Urteil zu finden.

Weit war der Weg der Gerichtsmedizin gewesen, um diesem Ziel näherzukommen. Über ihrer Frühzeit liegt Dunkel. Nur wenig ist bekannt, wann Ärzte zum ersten Mal in den Dienst gerichtlicher Untersuchung gestellt wurden. Anfangs war die Medizin noch keine selbständige Wissenschaft. Priester und Naturforscher betrieben sie sozusagen »nebenberuflich«. In den urgesellschaftlich organisierten Sippen und Stämmen wurden Sühne und Vergeltung noch »privatrechtlich« durch die Blutrache vollzogen. Erst als eine stammesrechtliche und später staatliche Gesetzgebung entstand, konnte die Tötung eines Menschen durch Vieh oder Geld gesühnt werden. Die Höhe der Sühne hing von der Schwere des Verbrechens ab. Es wurde notwendig, zwischen Mord und Totschlag zu unterscheiden oder den Umfang von Körperverletzung genau zu bestimmen. So erwähnen einige germanische Stammesrechte des 6. Jahrhunderts n. Chr. zum ersten Mal ärztliche Gutachter. Grundsätze germanischer Stammesrechte erhielten sich über die Jahrhunderte fränkischer und sächsischer Staatenbildung weiter. Die gerichtliche Medizin des Mittelalters beruhte teils auf diesem Gewohnheitsrecht, wurde aber auch von oberitalienischem Stadtrecht beeinflußt. In den deutschen Städten waren die Untersuchung Verletzter und die gerichtsmedizinische Leichenschau seit dem 14. Jahrhundert Brauch geworden.

Eine Grenze war jedoch damals aller gerichtsmedizinischen Tätigkeit gesetzt. Papst Bonifaz VIII. verbot jegliche Sektion. Die Todesursache durfte also nicht durch Obduktion, durch die Leichenöffnung, festgestellt werden. Der Arzt besichtigte lediglich den Leichnam von außen und benannte Wunde und Grad der Verletzung. Erst im 17. Jahrhundert wurde die Obduktion in Deutschland und Frankreich legal. Überhaupt brachte dieses Jahrhundert der gerichtlichen Medizin umwälzende Fortschritte. Fußend auf Vesalius, der bereits im 16. Jahrhundert das Sektionsverbot durchbrochen und anatomische Studien unternommen hatte, begannen deutsche, französische, holländische Ärzte, Symptome des gewaltsamen Todes zu untersuchen.

Die nach der Französischen Revolution einsetzende kapitalistische Entwicklung im 19. Jahrhundert wirkte sich mittelbar auch auf die gerichtliche Medizin aus. Neue technische Errungenschaften verbesserten das medizinische Instrumentarium. Die bürgerliche Gesellschaft veränderte auch die Form des Gerichtsverfahrens. Der Code Civil Napoleons I. schuf eine neue Prozeßordnung. An die Stelle des geheimen Verfahrens, das durch Folter Geständnisse erpreßte, trat das öffentliche Verfahren mündlicher Verhandlung. Der Angeklagte kann nur dann schuldig befunden werden, wenn sich objektive Beweise für seine Tat finden lassen. Der Indizienbeweis wird bedeutungsvoll. Zeugen, sagte der Gerichtsmediziner Sidney Smith, können sich irren, aus Unwissenheit oder Angst falsch aussagen – eine Wunde, eine Blutspur, ein Geschoß können nicht lügen. Sie reden die Wahrheit für den, der ihre Sprache versteht. So stellte der für die Prozeßordnung notwendige Indizienbeweis neue höhere Anforderungen an die gerichtliche Medizin. Durch die sprunghafte technisch-industrielle Entwicklung erhielt sie gegen Ende des 19. Jahrhunderts einen weiteren Anschub. Hatte schon Marx auf die Produktivkraft des Verbrechens hingewiesen, das durch seine stets neuen Mittel des Angriffs auf das Eigentum stets neue Verteidigungsmittel ins Leben rufe, wies um die Jahrhundertwende Ingenieur Nelken, ein Sachverständiger des Berliner Polizeipräsidiums, erneut auf diese Wechselwirkung hin: »Zwischen der fortschreitenden Technik und dem technisch fortgeschrittenen Verbrechertum herrschen wechselvolle Beziehungen ... Hat die Technik einen Schritt vorwärts gemacht, so kann sie sich ihres Sieges nicht lange erfreuen, denn auch der Verbrecher lernt hinzu, macht oft seinerseits einen Schritt vorwärts und liefert uns so immer wieder den Beweis, daß auch er rastlos arbeitet und sich die neuesten Fortschritte der Technik zu eigen macht.«

Die Gerichtsmedizin stellte sich den neuen Anforderungen. Ende des 19. Jahrhunderts richteten die Universitäten Lehrstühle für Gerichtsmedizin ein. 1901 wurde die gerichtliche Medizin Pflichtfach für Medizinstudenten. In anderen europäischen Ländern vollzog sich eine ähnliche Entwicklung.

Die in diesem Buch erzählten Fälle lassen die Vielfalt, die Rückschläge und die Erfolge der Rechtsmedizin erahnen. Sie zeigen, wie sie sich im Lauf der Jahrhunderte technisch und wissenschaftlich vervollkommnet, neue Methoden findet und klassische unendlich verfeinert. Atomphysik, Lasertechnik und Elektronik eröffneten der Gerichtsmedizin die Mikrowelt scheinbar unsichtbarer Spuren. Sichere Nachweise für die Individualisierung von Spuren wurden in den letzten Jahrzehnten gefunden. Das verstärkte die objektive Beweiskraft gerichtsmedizinischer und kriminaltechnischer Gutachten ungemein.

Die folgenden Tatsachenberichte, die Kriminalfälle von einer oft nicht beachteten, aber nicht weniger spannenden Seite aufrollen, konnten nur entstehen, weil ich die tabulose Unterstützung von Gerichtsmedizinern erhielt, die mir aus ihrer Praxis erzählten. Ihnen schulde ich Dank. Einige von ihnen vereinen sich in diesem Buch zur Person des Dr. Walthari. Er ist, ebenso wie der Kriminalist Birnbaum, eine erfundene Figur. Ihre Fälle jedoch sind Realität. Eine Reihe von Namen wurde aus verständlichen Gründen geändert.

I
PROBLEME
DER IDENTIFIZIERUNG

Ein unbekannter Toter wird gefunden. Oder nur noch der Rest dessen, was einst ein Mensch war: ein Schädel, ein paar Knochen. Wird sich jemals feststellen lassen, wer dieser Mensch gewesen ist? Man muß es erfahren. Oft weist der Ermordete den Weg zum Mörder.

Am Anfang dieser kriminalistischen Ermittlung steht die Aufgabe, das möglicherweise noch unbekannte Opfer und den eventuell noch unbekannten Täter zu erkennen und zu identifizieren. Zeugen können sich täuschen, unsere Sinne sind unvollkommen, die Erinnerung narrt. Objektive Beweise für die Identität eines Menschen können nur aus ihm und durch ihn gefunden werden.

Das ist möglich, weil die Vielfalt der Individuen und die Einmaligkeit des einzelnen ein biologisches Gesetz sind. Also können individuelle körperliche Merkmale eines unbekannten Toten mit denen einer bekannten Person verglichen und damit die Identität beider bewiesen oder ausgeschlossen werden.

Der 3-Knochen-Fall

Das Frühlicht läßt den Mond über dem ägyptischen Fellachendorf verblassen. Noch liegt Stille über den Hütten, der Schlaf zu dieser Stunde ist tief.

Da bellt ein Hund. Er hat die Schritte gehört – obwohl der Mann, der soeben seine Hütte verlassen hat, lautlos durch den Sand zu gehen sucht. Er bleibt stehen, blickt sich um. Der Hund ist verstummt. Rasch geht der Mann weiter, dem Ausgang des Dorfes entgegen. Er trägt einen Sack über der Schulter, in der einen Hand einen zusammengerollten Strick. Bald liegt das Dorf hinter ihm. Vor ihm dehnt sich unendlich die Wüste. Es ist nicht weit bis zum alten Ziehbrunnen am Rande der Siedlung. Das Gemäuer bröckelt schon. Die Quelle ist seit Jahren versiegt, der Brunnen wird deshalb nicht mehr benutzt.

Vor der Öffnung des Schachtes kniet der Mann nieder. Den Strick bindet er an der Winde fest, das andere Ende des Seils wirft er in die Tiefe. Er zieht eine Fackel aus dem Sack und setzt sie in Brand. Dann läßt er sich langsam am Strick hinabgleiten. Allmählich wird das Zwielicht zur Dämmerung und schließlich zum Dunkel. Die Fackel brennt unruhig in der stickigen Luft. Noch ist der Mann nicht auf dem Grund des Brunnens angekommen, aber schon jetzt spürt er den Geruch, vor dem er sich gefürchtet hat. Sein Körper verkrampft sich. Als er endlich den Boden erreicht, fühlt er eisige Kälte auf der Kopfhaut. Die Beine knicken zusammen. Er glaubt, ersticken zu müssen. Dann rafft er sich auf und leuchtet den Boden ab. Er braucht nicht lange zu suchen. Was da zwischen den Steinen liegt, war einst ein Mensch. Jetzt ist es ein Skelett. An einzelnen Knochen haften noch gallertartige Fleischreste.

Der Mann atmet flach und rasch. Er stopft das zerfallende Gebein in den Sack. Wieder wird ihm dabei übel. Er lehnt sich an den Mauerrand. Dann bindet er sich den Sack auf den Rücken und klettert empor. Er fürchtet, nie mehr nach oben zu kommen. Als er schließlich mit zerschundenen Händen aus dem Brunnen kriecht, bleibt er erschöpft liegen. Da sieht er die Sonne aufgehen. Er steht auf und schleppt seine Last zum Nil hinunter, öffnet den Sack und wirft die Knochen ins Wasser. Sie versinken zögernd.

Der Weg zurück ist leicht. Wieder bellt der Hund. Als der Mann in die Hütte tritt, denkt er, niemand hat ihn gesehen. Und wenn, wie man erzählt, der Brunnen wieder in Tätigkeit gesetzt werden soll, wird man dort unten nichts mehr finden.

Das war ein Irrtum. In der flackernden Finsternis hatte er drei Knochen übersehen. Sie waren zwischen dem Geröll liegengeblieben. Diese drei Knochen wurden ihm zum Verhängnis. Als der Brunnen wieder hergerichtet wurde, fand man die Knochen und schickte sie nach Kairo.

Am Gerichtsmedizinischen Institut in Kairo arbeitete damals der britische Gerichtsmediziner Dr. Sidney Smith. Er untersuchte die Knochen, um die Identität des unbekannten Toten festzustellen. In seinem Bericht hieß es: »Die Knochen stammen von einer jungen Frau zwischen dreiundzwanzig und fünfundzwanzig Jahren. Sie war klein und schlank. Vermutlich hatte sie mindestens eine Schwangerschaft. Ihr linkes Bein war kürzer als das rechte, so daß sie hinkte. Als Kind hatte sie sicher Kinderlähmung. Sie wurde durch einen Gewehrschuß mit selbstgefertigter Munition verletzt, und zwar wurde der Schuß aus knapp drei Meter Entfernung, von unten nach schräg oben, abgegeben. Sie starb ungefähr sieben bis zehn Tage nach der Verwundung, vermutlich an einer durch den Schuß ausgelösten infektiösen Bauchfellentzündung.«

Das waren sehr präzise Angaben. Die Polizei konnte nun nach einer Vermißten suchen, auf die diese Beschreibung zutraf. Sehr schnell stellte sie fest, daß aus dem Dorf am Brunnen eine junge Frau verschwunden war. Sie war vierundzwanzig Jahre alt, hinkte, hatte ein Kind zur Welt gebracht und bis zu ihrem Verschwinden bei ihrem Vater gewohnt. Der Vater wurde vernommen. Er verwickelte sich in Widersprüche und legte schließlich ein Geständnis ab. Er hatte fahrlässig seine Tochter getötet – durch einen Schuß, der sich beim Reinigen seines Gewehrs löste. Eine Woche nach der Verletzung war sie gestorben. Der Vater hatte keinen Arzt geholt, aus Angst, wegen unerlaubten Waffenbesitzes bestraft zu werden.

Ohne die Fähigkeiten des Gerichtsmediziners Dr. Sidney Smith, aus drei Knochen den ganzen Menschen zu rekonstruieren, so daß er identifiziert werden konnte, wäre der Tod der jungen Frau niemals aufgeklärt worden.

Liest man die Personenbeschreibung, die Smith anhand der drei Knochen gab, glaubt man, hier sei der legendäre Sherlock Holmes am Werk gewesen. Aber Smith verrät, daß hier nicht geniale Intuition im Spiel war, sondern der Zufall und die vier Tugenden eines jeden Gerichtsmediziners: Beobachtungsgabe, Logik, umfassendes Wissen und konstruktive Fantasie. Er berichtet selbst, wie er zu seinem verblüffenden Ergebnis gekommen war: »Die Skeletteile bestanden aus den beiden Beckenknochen und dem Kreuzbein. Zusammengesetzt bildeten sie ein komplettes Becken, das heißt den Teil des Skeletts, von dem sich am leichtesten das Geschlecht ablesen läßt. In diesem Fall war es eindeutig weiblich. Nun stellte die Bestimmung von Körperbau und Größe keine Schwierigkeit mehr dar. Da die Knochen klein und leicht waren, mußte die Frau klein und zierlich gewesen sein. Normalerweise wächst der Kamm der Frau im Alter von zweiundzwanzig bis fünfundzwanzig Jahren zusammen. Da hier die Verwachsung noch nicht ganz abgeschlossen war, konnte ich das Alter der Frau mit einiger Genauigkeit schätzen.

An den Knochen hingen winzige Gewebespuren, deren Zustand verriet, daß sie mindestens drei Monate tot war. Die Auskehlung in den Knochen deutete darauf hin, daß sie mindestens einmal in anderen Umständen war. Das Hinken läßt sich leicht erklären: der rechte Hüftknochen war größer und schwerer als der linke, der rechte Oberschenkelkopf größer. Das bedeutete, daß der rechte Hüftknochen lange Zeit das Hauptgewicht des Körpers tragen mußte, woraus wiederum hervorging, daß sie seit ihrer Kindheit oder frühen Jugend das linke Bein nachzog. Die Ursache war wohl Kinderlähmung. Ich wußte, daß auf die Frau geschossen worden war, denn in ihrem rechten Hüftknochen steckte eine Blei- oder Schrotkugel. Aus ihrer ungleichmäßigen Form schloß ich, daß sie der

Mann selbst hergestellt hatte. In einem anderen Teil desselben Knochens fanden sich eine länglich vertiefte Verletzung und eine dreieckige Fraktur. Diese Verletzungen rührten vermutlich von ähnlichen Geschossen her. Wenn das stimmte, war die Mordwaffe vermutlich ein Gewehr. Der Abstand zwischen den Verletzungen zeigte die Streuung an, und hieraus folgerte ich, daß der Schuß aus knapp drei Meter Entfernung abgegeben wurde. Die vertiefte Verletzung ließ außerdem auf Schußwinkel und -richtung schließen. Die Ränder der Verletzung wiesen eine ganze Reihe von Knochenerosionen auf, ein charakteristisches Zeichen für Eiterung. Das Ausmaß der Erosion erlaubte den Schluß, daß die Vitalfunktionen noch sieben Tage nach der Verletzung fortgedauert hatten. Diese Tatsache sowie der augenscheinliche Beweis einer Infektion ließen auf infektiöse Bauchfellentzündung als wahrscheinliche Todesursache schließen.«

Dieser 3-Knochen-Fall aus den 20er Jahren ist ein Musterbeispiel für erfolgreiche Identifizierung eines unbekannten Toten. Der Gerichtsmediziner zog aus Einzelteilen des Körpers Rückschlüsse auf den ganzen Körperbau, auf Größe, Alter, Gewicht, Geschlecht und besondere Merkmale.

Schon im Altertum war die Gesetzmäßigkeit bekannt, daß sich die Struktur des Ganzen in seinen einzelnen Teilen wiederholt und die einzelnen Teile das Ganze widerspiegeln. Zur Zeit, als Sidney Smith diesen Fall bearbeitete, konnte er sich bereits auf ein annähernd gesichertes Wissen über diese Zusammenhänge stützen. Seit dem Ende des 19. Jahrhunderts haben Anatomen und Anthropologen die Entsprechung von Knochen- und Körperbau an Tausenden und Abertausenden von Einzelfällen untersucht und mit statistischen Methoden Tabellen erarbeitet, um aus der Länge eines einzelnen Knochens die gesamte Körpergröße zu errechnen.

Daraus zog auch die Polizei ihren Nutzen. Alphonse Bertillon, ein Büroangestellter bei der Pariser Polizei, wurde jahrelang damit beschäftigt, Signalements von Verbrechern zu kopieren. Bald merkte er, wie unsicher die Personenbeschreibung war. Der Verbrecher konnte sein Äußeres verändern. Das einzig Unveränderliche, so fand Bertillon, der sich aus Liebhaberei anatomische Kenntnisse angeeignet hatte, ist der Knochenbau. Darauf begründete er ein System, die Anthropometrie, nach ihm auch Bertillonage genannt.

Jeder Verbrecher, den die Polizei registrierte, wurde nun im Sitzen und Stehen genau gemessen: die Entfernung zwischen den Fingerspitzen der ausgebreiteten Arme, Länge und Breite des Kopfes, der Nase und des rechten Ohres, des linken Fußes, des linken Mittel- und Zeigefingers und des linken Armes vom Ellbogen bis zur Spitze des Mittelfingers.

1882 führte die Pariser Sûreté die Bertillonage ein. Die Polizei anderer Länder übernahm sie. Verbunden mit der Fotografie, deren systematische Anwendung Bertillon ebenfalls förderte, wurde damit eine biologisch begründete Methode zur Wiedererkennung von Verbrechern geschaffen.

Aber bald schon stellten sich die Unzulänglichkeiten dieser Registrierung heraus. Man entdeckte, daß die Knochenmaße der einzelnen Menschen nicht so individuell sind, daß alle Irrtümer ausgeschlossen werden können. Natürlich wurde die Bertillonage damit nicht widerlegt, aber sie verlor ihren Ruf als universale Methode. Erst die Daktyloskopie, die Identifizierung nach dem Fingerabdruck, gab der Polizei eine solche universale Methode zur Identifizierung in die Hand.

Der Fall Webster

Es war im Jahre 1849. Dr. George Parkman, Mediziner und Dozent an der amerikanischen Harvard-Universität, sechzig Jahre alt, verschwand plötzlich an einem Freitag nachmittag. Er wurde zuletzt in der Medizinischen Akademie gesehen, wo er sich mit einem Kollegen verabredet hatte. Abends meldete ihn seine Familie als vermißt. Am nächsten Tag begann die Suche nach Dr. Parkman. Vielleicht waren es die 3000 Dollar Belohnung, die so viele Leute an der Suche teilnehmen ließen.

Vielleicht aber war es auch die Persönlichkeit des Verschwundenen, die so viel Anteilnahme erweckte. Dr. Parkman war ein bekannter und beliebter Bürger. Er hatte auch die Universität finanziell unterstützt.

Zwei Tage vergingen. Vergeblich waren Seen, Wälder und Häuser durchsucht worden. Auch in den Universitätsgebäuden war Dr. Parkman nicht gefunden worden. Am Sonntag abend stand der Institutsdiener Littlefield vor seiner Wohnung auf der Straße, als er seinen Chef, Professor Webster, auf sich zukommen sah. Webster, Professor für Chemie, leitete das Institut, an dem Littlefield angestellt war.

»Littlefield«, fragte der Professor, »wann haben Sie Dr. Parkman zum letzten Mal gesehen?«

Littlefield konnte sich die Frage nicht erklären. Webster drängte: »Nun? Wann war es also?«

Littlefield entging die Schärfe in Websters Frage nicht. Er antwortete: »Am Freitag, Herr Professor.«

»Wann? Zu welcher Stunde?«

»Mittags, Herr Professor, so gegen halb eins.«

»Merkwürdig. Sehr merkwürdig.«

Littlefield blickte den Professor unsicher an: »Wieso merkwürdig, Herr Professor, was meinen Sie damit?«

»Gegen halb eins, sagten Sie. Und ich sagte, merkwürdig. Denn zur gleichen Zeit hatte Dr. Parkman vierhundertdreiundachtzig Dollar in der Tasche. Ich hatte sie ihm zuvor gegeben.«

Aber noch bevor Littlefield etwas entgegnen konnte, wandte sich Webster plötzlich um und ging davon. Littlefield eilte nach Hause und erzählte seiner Frau die Begegnung. Zum Schluß fragte er: »Ob der Professor etwa mich für den Mörder hält?«

»Ach, Unsinn.«

»Warum hätte er sonst erwähnt, daß Parkman so viel Geld bei sich hatte? Glaubt er, ich wäre ein Raubmörder?«

Seine Frau suchte ihn zu beruhigen.

»Aber was bezweckt er mit dieser Verdächtigung? Will er von sich ablenken? Hat er etwa Parkman umgebracht?«

»Du bist ja verrückt!«, rief seine Frau. »Professor Webster ein Mörder! Ein weltberühmter Gelehrter, der so viele Bücher geschrieben hat! Und er ist immer so nett und großzügig!«

»Ja, großzügig! Sag lieber verschwenderisch. Von allem immer das Beste und Feinste. Immer ein großes Haus führen. Wovon bezahlt er das? Von seinen einhundert Dollar Monatsgehalt?«

»Du weißt, daß er Bücher schreibt.«

»Und jeder weiß ebenso, daß er seit Jahren überall Schulden macht.« Er brach ab, dann sagte er langsam: »Er war auch bei Dr. Parkman verschuldet. Vor einigen Tagen brachte ich dem Professor einige Mineralien. Als ich die Tür öffnete, sagte gerade jemand, er wäre nicht mehr bereit, noch länger auf sein Geld zu warten, es müßte etwas geschehen. Als ich ins Zimmer trat, kam mir der Professor schon entgegen, nahm mir die Steine ab und schickte mich hinaus. Aber ich hatte seinen Besucher erkannt – es war Dr. Parkman. Sicher hatte er Webster gedrängt, seine Schulden zu bezahlen. Webster konnte nicht zahlen und da hat er ...«

»Überleg dir, was du da sagst!« rief Littlefields Frau erschrocken.

»Am Freitag ist Dr. Parkman verschwunden. Und Freitag mittag habe ich ihn in unserem Institut zum letzten Mal gesehen. Und Freitag nachmittag, als ich Professor Websters Zimmer ausfegte, sah ich auf seinem Schreibtisch einen Schmiedehammer liegen.«

»Einen Schmiedehammer!« Frau Littlefield lachte. »Also wirklich!«

»Und als ich Freitag abend wie üblich durch die Institutsräume ging, war Websters Labor verschlossen. Von innen! Weshalb schloß er sich ein? Und am Sonnabend noch einmal? Obwohl er sonst nie sonnabends im Institut arbeitet?«

Frau Littlefield mußte zugeben, daß das alles doch etwas merkwürdig war. »Und was willst du jetzt tun?«

»Meine Augen offen halten!« Aber diese Absicht nützte ihm nicht viel. Auch am Montag schloß sich Webster in seinem Labor ein. Am Dienstag rief er Littlefield zu sich. Er überreichte ihm ein Paket. »Ein Truthahn. Lassen Sie sich den Braten schmecken.« Littlefield dankte. So freigiebig war der Professor noch nie gewesen.

Am Donnerstag, einem Feiertag, waren keine Vorlesungen. Trotzdem kam Webster ins Institut und schloß sich wieder ein. Am Abend endlich konnte Littlefield das Labor betreten. Der Ofen war ungewöhnlich heiß. Littlefield untersuchte die Asche, konnte aber nichts Verdächtiges entdecken. Aber auf dem Fußboden bemerkte er Säureflecken.

Am Abend teilte ihm seine Frau aufgeregt mit, es gäbe Gerüchte, Dr. Parkmans Leiche müsse im Institut zu finden sein. Und Littlefield habe ihn umgebracht und ausgeraubt. Littlefield war entsetzt. »Jetzt muß etwas geschehen«, sagte er.

Er ging ins Institut. Neben dem Labor des Professors befand sich seine Privattoilette. Sie ließ sich nicht öffnen. Littlefield sah keine andere Möglichkeit, in die Toilette zu gelangen, als vom Keller aus den Fußboden zu durchstoßen. Er kam nur langsam voran und setzte am nächsten Morgen die Arbeit fort, unterbrach sie, als Webster ins Institut kam und nahm sie abends wieder auf. Gerade als er das erste Brett über seinem Kopf freigelegt hatte, betraten Polizisten den Keller und forderten ihn auf, den Durchbruch zu vollenden. Währenddem erfuhr er von einem Verwandten Dr. Parkmans, der die Polizisten begleitete, daß Webster tatsächlich schwer bei Parkman verschuldet war.

Inzwischen hatte Littlefield das Loch in der Decke so erweitert, daß er, eine brennende Kerze in der Hand, hindurchkriechen konnte. Er war rasch wieder unten. Er lehnte sich einige Augenblicke an die Wand, ehe er sagen konnte: »Brecht den Raum auf. Da ist was drin.«

Die Polizisten öffneten gewaltsam die Toilette. Sie fanden ein menschliches Becken und Teile von zwei Beinen. Später wurden auch im Labor weitere menschliche Überreste entdeckt. In einer Teekiste fanden sich unter Steinen versteckt neben einem Jagdmesser ein Oberschenkel und ein Brustkasten. Im Aschebehälter des Ofens lagen verkohlte Knochen und Zähne aus einem künstlichen Gebiß.

Webster wurde verhaftet. Er leugnete, Dr. Parkman getötet zu haben. Er könne sich nicht erklären, wie die Leichenteile ins Institut gelangt seien. Später versuchte er sich in einem unbewachten Augenblick zu vergiften, was aber mißlang. Schließlich fand man in seiner Wohnung Schuldscheine, die er Dr. Parkman ausgestellt hatte. Die Chemikalienspuren am Ofen im Labor erwiesen sich als Kupfernitrat. Kupfernitrat diente damals dazu, Blutspuren zu beseitigen. Wahrscheinlich war

Parkman erschlagen oder erstochen, der Körper zerstückelt und teilweise verbrannt worden. Der Tote mußte aus den verbliebenen Resten identifiziert werden. Größe und Form der Körperteile schienen der Gestalt Parkmans zu entsprechen. Aber die Ärzte waren sich nicht sicher, und das Gericht hegte deshalb ebenfalls Zweifel. Da erinnerte sich jemand an die künstlichen Zähne, die in der Asche gefunden worden waren. Die Polizei stellte fest, welcher Zahnarzt das Gebiß gefertigt hatte. Der Zahnarzt identifizierte die Zähne anhand des noch vorhandenen Abdrucks als Gebiß Dr. Parkmans.

1850 wurde Webster zum Tode verurteilt. Vor seiner Hinrichtung gestand er, Parkman im Labor während eines Streites getötet zu haben.

Im 3-Knochen-Fall mußten die Überreste eines noch unbekannten Toten identifiziert werden. Im Fall Webster war zu vermuten, daß die Leichenteile zu dem verschwundenen Parkman gehörten. Der Fall Webster gehört unseres Wissens zu den ersten Fällen, in denen durch Zahnvergleich ein zerstückelter Leichnam identifiziert wurde. Diese Methode ist vom Entwicklungsstand der Medizin und der sozialen Verhältnisse abhängig. Voraussetzung ist, daß entsprechende Unterlagen wie Zahnkarten, Abdrücke usw. vorhanden sind. Der Zustand eines Gebisses erleichtert auch die Altersbestimmung, natürlich in den Grenzen physiologisch bedingter Schwankungen. Mit der Entwicklung der Zahnmedizin gewann auch die gerichtliche Medizin sicheren Boden für die dentologische Identitätsbestimmung. Eine solche dentologische Identifizierung wie im Fall Webster erscheint heute relativ einfach, vergleicht man sie mit den Problemen bei der Identifizierung von Katastrophenopfern. Naturkatastrophen wie Erdbeben, Vulkanausbrüche, Überschwemmungen forderten manchmal Tausende von Toten. Die äußeren Umstände und die Anzahl der Opfer machten oft ihre Identifizierung unmöglich.

Anders sieht es bei Katastrophen aus, die durch Verkehrsmittel verursacht werden. Bei Flugzeugabstürzen beispielsweise müssen auch aus versicherungsrechtlichen Gründen die Opfer möglichst ausnahmslos identifiziert werden. Namen und Personalien sind zwar in der Regel bekannt, aber oft sind die Toten durch Explosion, Brand, Zerschmetterung verstümmelt.

Welche Schwierigkeiten in einem solchen Fall zu überwinden sind, zeigt ein Bericht des Gerichtsmedizinischen Instituts der Medizinischen Akademie Magdeburg über das Eisenbahnunglück von Langenweddingen am 6. Juli 1967. Das Unglück forderte 94 Tote.

Obwohl Angestellte des Bahnhofs von Langenweddingen wußten, daß die Bahnschranke an der Fernverkehrsstraße 81 zeitweise nicht funktionierte, hatten sie nichts unternommen, den Schaden zu beheben oder den Bahnübergang vorschriftsmäßig zu sichern.

Am Morgen des 6. Juli fuhr ein Tankwagen, der mit 15 000 Litern Leichtbenzin gefüllt war, auf den Bahnübergang zu. Zu gleicher Zeit näherte sich der beschleunigte Personenzug nach Halberstadt mit einer Geschwindigkeit von etwa 85 km/h.

Als der Fahrer des Tankwagens sah, daß die Schranken herabgelassen wurden, brachte er den Wagen vorschriftsmäßig zum halten. Er sah nicht, daß sich der eine Schrankenbaum in einem durchhängenden Freiluftkabel verfangen hatte. Der Schrankenwärter zog die Schranke wieder empor, um sie aus dem Kabel zu lösen. Der Fahrer hielt das für ein Zeichen, daß der Bahnübergang wieder frei war, fuhr an und wurde dabei von der Lokomotive des inzwischen herangekommenen Zuges mit seinem Fahrzeug erfaßt und mitgeschleift.

Der Zusammenprall war so heftig, daß der Tank aufbrach. Das Leichtbenzin floß teilweise auf die Erde, zum Teil ergoß es sich durch die geöffneten Fenster ins Innere des vorderen Doppelstockwagens. Durch die Kollision erzeugte Funken entzündeten das Benzin und hüllten die beiden ersten Wagen sofort in ein Flammenmeer, dem nur wenige entfliehen konnten. Die anderen Reisenden in den betroffenen Wagen kamen in der Hitze und in den Flammen um. Die Temperatur in den brennenden Wagen betrug schätzungsweise tausend Grad und mehr.

Nach einer halben Stunde war die Feuerwehr aus Magdeburg zur Stelle und hatte eine Viertelstunde später den Brand gelöscht. Die ausgebrannten Wagen konnten nur mit hitzeabweisender Schutzkleidung betreten werden. Nach Abschluß der Bettungsarbeiten, so heißt es weiter im Bericht, wurde der Gerichtsmediziner zunächst zur Besichtigung der Unfallstelle hinzugezogen. Dies erfolgte zusammen mit Vertretern von Staatsanwaltschaft und Kriminalpolizei. Es zeigte sich, daß zwei Doppelstockwagen völlig ausgebrannt, Glas und Leichtmetall geschmolzen waren. Im Brandschutt lagen die stark verkohlten Leichen. Man schätzte ihre Zahl auf 50 bis 60. Später registrierte man 77.

Der Zustand der Toten erschwerte ihre Identifizierung beträchtlich. Hinzu kam, daß solche Katastrophen selten sind, so daß es auch manchmal an speziellen praktischen Erfahrungen mangelt. Daß trotzdem die meisten Toten identifiziert werden konnten, war eine besondere Leistung der Arbeitsorganisation und gerichtsmedizinischer Exaktheit. Arbeitsgruppen der Gerichtsmedizinischen Institute Halle, Leipzig und Berlin trafen in den nächsten Stunden ein, so daß noch am gleichen Abend mit der Identifizierung begonnen werden konnte. Als größtes Hindernis erwies sich die starke Verkohlung der Leichen. Selbst Schädel und Gebiß waren weitgehend zerstört, die Knochen durch die starke Hitze verkohlt, gebrochen, zersprungen, geschrumpft. Dagegen waren die Organe des kleinen Beckens durch ihre tiefe geschützte Lage verhältnismäßig gut erhalten. Aber insgesamt stand für die Bestimmung von Alter, Geschlecht, Körpergröße und besonderen Merkmalen kaum brauchbares Material zur Verfügung.

Im Bericht heißt es: »Die Geschlechtszugehörigkeit ließ sich noch am besten feststellen, nämlich an Hand der im kleinen Becken vorhandenen Organe wie Gebärmutter, Eileiter und Eierstock bzw. Vorsteherdrüse. Bis auf drei Fälle konnte die Geschlechtsbestimmung ... einwandfrei vorgenommen werden.

Wesentlich schwieriger gestaltete sich die Altersbestimmung, da fast alle entsprechenden körperlichen Merkmale der Verbrennung anheimgefallen waren ... Dagegen ließen sich aus dem jeweiligen Entwicklungs- und Funktionszustand der Geschlechtsorgane ... Rückschlüsse auf das Alter ziehen. Darüber hinaus wurde der Zustand der Gefäßinnenhaut, meist der großen Körperschlagader, vor allem im Bauchraum, bei der altersmäßigen Zuordnung berücksichtigt. Im vorliegenden Fall, bei dem verhältnismäßig viel Kinder (über 40) beteiligt waren, ergab die Heranziehung auch dieses Merkmals wertvolle Hinweise, ob es sich um eine kindliche oder um eine erwachsene Person gehandelt hat...« Die drei Obduzenten konnten die Identifizierung am Mittag des nächsten Tages abschließen – unter diesen schwierigen Bedingungen eine ganz außergewöhnliche Leistung. Denn von den 77 am Unfallort geborgenen Toten – 17 Schwerverletzte waren noch in den Krankenhäusern verstorben – konnten 66 identifiziert werden.

In diesem Fall wurde nur über die gerichtsmedizinische Seite der Identifizierung berichtet. Außerdem gibt es selbstverständlich noch andere Mittel, unkenntliche oder zerstückelte Leichen zu identifizieren: durch Kleidung, Effekten wie Brille und Uhr, Ausweise, Dokumente, Schmuck usw.

Der Zyklopenauge-Fall

An der Autostraße, die die englische Stadt Lancaster mit dem schottischen Edinburgh verbindet, liegt in der Nähe des Kurortes Moffat die Linnschlucht, über die eine weitgeschwungene hohe Brücke führt.

Am 29. September 1935 ging Miss Johnson, ein Kurgast, in der Schlucht spazieren. Unweit des Brückenpfeilers sah sie mehrere verschnürte Pakete liegen. Sie waren mit Zeitungen und blutiger Wäsche umhüllt. Miss Johnson benachrichtigte die Polizei.

Die Polizei durchsuchte das Gelände und sammelte weitere Pakete ein. Beim Öffnen der Pakete kamen zerstückelte Teile eines menschlichen Leichnams und ein Kopf zum Vorschein. Schließlich stand fest, daß man die Überreste von zwei Menschen vor sich hatte. Bei näherer Untersuchung wurde auch noch ein Zyklopenauge entdeckt. Bei dieser Mißbildung sind beide Augäpfel miteinander verwachsen und liegen in einer gemeinsamen Augenhöhle. Dieser Defekt kommt zuweilen bei Tieren, sehr selten auch beim Menschen vor.

Wem gehörte dieses Auge?

Professor Sidney Smith, Ordinarius des Gerichtsmedizinischen Instituts in Edinburgh, erhielt die Leichenteile zur Begutachtung. Smith war sich von Anfang an bewußt, wie schwierig die Identifizierung sein würde. Bei einer Leiche fehlte der gesamte Rumpf, bei der anderen mehrere Körperteile. Außerdem hatte der Mörder mit methodischer Genauigkeit die Toten unkenntlich zu machen versucht. Er hatte ihre Gesichter zerstört und besondere Kennzeichen am Körper beseitigt. Er hatte sogar damit begonnen, die Fingerkuppen zu entfernen, damit keine Fingerabdrücke genommen werden konnten.

Zunächst ordneten die Gerichtsmediziner die einzelnen Teile, um sie möglichst zu einem Ganzen zusammenzufügen. Bei einem der Körper war das verhältnismäßig einfach. Hier waren noch sämtliche Wirbel erhalten. Die aneinandergelegten Teile wurden auch noch geröntgt. Erst dann konnte die Rekonstruktion als erfolgreich betrachtet werden. Die einzelnen Teile paßten tatsächlich zueinander. Mit Hilfe des Halswirbels konnte auch der zugehörige Kopf bestimmt werden.

Nun galt es, die zu diesem Rumpf gehörenden Gliedmaßen zu finden. Da die vorhandenen Extremitäten unterschiedlich lang waren, kam man auch dabei zu einem sicheren Ergebnis. So konnte die eine der beiden Leichen wieder fast vollständig zusammengesetzt werden. Nur der rechte Fuß und einige Fingerglieder fehlten. Es war eine weibliche Leiche. Auch die zweite Leiche war eine Frau, war aber nur teilweise rekonstruierbar.

Nach der Länge der Knochen wurden die Körpergrößen auf 157 und 151 cm geschätzt. Ihr Alter betrug zwischen 35 und 45 und zwischen 21 und 22 Jahren.

Als nächstes wurde die Todesursache festgestellt. Die Verletzungen – Schnitte hauptsächlich – waren den Opfern erst nach ihrem Tode zugefügt worden. Bei beiden Toten war das Zungenbein gebrochen. Diese Verletzung sowie die Beschaffenheit der Herzen und Lungen deuteten auf einen Erstickungstod, der durch Würgen hervorgerufen worden war. Nach dem Grad der Fäulnis zu schließen, war der Tod vor zehn bis vierzehn Tagen erfolgt. Mit Hilfe dieser Todeszeitbestimmung begann die Polizei nachzuforschen, wer zu dieser Zeit als vermißt gemeldet worden war. Sie stieß auf die Anzeige des Arbeiters Rogerson aus Lancaster. Seine Tochter, die als Kindermädchen bei dem Arzt Dr. Ruxton gearbeitet hatte, war seit zwei Wochen spurlos verschwunden. Und verschwunden war am selben Tag auch die Ehefrau des Arztes.

So begann die Kriminalpolizei, sich für Dr. Ruxton zu interessieren. Sie stellte fest, daß er das Verschwinden seiner Frau nicht verheimlicht hatte. Im Gegenteil, er hatte allen Leuten erzählt, seine Frau wäre mit ihrem Geliebten davongegangen. Manche glaubten die Geschichte, andere nicht. Und einige bekamen eine neue Version zu hören: Frau Ruxton besuche ihre Schwester in Edinburgh. Und schließlich: sie sei in Schottland zur Kur.

Aber niemand hatte daraufhin Ruxton eine genauere Frage gestellt. Nur die Putzfrauen im Arzthaushalt hatten sich über verschiedene Dinge gewundert. Das Badezimmer und Frau Ruxtons Zimmer waren tagelang verschlossen geblieben; Ruxton war eines Nachmittags weggefahren und erst am nächsten Morgen unrasiert und übernächtigt mit einem völlig verschmutzten Wagen zurückgekehrt; Ruxton verbrannte während mehrerer Tage benzingetränkte Lumpen auf dem Hof; einige Teppiche waren voll braunroter Flecken; im Mülleimer lag ein blutiges Kleid, das dem Kindermädchen Rogerson gehörte; eine Putzfrau erhielt einen Anzug Ruxtons geschenkt, der über und über blutverschmiert war. Einige Tage später hatte Ruxton den Anzug zurückverlangt, sich aber schließlich damit begnügt, daß die Putzfrau sein Namensschild aus dem Jackett entfernte.

Es war nicht verwunderlich, daß bald nach Frau Ruxtons Verschwinden Gerüchte auftauchten, die der Polizei zu denken gaben. Zwei Polizisten hatten daraufhin mit dem Arzt gesprochen, sehr höflich und sehr flüchtig, denn Ruxton war ein angesehener Mann in Lancaster. Das Gerede der Putzfrauen war natürlich Geschwätz und der Doktor, dem die Frau davongelaufen war, ein bedauernswerter Mann. Nun aber, Wochen später, nach dem Leichenfund in Schottland, mußte sich die Polizei fragen, ob es da nicht vielleicht einen Zusammenhang mit dem Verschwinden der beiden Frauen gab. So geriet Dr. Ruxton zum zweiten Mal in den Blickpunkt der Polizei. Aber bevor Ruxton erneut vernommen wurde, interessierten sich die Kriminalisten für seine Vergangenheit.

Dr. Ruxton hatte Medizin studiert, eine Zeitlang als Schiffsarzt gearbeitet und 1930 eine Praxis in Lancaster eröffnet. Mit ihm gekommen war seine Frau Isabella, die er ein Jahr zuvor geheiratet hatte. Die Ruxtons besaßen drei Kinder. Das älteste war sechs, das jüngste drei Jahre alt. Es schien sicher, daß Ruxton und seine Frau aus Liebe geheiratet hatten. Beide waren sensible, leicht erregbare Menschen. Ruxton sagte später vor Gericht über seine Ehe: »Wir gehören zu den Leuten, die nicht miteinander, aber auch nicht ohne einander leben können.«

So kam es zwischen beiden zwangsläufig immer öfter zu Auseinandersetzungen. Ruxton war sehr eifersüchtig und setzte – grundlos, wie es aussah – seiner Frau dauernd mit Verdächtigungen zu. Das Dienstpersonal bezeugte, daß Ruxton seine Frau öfter brutal mißhandelte. Er hatte sie gewürgt und auch schon mit einem Messer bedroht. Einmal war sie aus Furcht vor seinem Jähzorn auf die Polizeiwache geflüchtet. Nach fünfjähriger Ehe wollte Frau Ruxton ihren Mann verlassen. Er reiste ihr nach und bewog sie, zu ihm zurückzukehren. Die Versöhnung hielt nicht lange an. Ruxtons Eifersucht verschärfte sich immer mehr. Sein Haß richtete sich vor allem auf einen jungen Mann namens Edmondson, der im Hause Ruxton verkehrte. Vor drei Wochen wollte Edmondson mit seinen Eltern und seiner Schwester einen Ausflug unternehmen. Er hatte auch Frau Ruxton dazu eingeladen. Sie fuhr auch mit. Ruxton folgte ihr heimlich und stellte fest, daß sie im selben Hotel wie die Edmondsons übernachtete. Obwohl sie dort ihr eigenes Zimmer hatte, war Ruxton von der Untreue seiner Frau überzeugt. Bei ihrer Rückkehr nannte er sie – nach Aussage einer Putzfrau – eine Hure.

Einige Tage später verschwand Frau Ruxton, und mit ihr auch das zwanzigjährige Kindermädchen Rogerson.

Aber noch immer glaubte die Polizei, keine stichhaltigen Beweise gegen Ruxton in der Hand zu haben. Ein Zufall brachte dann die Wende in der Ermittlung. In einer Nacht kurz nach dem Verschwinden der beiden Frauen war ein Radfahrer nahe der Linnschlucht von einem Wagen angefahren worden. Er hatte sich die Wagennummer gemerkt. Es war ein Mietwagen, der an Dr. Ruxton verliehen worden war.

Ruxton wurde verhaftet. Er leugnete den Doppelmord.

Die Staatsanwaltschaft forderte deshalb eindeutige Beweise, daß die in der Linnschlucht gefundenen Leichen mit den verschwundenen Frauen identisch waren. Sidney Smith und seinen Mitarbeitern stand dafür brauchbares Vergleichsmaterial zur Verfügung. Bekannt waren Körpergröße, Körperbau und Fußgröße der Vermißten. Von beiden gab es auch Fotos. Die Fotos sollten dann auch das wichtigste Beweismittel für die Identifizierung werden.

Professor Smith stellte fest, daß die bereits an den Leichen errechneten Maße mit den Maßen der Verschwundenen annähernd übereinstimmten. Aber er suchte noch nach einem überzeugenderen Beweis. Sein Kollege Professor Brash schlug vor, die Schädel der Toten mit den Porträtfotos zu vergleichen, die zu Lebzeiten der Opfer gemacht worden waren.

Zuerst wurde Frau Ruxtons Porträtfoto in Lebensgröße reproduziert. Dann zog Brash die charakteristischen Umrißlinien mit Tusche auf dem Foto nach und übertrug sie auf durchsichtiges Zeichenpapier. Nun wurde der von Weichteilen befreite Schädel, den man für Frau Ruxtons Kopf hielt, in eine Stellung gebracht, die genau der Kopfhaltung auf dem Foto entsprach. Der Schädel wurde ebenfalls fotografiert. Erst jetzt übertrug Brash auch die bestimmenden Umrißlinien des Schädels auf transparentes Papier. Als nächstes markierte er auf jeder der beiden Umrißlinien zwei charakteristische Punkte: die Nasenwurzel und den unteren Rand des Oberkiefers. Die durchsichtigen Umrisse von Schädel und Foto wurden nun nach Maßgabe der beiden Markierungen übereinandergelegt. Sie waren deckungsgleich.

Ebenso verfuhr Brash mit Mary Bogersons Schädel- und Porträtfoto. Auch sie waren kongruent. Eine Gegenprobe lieferte den negativen Beweis. Frau Ruxtons Schädelfoto stimmte mit Rogersons Porträtfoto ebenso wenig überein wie Rogersons Schädelfoto mit dem Porträtfoto von Frau Ruxton.

So kam Brasil zur Schlußfolgerung, daß der eine Schädel der von Frau Ruxton und der andere der von Mary Rogerson sei. Zu diesem gerichtsmedizinischen Beweis kam ein weiterer materieller Beweis hinzu. Anhand textiler Spuren konnte nachgewiesen werden, daß die beiden Frauen im Hause Ruxton ermordet und zerstückelt worden waren.

Ruxton wurde zum Tode verurteilt und hingerichtet.

Was hatte es nun mit dem geheimnisvollen Zyklopenauge auf sich?

Die Gerichtsmediziner konnten nachweisen, daß es in keinem direkten Zusammenhang mit den Morden stand. Es war zufällig in das Leichenpaket geraten und entstammte einer Sammlung anatomischer Präparate aus Ruxtons Besitz. Es war ein zusätzliches, aber kein entscheidendes Indiz.

Der Fall Ruxton kennzeichnet eine neue Stufe auf dem Weg erfolgreicher Identifizierung. Dabei war der Vergleich zwischen Porträt- und Schädelfoto entscheidend gewesen. Das war damals eine kühne Neuerung, die viel anatomische Kenntnis verlangte. Wenig später begann sich die Identifizierung vermittels des Schädels weiter zu vervollkommnen. Der nächste Schritt dahin kam allerdings nicht von der Gerichtsmedizin, sondern von der Archäologie. Der russische Anthropologe Professor M. M. Gerassimow hatte mit Versuchen begonnen, ausgestorbene Menschenrassen zu rekonstruieren. Schädelfunde bei prähistorischen Ausgrabungen dienten ihm dazu, das Gesicht des Steinzeitmenschen nachzubilden. Gerassimows internationaler Ruhm wuchs, als er auch historische Persönlichkeiten nach ihrem Schädel porträtierte, u. a. den Philosophen Avicenna, Friedrich Schiller und Iwan den Schrecklichen. Die naturgetreue Nachbildung eines Gesichts beruht auf dem Zusammenhang zwischen der Form der Gesichtsweichteile und der Beschaffenheit der darunterliegenden Knochen. Er gibt jedem Gesicht seine individuelle Ausprägung.

Diese Methode mußte auch für die Gerichtsmedizin bedeutungsvoll werden. Deshalb stellte Gerassimow seine Erkenntnisse auch in den Dienst gerichtsmedizinischer Identifizierung. Mit seinen Mitarbeitern hat er nach seiner Methode viele unbekannte Tote identifiziert. Nachdem er ihr Gesicht rekonstruiert hatte, fotografierte er die Nachbildung und verglich diese mit – eventuell vorhandenen – Fotos. Gerassimows Methode war zu fast hundert Prozent erfolgreich. Sie geht also viel weiter als die Identifizierungsmethode von Brash im Zyklopenauge-Fall. Trotzdem hat auch diese nicht nur ihre Bedeutung behalten, sondern wurde durch neue technische Verfahren erstaunlich vervollkommnet. Ein Beispiel möge hier für viele andere stehen.

Im Dezember 1973 wurde die Prostituierte Renate Wöllner, die auf dem Autostrich in Frankfurt a. M. arbeitete, von anderen Prostituierten als vermißt gemeldet. Möglicherweise sei sie einem Verbrechen zum Opfer gefallen. Denn kurz vor ihrem Verschwinden hatte sie erzählt, sie sei mit einem Freier verabredet. Er habe ihr 500 DM geboten, wenn sie mit ihm vor den Augen seiner gelähmten Frau Geschlechtsverkehr vollziehe. Der Mann hatte auch schon anderen Prostituierten dieses Angebot gemacht. Da sein BMW ein Bonner Kennzeichen hatte, war er als »Bonner Freier« bekannt. Er wurde schließlich als Walter Schwarz ausfindig gemacht. Die Ermittlungen ergaben, daß er in letzter Zeit eine Prostituierte und mehrere andere Frauen verschleppt, gefesselt und sexuell genötigt hatte. Möglicherweise hatte er zwei weitere Frauen getötet. Eine umfangreiche Fahndung nach der Leiche der Wöllner setzte ein. Im November 1975 wurde Schwarz verhaftet, leugnete aber die Tat. Im April 1976 stellte Eduard Zimmermann in seiner Fernsehsendung »XY« das bisherige Ermittlungsergebnis vor und forderte weitere mögliche Opfer auf, Belästigungen durch Schwarz zu melden. Auch wurden Augenzeugen gesucht, die etwas zum Verschwinden der Wöllner aussagen konnten. Zahlreiche Frauen meldeten sich, die Schwarz geschädigt hatte. Im Mai wurde im Taunus zufällig ein Skelett gefunden. Es lag im Unterholz eines Waldes, in einen Schlafsack gehüllt.

Die Vermutung lag nahe, man könnte die jahrelang gesuchte Leiche der Wöllner gefunden haben. Es gab keine brauchbaren Unterlagen zum Vergleich. Die Blutgruppe der Wöllner war unbekannt, ebenso ihr Zahnstatus. Auch Röntgenbilder existierten nicht. Es gab nur einige Fotos aus den letzten Lebensjahren der Vermißten. So war nur ein Vergleich zwischen Schädel und Porträtfoto möglich.

Aus dem Zyklopenauge-Fall ist erinnerlich, wie umständlich 1935 der manuell ausgeführte Vergleich zwischen Schädel und Foto vorgenommen worden war. In den 70er Jahren konnte ein elektronisch arbeitendes Verfahren eine wesentlich größere Genauigkeit erzielen. Dieses Verfahren hatten Professor Dr. Gruner und Dr. Helmer vom Institut für Rechtsmedizin I an der Kieler Universität entwickelt. Es beruht auf dem Prinzip der elektronischen Bildmischung. Dieses Vergleichsverfahren setzt voraus, daß Vergleichsbilder vor und nach dem Tode der zu identifizierenden Person vorliegen. Besonders günstig für den Vergleich sind individuelle Bereiche wie Schädel und Beckenknochen. Die Vergleichsbilder werden in einem Bildfeld überlagernd zur Deckung gebracht. Durch wechselseitiges Ein- und Ausblenden der von zwei Kameras gelieferten Bildfeldanteile wird dann überprüft, ob die Konturen und Strukturen des Knochens nahtlos ineinander übergehen, also letzthin deckungsgleich sind.

Dr. Helmer erhielt also die Schädel- und Knochenreste der sogenannten Taunusleiche mit Lichtbildern der Renate Wöllner. Er bewies mit den durch die elektronische Bildmischung entstandenen Bildern, daß die Knochenreste von Renate Wöllner stammten. Das Gericht schloß sich den Beweisen des Sachverständigen an, »daß zwischen dem gefundenen Schädel und dem röntgenologisch sichtbar gemachten Schädel auf den Porträtaufnahmen volle Übereinstimmung herrscht. (So) weisen der Schädel und die Bilder von R. W. an typischen anthropologischen Partien wie Augenwinkel, äußerer Gehörgang, Mundspalten und Kinnspitze Übereinstimmung auf. Der Sachverständige hat die gleichen Vergleichsuntersuchungen mit dem Schädel und Photographien von 25 weiteren Frauen vergleichbaren Alters und vergleichbarer Körperkonstitution durchgeführt und in keinem Fall eine solche Übereinstimmung erzielt.«

Dieser Nachweis, daß das betreffende Schädelbild mit Bildern von 25 anderen Frauen nicht übereinstimmte, erhärtet die bisher gemachte Erfahrung, daß niemals zwei Schädel in das gleiche Bild passen. Das beruht auf dem biologischen Gesetz der individuellen Verschiedenheit. Die morphologische Vergleichsbasis vermag mit Sicherheit Personengleichheit zu bestätigen oder auszuschließen. Die elektronische Bildmischung ist also ein weiterer wichtiger Schritt, um körperliche Merkmale zu individualisieren und zu eindeutiger Identifizierung zu gelangen.

Im Zyklopenauge-Fall hatten Smith und Brash nicht nur Schädel und Foto zur Identifizierung benutzt. Es war schon erwähnt worden, daß Ruxton an den Händen seiner Opfer die Fingerbeeren zu zerstören versucht hatte. Er wollte die Identifizierung durch den Fingerabdruck verhindern. Wahrscheinlich war diese Maßnahme seine letzte Arbeit im Verlauf der Zerstückelung. Die körperliche und nervliche Anstrengung ließen ihn hastig und oberflächlich vorgehen. Er vergaß, eine Fingerkuppe zu entfernen. Allerdings war der betreffende Finger nach damaliger Ansicht unbrauchbar für die Abnahme eines Abdrucks. Die Oberhaut hatte sich schon vollständig zersetzt. Da unternahm Professor Sidney Smith den bis dahin in Europa unbekannten Versuch, einen Abdruck von jener Hautschicht zu nehmen, die sich unter der Oberhaut mit ihren feinen Hautleisten befindet und das charakteristische Fingerabdruckmuster ergibt. Die unter ihr liegende Hautschicht, die Lederhaut, war noch verhältnismäßig gut erhalten. In einem komplizierten Verfahren konnte die Lederhautschicht gehärtet, konserviert und schließlich zum Abdruck benutzt werden. Dieser Abdruck wurde mit Fingerabdrücken Mary Rogersons im Hause Ruxton verglichen und Identität festgestellt.

Wenn auch das Fingerabdruckverfahren nicht unmittelbar in den Arbeitsbereich des Gerichtsmediziners gehört, so waren doch an der Entwicklung des Verfahrens Gerichtsmediziner entscheidend beteiligt. 1892 gilt als das Geburtsjahr der wissenschaftlichen Daktyloskopie. Es war wie so oft in der Geschichte der Wissenschaft. Was viele beobachtet oder erahnt hatten, führte ein systematisch arbeitender Kopf zu Ende. Sir Francis Galton veröffentlichte sein Werk über die

Daktyloskopie. Aber es dauerte noch Jahre, bis das Fingerabdruckverfahren offiziell Verwendung fand. Indien führte es als erstes Land ein, 1901 folgte Scotland Yard, 1903 wendete es Professor Heindl, einer der Begründer der wissenschaftlichen Kriminalistik, zum ersten Mal in Dresden an.

Bekanntlich beruht das Fingerabdruckverfahren darauf, daß die Papillarlinien der Haut von der Geburt bis zum Tode des Menschen unveränderlich bleiben und daß jeder Mensch sein einmaliges, sein individuelles Linienmuster besitzt. Die Wahrscheinlichkeit zweier gleicher Muster ist praktisch ausgeschlossen.

Heute läßt sich auch die Innenseite der Oberhaut für einen Abdruck präparieren, falls diese von außen durch Fäulnis oder Einwirkung von Wasser u. a. unbrauchbar ist. Die Oberhaut wird von der Fingerkuppe entfernt, wie der Finger eines Handschuhs umgedreht und die nach außen gewendete Innenseite zum Abdruck verwendet.

Natürlich hat der technische Fortschritt der letzten Jahrzehnte auch das Fingerabdruckverfahren weiter vervollkommnet. Es werden auch heute noch nach Bedarf weißes Aluminiumpulver und schwarzer Graphitstaub aufgepinselt, um den Abdruck sichtbar zu machen. Aber für manche Materialien ist diese »klassische Methode« ungeeignet. Beispielsweise versagen sich bestimmte glattpolierte Oberflächen oder Kunststoffe der traditionellen Behandlung. Neue, vorwiegend trägerabhängige Verfahren sind entwickelt worden. An die Stelle manuell-mechanischer Fixierung treten physikalische und chemische Verfahren. Diese sind besonders gefordert, wenn verborgene oder mit herkömmlichen Methoden nicht feststellbare Fingerprints sichtbar gemacht werden müssen.

Auf hochisolierten Kunststoffmaterialien hinterläßt die menschliche Hand nicht nur Schweißabsonderungen, sondern auch elektrostatische Spuren, die mit Hilfe der Elektrophotographie in Erscheinung gebracht werden können.

Wenn Täter ihre Opfer mit Folieklebebändern fesseln oder ihnen damit den Mund zukleben, hinterlassen sie Fingerabdrücke, die durch eine Lösung von Gentianaviolett purpurfarben sichtbar werden. Bei Plastmaterialien werden verschiedene

Methoden der Metallaufdämpfung angewendet. Verborgene Fingerabdrücke auf Papier werden durch Besprühen mit Ninhydrin entdeckt. Ninhydrin reagiert auf die Schweißabsonderung und färbt den Fingerabdruck purpurn. In den 70er Jahren wurde auch Laser erstmals zum Erkennen unsichtbarer Fingerabdrücke genutzt. So konnte beispielsweise in England ein Fingerabdruck wieder sichtbar gemacht werden, der von einer später darüber gelangten Farbschicht verdeckt war. Der vom Laserstrahl getroffene Abdruck fluoreszierte grün.

Schließlich sei noch ein Verfahren erwähnt, das sensationelle Erfolge für die Zukunft verspricht. Bereits 1968 hatten englische Wissenschaftler ein Verfahren erprobt, um auch auf menschlicher Haut Fingerabdrücke zu fixieren. Die betreffende Hautpartie wird mit feinstem Bleistaub bestäubt. Darüber wird ein Spezialfilm gelegt, auf dem mit Hilfe von Röntgenstrahlen der Fingerabdruck festgehalten wird. Man durfte erwarten, daß es auf diese Weise bald möglich sein würde, zum Beispiel am Hals eines Erwürgten die Visitenkarten seines Mörders – seine Fingerabdrücke – sichtbar werden zu lassen. Dieser Möglichkeit scheint die Technik heute nahe zu sein. So wurde kürzlich ein Fall aus den USA berichtet, in dem tatsächlich auf dem Körper des Opfers der Fingerabdruck seines Mörders entdeckt werden konnte: Noch am Tatort wurden über der Leiche ein luftdichtes Zelt aus Polyethylenfolie errichtet und darin Cyanacrylatdämpfe erzeugt. Auf dem Arm des Toten erschien der Fingerabdruck des Mörders. Es bleibt abzuwarten, ob und wie sich dieses Verfahren durchsetzen wird.

Der Kindermord-Fall von Aberdeen

Der Dekorationsmaler Priestly nagelte gerade eine Zierleiste an die Tapete, als ein Polizist eintrat. »Mr. Priestly, Sie sollen sofort nach Hause kommen. Ihre Tochter ist verschwunden.«

Priestly starrte den Polizisten verständnislos an. »Verschwunden? Wieso verschwunden?«

Der Polizist zuckte die Schultern. »Kommen Sie.«

Priestly legte den weißen Kittel ab und reinigte sich die Hände. »Verschwunden«, murmelte er, »Helen ist doch erst acht Jahre.«

Als er daheim ankam, war seine Frau nicht da. Dafür befanden sich Nachbarn und Polizisten in seiner Wohnung. Priestly erfuhr bruchstückhaft, was geschehen war. Mittags gegen halb zwei hatte Mrs. Priestly Helen zum Bäcker nach Brot geschickt. Um zwei Uhr war das Kind noch nicht zurück. Eine solche Verspätung war ungewöhnlich. Um zwei mußte Helen zur Schule und kam deshalb immer rechtzeitig nach Hause.

Mrs. Priestly machte sich zum Bäcker auf. Sie erfuhr, daß Helen das Brot geholt und sofort wieder gegangen war. Sie fragte auch in der Schule nach, aber das Kind war nicht in der Schule erschienen. Auch die Nachbarn und Bekannten hatten das Kind nicht gesehen.

Inzwischen waren Stunden vergangen. Die Polizei begann mit einer intensiven und weitreichenden Suche. Freunde und Nachbarn der Priestlys beteiligten sich daran. Auch Priestly schloß sich mit einem Freund der Suchaktion an. Bis Mitternacht fuhren sie durch die Straßen Aberdeens, ohne Erfolg.

Morgens gegen vier gingen die Eltern erneut zum Polizeirevier. Es gab noch immer keine Spur. Als sie um fünf heim kehrten und die Haustür öffneten, spürten sie sofort, daß etwas Entscheidendes geschehen sein mußte. Die Hausbewohner waren schon auf den Beinen. Man hörte aufgeregte Rufe, Türen wurden geöffnet und zugeschlagen. Als ein Nachbar die Priestlys erblickte, schien er zu erstarren. Hilflos blickte er sich um, bis er schließlich sagte: »Wir haben Helen gefunden. Hier im Haus. Leider ...« Er brach ab und verstummte.

Inzwischen hatte ein Mann aus dem Nachbarhaus die Polizei benachrichtigt. Als die Mordkommission eintraf, berichtete er: »Es war kurz vor fünf. Ich kam ins Haus, weil ich mich wieder an der Suche beteiligen wollte. Da sah ich im Winkel des Ganges, der dort zur Kellertreppe führt, einen Sack liegen. Ich trat näher. Der Sack war offen. Ich erblickte einen Kinderfuß.«

Die Mordkommission wurde von Professor Richards begleitet, der den Lehrstuhl für Gerichtliche Medizin in Aberdeen innehatte. Richards befreite die Leiche aus ihrer Umhüllung. Bei der ersten Besichtigung ergab sich, daß das Kind noch angekleidet war. Nur Mütze und Schlüpfer fehlten. Die Totenstarre war bereits eingetreten. Während des Todeskampfes hatte das Kind erbrochen. An den Beinen fanden sich Blutspuren. Die Geschlechtsteile waren so übel verletzt, daß sich sofort der Verdacht auf ein Sexualverbrechen ergab.

Die polizeiliche Ermittlung konzentrierte sich von Anfang an auf die Hausbewohner, denn wahrscheinlich war Helen in diesem Haus ermordet worden. In der Nacht hatte die Polizei das Haus von oben bis unten durchsucht. Der Sack mit der Leiche mußte also erst jetzt am Morgen vom Täter im Gang abgelegt worden sein. Nur ein Hausbewohner hatte die Gelegenheit, dies unbemerkt zu tun.

Professor Richards gab provisorisch den gestrigen Nachmittag als Todeszeit an. Kurz vor vierzehn Uhr war Helen zum letzten Mal gesehen worden. Für diese Zeit besaßen alle männlichen Hausbewohner ein Alibi. Sie waren in der Stadt zur Arbeit. Keines der Alibis konnte angezweifelt werden. Die Ermittlung war festgefahren.

Professor Richards und sein Assistent Dr. Shennan nahmen die Obduktion vor. Die Beschaffenheit von Lunge, Luftröhre und Kehlkopf zeigte, daß das Kind erstickt war. In der Luftröhre befanden sich Reste des erbrochenen Mageninhalts. An Hals und Kehlkopf fanden sich Würgemale, an der Hemdhose größere Harnflecke. Harnentleerungen treten bisweilen beim Tod durch äußere Erstickung auf. Das Kind war also gewürgt worden und hatte dabei erbrochen. Durch die Verstopfung der Luftröhre und zugleich durch den Würgegriff war es erstickt.

Nun suchten die Obduzenten festzustellen, ob der Tod vor oder nach dem Sexualakt eingetreten war. Dabei machten sie eine überraschende Entdeckung. Die Geschlechtsteile des Kindes waren so eigenartig verletzt, daß eine Vergewaltigung unwahrscheinlich erschien. Natürlich schloß das noch kein Sexualverbrechen aus. Lustmörder verstümmeln ihr Opfer manchmal auf unvorstellbare Weise. Deshalb suchten die Obduzenten nach einem anderen Beweis für einen Sexualverkehr: nach Spermaspuren. Aber weder am und im Körper des

Kindes noch an der Wäsche fanden sie eine solche Spur. Ein Sexualverbrechen wurde immer unwahrscheinlicher. Die Wunden an den Geschlechtsteilen waren dem Kind durch einen scharfen Gegenstand zugefügt worden, und zwar kurz vor seinem Tode. So ergab sich ein widerspruchsvolles Tatsachenbild. Standen die Verletzungen in keinem Zusammenhang mit der Tat selbst? Lag gar kein Sexualverbrechen vor? Wollte es der Täter nur vortäuschen? Aber warum? Und warum wurde Helen überhaupt getötet?

Die Polizei wußte darauf nur eine Antwort. Ging man von einem Sexualverbrechen aus, konnte nur ein Mann als Täter in Frage kommen. Wurde ein Sexualverbrechen aber nur vorgetäuscht, so sollte die Polizei auf diese Weise vom wirklichen Täter abgelenkt werden, der unter diesen Umständen möglicherweise eine Frau war.

Damit nahmen die Recherchen der Polizei eine unerwartete Wendung. Im Verlauf neuer Ermittlungen wurde auch eine Mrs. Donald vernommen, die im Erdgeschoß desselben Hauses wohnte. Die Priestlys und die Donalds konnten einander nicht leiden. Sie redeten nicht miteinander, die Frauen grüßten sich nicht. Helen Priestly schien ebenfalls von dieser Abneigung geprägt gewesen zu sein. Sie hatte öfter an der Donaldschen Wohnung »Klingelputzen« veranstaltet. Sie sollte auch mehrmals Mrs. Donald »alte Kokosnuß« nachgerufen haben.

Mrs. Donald war achtunddreißig Jahre alt, eine fromme Kirchgängerin. Über ihren Aufenthalt am Nachmittag des Mordes befragt, gab sie ruhig und klar Auskunft. Sei sei zu Einkäufen unterwegs gewesen. Die Polizei überprüfte routinemäßig die Aussage. Sie erwies sich als unwahr. Deshalb wurde die Wohnung der Donalds durchsucht. Auch Professor Dr. Richards nahm daran teil. Er entdeckte an einer Schrankleiste Spuren, die wie Blut aussahen. Eine Vorprobe bestätigte seinen Verdacht.

Das Ehepaar Donald wurde verhaftet.

Nun ergab sich folgende Situation: Mr. Donald hatte für die Tatzeit ein einwandfreies Alibi. Das seiner Frau war erschüttert, sie war zur Tatzeit zu Hause gewesen. Sie leugnete entschieden, Helen getötet zu haben. Ein Schuldbeweis hing davon ab, ob Helen nachweislich in der Donaldschen Wohnung gewesen und dort ermordet worden war.

Dafür gab es keine Zeugen und bisher keine Beweise. Die Staatsanwaltschaft jedoch brauchte solche Beweise, wenn sie Anklage erheben wollte. Sie beauftragte deshalb Professor Sidney Smith, objektive Beweise für die Täterschaft der Mrs. Donald zu suchen. Smith ging mit zwei Kollegen aus Aberdeen an die Arbeit. Es sollte eine der langwierigsten Untersuchungen in seiner jahrzehntelangen Praxis werden.

Insgesamt fanden die drei Gerichtsmediziner und die anderen naturwissenschaftlichen Experten 253 Einzelbeweise, die die Mordanklage gegen Mrs. Donald untermauerten. Diese Beweise lassen sich in mehreren Gruppen zusammenfassen, von denen folgende entscheidende Bedeutung erhielten:

1. Der Sack, in dem die Leiche gefunden worden war, enthielt Schmutz, Staub, Schlackenreste, Werg, einige Tier- und Menschenhaare. Über die Haare sagte Smith: »Die Menschenhaare stammten nicht von dem Kind, denn sie waren gröber, hatten eine andere Farbe, eine auffallend ungleichmäßige Kontur und viele deutlich erkennbare Drehungen. Die Mrs. Donald entnommenen Haare zeigten dieselben Eigentümlichkeiten. Soweit ich anhand einer Untersuchung im Vergleichsmikroskop beurteilen konnte, stimmten die Haare im Sack mit denen von Mrs. Donald bis ins kleinste Detail überein. Das kam aber nicht als Beweis dafür in Betracht, daß es Mrs. Donalds Haar war. Jeder Mensch hat Haare verschiedenen Durchmessers, verschiedener Farbe und Länge. Die Haare eines einzelnen Menschen können stärker voneinander abweichen als die zweier verschiedener Personen ...«

Smith betrachtete also die Übereinstimmung der Haarproben als nicht ausreichend für eine Identifizierung.

2. Die Schmutzreste im Sack wurden untersucht. Der zu wergartigen Knäueln zusammengeballte Schmutz bestand überwiegend aus Textilfasern. »Insgesamt«, so berichtete Smith, »stellten wir etwa 200 verschiedene Fasertypen fest, die wir zum Vergleich mit Faserteilen von etwas Werg aus der Ofenasche der Donaldschen Wohnung präparierten. Für

die Untersuchung benutzten wir ein Vergleichsmikroskop, mit dessen Hilfe wir immer zwei Fasern zugleich in ihren Bestandteilen – in Länge, Breite und Form, der sich aus der Besonderheit der Zellen ergebenden Struktur, ihrer Farbe und Farbverteilung – vergleichen konnten. Da, wo es nötig war, untersuchten wir die Beschaffenheit der Farben durch mikrochemische und spektrographische Versuche und ihre Reaktion bei ultravioletter Bestrahlung. Im ganzen stimmten nicht weniger als 25 Fasern in den oben beschriebenen Einzelheiten überein.« Professor Smith sah darin einen »schlagenden Beweis, daß das Werg in dem Sack aus der Wohnung der Donalds stammte«.

3. Die stärkste Stütze erhielt die medizinisch-naturwissenschaftliche Beweisführung durch die Blutspuren in der Donaldschen Wohnung. Es waren Blutflecke an Schuhen, Strümpfen, Handschuhen und Taschentüchern, an zwei Zeitungen, die am Vortag des Mordes erschienen waren, an einer Scheuerbürste, einem Seifenpulverpaket und auf dem Linoleum gefunden worden. Helen hatte die Blutgruppe 0. Blutspuren der Gruppe 0 gab es auf den Zeitungen, der Scheuerbürste, dem Seifenpulverpaket und auf dem Linoleum. Die anderen Blutspuren gehörten einer anderen Gruppe an. Die Verteidigung verhinderte, daß Mrs. Donald eine Blutprobe entnommen wurde. Daß Helens Blutgruppe auf mehreren Gegenständen gefunden worden war, reichte ebenfalls nicht als Beweis aus. Denn das Blut konnte von jedem beliebigen Menschen stammen, der die gleiche Blutgruppe hatte. Deshalb suchte Smith nach einem besonderen Merkmal, das die Identität zwischen den Blutspuren in der Donaldschen Wohnung und dem Blut des Kindes bewies. Je seltener dieses individuelle Merkmal war, desto stärker war seine Beweiskraft. Smith überlegte, ob das Blut des Kindes vielleicht Bakterien enthielt, die nach der Verletzung des Darmes aus dem Darm ins Blut übergetreten sein konnten. Er ließ Blutproben aus der Donaldschen Wohnung mit Blutproben des Kindes bakteriologisch untersuchen und kam u. a. zu folgendem Ergebnis: »Die in der Wäsche des Kindes festgestellten Bakterien unterschieden sich in mehreren Beziehungen von gewöhnlichen

Eingeweidebakterien. Mit Bakterien von Gegenständen aus dem Donaldschen Haushalt wurden Kulturen angelegt, in denen ebenfalls Eingeweidebakterien auftraten... Komplizierte Versuche ergaben eine Verwandtschaft zwischen der Bakterienkultur und den Bakterien in den Organen des Kindes und seiner Wäsche.«

Die insgesamt 253 Einzelbeweise waren so überzeugend, daß die Geschworenen Mrs. Donald für schuldig erkannten. Sie erhielt eine lebenslängliche Freiheitsstrafe.

Sidney Smith versuchte später, die Tat zu rekonstruieren. Er war sich bewußt, wie spekulativ die Rekonstruktion war. Und wir müssen hinzufügen: Selbst was Smith als sicher annahm – die angeblich lymphatische Krankheit des Kindes –, wurde damals von manchen Pathologen als Verlegenheitsdiagnose gewählt. Smith schrieb: »Helen kam ins Haus zurück und sagte etwas Anstößiges zu Mrs. Donald, als sie an ihrer Wohnung vorüberging. Verärgert packte Mrs. Donald das Kind an den Schultern und schüttelte es. Die Wirkung war ernster, als Mrs. Donald erwartet hatte, denn Helen verlor das Bewußtsein... Helen litt an Überwucherung der Lymphgefäße. Kinder, die hierzu neigen, verlieren eher das Bewußtsein als gesunde Kinder. Ein plötzlich auftretender Kollaps kann irrtümlich für den Tod gehalten werden. Entsetzt darüber, was sie angerichtet hatte, zog Mrs. Donald das Mädchen in ihre Wohnung. Sie fürchtete, des Mordes angeklagt zu werden, und versuchte deshalb, jeden Verdacht von sich abzulenken, indem sie vortäuschte, das Verbrechen sei von einem Mann verübt worden. Um eine Vergewaltigung vorzuspiegeln, fügte sie den Geschlechtsteilen des Kindes mit irgendeinem Gegenstand Verletzungen zu. Helen war aber noch gar nicht tot, durch den Schmerz gewann sie das Bewußtsein wieder und fing zu schreien an. Beim Schreien erbrach sie sich und atmete zugleich von dem Erbrochenen ein. Das mag ihren Tod bewirkt haben. Andererseits deuteten die Quetschungen am Nacken daraufhin, daß Mrs. Donald das Kind – als sie merkte, daß es noch lebte – in einem Anfall von Panik mit ihren eigenen Händen erwürgte. Die Asphyxie, an der Helen starb, konnte die Folge des einen wie des anderen sein.«

Wir haben diesen mehr als ein halbes Jahrhundert zurückliegenden Fall deshalb erzählt, weil sich an ihm die Fortschritte zeigen lassen, die die Technik der Identifizierung seitdem gemacht hat. Das stellt sich an allen drei Hauptbeweisen dar, mit denen Smith die Täterin identifizierte. Die folgenden drei Fälle zeigen, wie sich seitdem Haaranalyse, Faservergleich und Blutbestimmung unendlich verfeinert haben und – was Haarvergleich und Blutbestimmung betrifft – die absolut individuelle Struktur der Spuren festgestellt werden kann.

Nur ein Haar

Im Aberdeener Kindermord-Fall hatte Smith eine Übereinstimmung der im Sack gefundenen Haare mit denen der vermutlichen Täterin »bis ins kleinste Detail« festgestellt. Trotzdem war er sich des Beweises nicht sicher, weil er nicht genügend individuelle Merkmale finden konnte, die die Identität zweifelsfrei bewiesen. Selbst die damals schon hochentwickelten Mikroskope waren zu »grob«, um solche einmaligen Eigenschaften eines Haares zu entdecken. Die sensationelle Entdeckung einer neuen Analysenmethode, die eine eindeutige Identifizierung erlaubt, wurde erst mit Hilfe der Atomwissenschaft möglich. Ende der 50er Jahre erregte diese Entdeckung unter dem Schlagwort DAS ATOM ALS DETEKTIV unter Kriminalisten und Wissenschaftlern großes Aufsehen. Ausgelöst wurde die Entdeckung durch einen Kriminalfall, der sich an der Grenze zwischen den Vereinigten Staaten und Kanada ereignete, in der kanadischen Kleinstadt Edmundston.

Edmundston ist mit der amerikanischen Grenzstadt Madawaska wirtschaftlich eng verbunden. Die Holzmühlen Edmundstons liefern den amerikanischen Papierfabriken in Madawaska den Zellulose-Rohstoff. Am 13. Mai 1958 abends warteten der Brunnenbauer Bouchard und seine Frau vergeblich auf die Rückkehr ihrer sechzehnjährigen Tochter Gaetane. Das Mädchen war nachmittags um halb fünf in die Stadt gegangen, um sich mit seinen Freundinnen zu treffen. Zwischen zwanzig und einundzwanzig Uhr rief Bouchard bei den Freundinnen an und erfuhr, daß sie sich gar nicht mit Gaetane getroffen hatten. Er erfuhr aber auch, daß es einen jungen Amerikaner gab, mit dem Gaetane schon öfter zu einem Rendezvous verabredet gewesen war. Er heiße Johnny Vollman, sei Reporter und stellvertretender Direktor der Zivilverteidigung von Madawaska. Vollman sei heute nachmittag in Edmundston gesehen worden.

Es war schon zweiundzwanzig Uhr, als Bouchard nach Madawaska zur Wohnung Vollmans fuhr. Johnny war nicht zu Hause. Sein Vater sagte, er sei in der Redaktion. Bouchard traf ihn auch dort an. Der junge Mann bestätigte, daß er nachmittags in Edmundston gewesen, aber schon um achtzehn Uhr heimgefahren sei. Er gab auch zu, Gaetane zu kennen. Er habe aber seit einiger Zeit die Beziehung zur ihr abgebrochen, da er in Kürze heiraten wolle. Heute sei er Gaetane nicht begegnet.

Bouchard fuhr nach Hause und meldete kurz vor Mitternacht bei der Polizei in Edmundston seine Tochter als vermißt.

Streifenwagen machten sich auf die Suche. Auch Bouchard, sein Nachbar Gauthier und dessen Sohn beteiligten sich daran. Während der Suchfahrt erfuhr Bouchard von Gauthiers Sohn, daß es in der Umgebung der Stadt einige geheime Treffpunkte für Liebespaare gebe, wo sie ihre Wagen abstellten und Petting trieben. Auch eine stillgelegte Kiesgrube wurde gern aufgesucht.

Die drei fuhren zur Kiesgrube. In einem Gebüsch stieß Bouchard selbst auf die Leiche seiner Tochter.

Die herbeigerufenen Ortspolizisten benachrichtigten die Kriminalpolizei in Fredericton. Inzwischen nahm ein Arzt aus Edmundston die Leichenschau vor. Er stellte Verletzungen im Gesicht und an den nackten Oberschenkeln des Mädchens fest. In Brust und Rücken fanden sich Stichwunden, die höchstwahrscheinlich Gaetanes Tod verursacht hatten.

Der Morgen dämmerte schon, als die Kriminalpolizisten aus dem 150 km entfernten Fredericton eintrafen. Constable Esau ließ bei der Tatortuntersuchung eine verwischte Reifenspur sichern. Daneben entdeckte er zwei grüne Plättchen, die er für Lacksplitter eines Autos hielt.

Lapointe, der Chef der Ortspolizei, versuchte nun die letzten Lebensstunden Gaetanes zu rekonstruieren. Inzwischen hatte ein zweiter Arzt die Tote obduziert und festgestellt, daß einer von neun Stichen das Herz durchbohrt hatte. Der Tod war spätestens gegen neunzehn Uhr des Vortages eingetreten. Anzeichen für eine Vergewaltigung fanden sich nicht.

Lapointe stellte fest, daß Gaetane zum letzten Mal gegen siebzehn Uhr in der Nähe des Drugstores gesehen worden war. Sie hatte sich eine Caramilk-Blockschokolade gekauft. Das stimmte auch mit dem bei der Obduktion gefundenen Mageninhalt überein. Im Verlauf der nächsten Stunden meldeten sich fünf Zeugen, die ziemlich übereinstimmend das gleiche aussagten. Danach konnte folgendes als erwiesen gelten: Gegen siebzehn Uhr fuhr ein hellgrüner Pontiac durch das Zentrum von Edmundston. Er kam auch an dem Drugstore vorbei, wo Gaetane die Schokolade gekauft hatte. Gaetane war in den Wagen gestiegen und hatte auf dem rechten Vordersitz Platz genommen. Den Fahrer des Wagens hatte man nicht erkannt. Später hatte der hellgrüne Pontiac in der Kiesgrube geparkt, aber ohne Insassen. Vollman, der einen grünen Pontiac besaß, hatte vor siebzehn Uhr zwei Mädchen aufgefordert, mit ihm auszufahren, war aber abgewiesen worden. Die Mädchen kannten ihn als einen sexuell hemmungslosen Mann.

Lapointe und Esau setzten sich mit dem für Madawaska zuständigen amerikanischen Kriminaloffizier Labree in Verbindung, teilten ihm ihren Verdacht gegen Vollman mit und baten um Amtshilfe. Labree sagte zu. Zusammen mit Labree begaben sie sich zum Zeitungsgebäude. Vor dem Haus stand Vollmans Wagen, der hellgrüne Pontiac. Die Polizisten untersuchten den Wagen und stellten fest, daß ein Lackteilchen vor kurzem abgeblättert war. Später zeigte sich, daß einer der beiden am Tatort gefundenen Lacksplitter genau an die schadhafte Stelle paßte. Im Handschuhfach fand sich der Rest einer Caramilk-Blockschokolade. Er wies Lippenstiftspuren auf.

Die Polizisten trafen Vollman in der Redaktion. Labree forderte ihn auf, sich einer Vernehmung zu stellen, die im Zusammenhang mit dem Tod von Gaetane Bouchard stehe. Vollman war einverstanden. Er wies jedoch daraufhin, daß er seit Tagen krank sei und nicht klar denken könne. Bei der Vernehmung wiederholte er, was er schon Gaetanes Vater gesagt hatte. Er hätte sich nicht mit Gaetane getroffen und zur Zeit ihres Todes nicht in Edmundston aufgehalten. Für die Todeszeit Gaetanes hatte er kein Alibi. Labree verlangte, Vollman solle seinen Wagen zur Verfügung stellen, damit der beschädigte Lack untersucht werden könne. Nur zögernd kam Vollman diesem Ersuchen nach. Die Hausdurchsuchung konzentrierte sich auf Vollmans Kleidung. Es war anzunehmen, daß die Kleidung des Täters Blutspuren aufwies. Die Besichtigung verlief ergebnislos. Als die Kriminalisten das Haus verließen, kamen sie an einer Mülltonne vorbei. Darin fanden sie die Reste eines verbrannten Anzugs.

Vollman wurde verhaftet. In den nächsten Tagen verstärkte sich der Verdacht gegen Vollman. Er wurde einem Zeugen gegenübergestellt; der Zeuge erkannte Vollman als den Fahrer des Pontiac, in den Gaetane eingestiegen war.

Eines der am Tatort gefundenen Lackteilchen stammte, wie die mikroskopische Untersuchung ergeben hatte, von Vollmans grünem Wagen. Und schließlich war bei einer zweiten Obduktion der Toten zwischen den Fingern der rechten Hand ein sechs Zentimeter langes dunkles Haar entdeckt worden, das vermutlich nicht von Gaetane, sondern vom Mörder stammte.

All diesen Indizien setzte Vollman entweder Ausflüchte entgegen, oder er behauptete, sich nicht erinnern zu können. Der amerikanischen Polizei reichten die bisher gefundenen Verdachtsmomente jedoch aus, Vollman nach Kanada auszuliefern.

Die Polizei von Edmundston setzte jetzt alle Hoffnung auf das Haar in Gaetanes Hand. Vollman mußte einige Haarproben zur Verfügung stellen. Mit ihnen sollte das einzelne Haar verglichen werden. Ein Polizist überbrachte die Haarproben dem Polizeilabor in Sackville. Die zuständige Chemikerin traute sich jedoch den Haarvergleich mangels eigener Erfahrung nicht zu und überließ die Analyse dem Polizeilabor in der Hauptstadt Ottawa. Im Polizeilabor Ottawa übernahm Constable Kerr, ein Spezialist für Haaruntersuchung, den Auftrag aus Sackville.

In der Nähe von Ottawa, am Chalk River, liegen die Zentren der kanadischen Atomforschung. Dort standen Mitte der fünfziger Jahre zwei Atomreaktoren, die für die Erforschung der Atomenergie und deren technisch-industrielle Nutzung in Betrieb genommen worden waren. Zu den Atomphysikern von Chalk River gehörte Robert E. Jervis. Jervis hatte sich in den letzten Jahren damit beschäftigt, in Metallen und organischen Substanzen Spurenelemente nachzuweisen – winzigste Mengen von chemischen Elementen, die man weder mikroskopisch noch spektrographisch mehr feststellen konnte. Jervis benutzte dafür die Neutronenaktivierungsanalyse, kurz NAA genannt. Diese NAA bedient sich der atomaren Strahlung.

Das Prinzip der Neutronenaktivierung besteht darin, daß jedes chemische Element, das selber keine Strahlung aussendet, durch Beschießen mit Neutronen radioaktiv gemacht werden kann. Neutronen sind ein elektrisch neutraler Bestandteil des Atomkerns. Sie durchdringen starke Materieschichten und können, wenn sie auf andere Atomkerne auftreffen, Kernreaktionen erzeugen. Dabei verwandeln sich die Atome nichtstrahlender Elemente in strahlende. Ihre atomare Strahlung ist nach Intensität und Frequenz meßbar. Da jedes chemische Element eine nach Intensität und Frequenz unterschiedliche Strahlung aufweist, läßt sich durch Messung von Intensität und Frequenz das jeweilige Element qualitativ und quantitativ feststellen. Bei den Strahlen handelt es sich hauptsächlich um Beta- und Gammastrahlen. Auf diese Weise gelingt es, selbst winzigste Spuren von Elementen, die nur ein Milliardstel bis ein Billionstel Gramm betragen, nachzuweisen. Jervis hatte bereits Erfahrungen mit der NAA. Er und seine Mitarbeiter hatten entdeckt, daß das Haar außer den natürlichen Grundelementen seiner organischen Substanz – Wasserstoff, Stickstoff, Sauerstoff, Kohlenstoff – eine Reihe weiterer Elemente in winzigsten Spuren enthält, so Arsen, Kupfer, Natrium, Zink, Brom, Kalzium, Eisen, Mangan, Aluminium, Blei, Gold.

Die bisherigen Untersuchungen hatten erbracht, daß diese Spurenelemente bei jedem einzelnen Menschen in unterschiedlicher Quantität und ganz verschiedener Kombination vorhanden sind. Man vermutete, daß diese Unterschiede sogar vom geographischen und sozialen Milieu, von Ernährung und Lebensweise bestimmt werden. Bemerkenswert an diesen Forschungen ist, daß kriminalistische Erfordernisse den Anstoß dazu gegeben hatten. Jervis und seine Leute halten bereits bei der Aufklärung mehrerer Giftmorde mitgewirkt.

Constable Kerr vom Polizeilabor Ottawa hatte einige Zeit mit Jervis in Chalk River zusammengearbeitet und kannte dessen Erfolge in der Haaranalyse. Als Kerr die Haarproben aus Sackville erhielt, stand es sofort für ihn fest, die NAA zur Vergleichsuntersuchung zu nutzen. Aber das Ergebnis der ersten Aktivierung in Chalk River blieb unbefriedigend. Die Wissenschaftler konnten lediglich mit Bestimmtheit nachweisen, daß das in Gaetanes Hand gefundene Haar nicht von ihr selbst stammte. Dieses Haar wies einige Spurenelemente auf, die Gaetanes eigenes Haar nicht besaß. Das Ergebnis war also lediglich ein negativer Beweis, der nicht ausreichte. Weitere Untersuchungen machten sich notwendig.

Das nächste Arbeitsstadium zeigte, daß sich das Verbrechen an Gaetane sozusagen »produktiv« auf die Wissenschaft auswirkte. Die Spurenelemente, die im Täterhaar vorhanden waren, ließen noch keine sichere Aussage zu, daß das Haar von Vollman stammte. Es liegt ja auch auf der Hand: Je mehr einzelne Elemente in ihrer auch unterschiedlichen Quantität nachgewiesen werden konnten, desto sicherer konnte auch seine Individualität, seine Zuordnung zu den anderen Haarproben des mutmaßlichen Täters eindeutig nachgewiesen werden.

In seinem Bericht über den Fall Bouchard schrieb J. Thorwald: »Wenn nur drei Elemente gemessen wurden, betrug die Wahrscheinlichkeit der Wiederholung 1:4800. Wurden fünf Elemente gemessen, betrug sie 1:126800. Bei sieben Elementen stieg sie auf 1:14250000, bei elf Elementen auf 1:1140000000.«

Wenn man also elf Spurenelemente in einem einzelnen Haar quantitativ und in ihrer Kombination feststellt, wird sich unter mehr als einer Milliarde Menschen kein gleiches Haar finden. Man kann diese Überlegung fortsetzen. Mit nur einem oder zwei weiteren Spurenelementen läßt sich jedes beliebige Haar von den Haaren aller anderen Menschen auf der Welt unterscheiden und damit einem bestimmten Menschen ebenso individuell zuordnen wie ein Fingerabdruck.

Diesem Ziel näherzukommen war die Aufgabe der weiteren Forschungen in Chalk River. Dieses Ziel hatte man noch nicht erreicht, weil die Meßapparaturen nicht subtil genug waren, um die sehr geringe Gammastrahlung nachzuweisen. In den Zählgeräten überlagerten sich mehrere Gammastrahlen. Erst im Verlauf mehrerer Monate gelang es dann, die verschiedenen Strahlungen gegeneinander abzuschirmen, bis man für mehrere Elemente reine Werte erhielt. Schließlich war Kerr soweit, um sagen zu können, daß das Haar aus der Hand der Toten von Vollman stammen könnte.

Der Prozeß gegen Vollman fand im November 1958 statt. Kerr als Sachverständiger legte dem Gericht seine Beweise vor. Sie wurden zur Sensation des Prozesses. Unter der Wirkung der Beweise entschloß sich Vollman auf Anraten seines Verteidigers zu einem Teilgeständnis. Er gab zu, Gaetane sei in seinem Wagen zur Kiesgrube mitgefahren. Dort sei es zu intimen Liebesspielen gekommen. Vor dem eigentlichen Geschlechtsakt aber sei Gaetane zurückgeschreckt. Er habe ihn erzwingen wollen. Was dann geschehen sei, wisse er nicht mehr. Im Kreuzverhör gestand er dann noch, das Mädchen gewürgt zu haben, bestritt aber, er hätte Gaetane vorsätzlich getötet. Der Ankläger vertrat die Meinung, Vollman habe das Opfer seiner versuchten Vergewaltigung ermordet, um seine Gewalttat nicht bekannt werden zu lassen.

Die Geschworenen sprachen den Reporter und stellvertretenden Direktor der Zivilverteidigung von Madawaska des Mordes schuldig. Er wurde zum Tode verurteilt, aber später zu lebenslänglich begnadigt.

Die auf so dramatische Weise bekannt gewordene Neutronenaktivierungsanalyse von menschlichen Haaren erlebte in den folgenden Jahren nach ihrem anfänglichen Triumph noch einige Rückschläge. Kriminaltechniker, die mit der Kompliziertheit des Verfahrens nicht genügend vertraut waren, konstruierten Apparaturen, die sozusagen auf Knopfdruck funktionieren und ihre Beweise ausspucken sollten. Diese Simplifizierung der NAA zwang ihre Entdecker, sie weiter zu vervollkommnen.

Bankraub und Raubmord

Nun ist es also doch passiert, denkt der Fernfahrer Matthias Weitmüller, als er plötzlich vor der Leiche steht, am Rand eines Waldweges, der von der Hauptstraße abzweigt. Was man sonst nur auf dem Bildschirm erblickt, ist Wirklichkeit geworden.

Weitmüller hatte heute morgen hier angehalten, um sich ins Gras zu setzen und zu frühstücken.

Neben einem Holunderbusch liegt ein Toter. Das Oberhemd des Mannes ist zerrissen, wahrscheinlich von Messerstichen durchlöchert, mit verkrustetem Blut bedeckt. Auch das Gras hat sich braunrot verfärbt. Die trüben Augen des Toten starren Weitmüller an. Er verspürt keinen Hunger mehr und eilt zu seinem Wagen zurück...

Kommissar Lever leitet die Untersuchung. Vorerst scheint dieser Fall keine Rätsel aufzugeben. In der Gesäßtasche des Toten findet sich sein Personalausweis. Der Mann heißt Roland Siedler und ist vierunddreißig Jahre alt. Wenige Schritte von der Leiche entfernt liegt eine Pistole. Das Magazin ist gefüllt, aber es ist kein Schuß daraus abgefeuert worden. Das zertrampelte Gras weist auf einen Kampf mit dem Mörder hin.

Der Rechtsmediziner Dr. Karauschke stellt mehrere Messerstiche im Brust- und Bauchraum fest, vermutlich sei ein Stich ins Herz tödlich gewesen. Dr. Karauschke schätzt, daß der Tod gestern abend zwischen neunzehn und zwanzig Uhr eingetreten sei.

Als dann hinter einem anderen Gebüsch eine Umhängetasche gefunden wird, beginnt sich für den Kommissar der Fall endgültig zu klären. In der Tasche befindet sich nämlich nichts weiter als eine Strumpfmaske. Lever ist überzeugt, daß dieser Tote der seit gestern abend gesuchte Bankräuber ist, der kurz vor Kassenschluß die Bankfiliale in G. überfallen und etwa

73 000 Mark erbeutet hatte. Nach den Zeugenaussagen hatte ein zweiter Mann während des Überfalls vor der Bank mit dem Fluchtwagen, einem schwarzen AUDI 100, gewartet. Die Täter waren unerkannt entkommen.

Wer war also der zweite Mann, der den Fluchtwagen gefahren hatte? War er Siedlers Mörder? Mit großer Wahrscheinlichkeit – denn am Tatort hatte man keinen einzigen Geldschein gefunden. War der Bankraub in einen Raubmord umgeschlagen?

Die weiteren Ermittlungen bestätigten Levers Vermutung. Schon am nächsten Tag wird der mutmaßliche Täter gestellt. Es ist ein Bekannter Siedlers oder, wie er sich selbst nennt, ein »alter Kumpel« von ihm. Manthey ist achtundzwanzig Jahre, arbeitslos wie Siedler, wegen Spielsucht immer in Geldnöten.

Manthey gibt zu, kurz vor dem Bankraub mit seinem Kumpel Siedler in S. in STEFFI'S BIERGARTEN gesessen zu haben. Beide hatten dort, wie die Serviererin bezeugte, gegessen und getrunken. Manthey bestreitet jedoch entschieden, als Fahrer des Fluchtwagens am Bankraub teilgenommen zu haben. Vielmehr behauptet er, er habe den Biergarten allein verlassen und sei in seinem Wagen, einem weißen FORD ESCORT, nach L. heimgefahren. Tatsächlich gibt es keine Zeugen, die Siedler und Manthey gemeinsam den Biergarten verlassen oder in den schwarzen AUDI einsteigen gesehen hatten. Manthey kann aber auch nicht nachweisen, daß er zur Zeit des Bankraubes unterwegs nach Hause oder sogar schon zu Hause angekommen war. Eine Wohnungsdurchsuchung bei Manthey fördert weder das geraubte Geld noch eine Tatwaffe zutage. An den Kleidungsstücken, die Manthey am betreffenden Abend getragen hat, finden sich keine Blutspuren.

Am gleichen Tag wird der Fluchtwagen entdeckt, der gestohlene schwarze AUDI. Darin werden Fingerabdrücke von Siedler gefunden, der auf dem Beifahrersitz gesessen hatte, aber keine Abdrücke von Manthey. Der Kommissar muß nach anderen Beweisen suchen, daß Manthey den Fluchtwagen gefahren hat. Nur dann ist es möglich, eine Verbindung zum Mord an seinem Mitfahrer Siedler herzustellen. Lever entschließt sich, eine vergleichende Textilfaseranalyse vornehmen zu lassen.

Mit transparentem Klebeband werden Fasern vom Schonbezug des Fahrersitzes und der Hose Mantheys abgenommen und unter dem Lichtmikroskop verglichen. Tatsächlich finden sich schwarz eingefärbte Synthesefasern vom Sitzbezug auf der Hose und umgekehrt graue Wollfasern von der Hose auf dem Fahrersessel.

Soweit wird also noch mit der gleichen Methode gearbeitet wie im Aberdeener Kindermord-Fall ein halbes Jahrhundert zuvor. Damals waren Textilfasern untersucht worden, die sich im Sack mit der Leiche befunden hatten. Sie waren nach Länge, Breite, Struktur, Farbe usw. mit Fasern aus der Wohnung der Täterin verglichen und durch mikrochemische und spektographische Analysen noch genauer bestimmt worden. Heute genügen diese Untersuchungen oft nicht mehr. Glatte synthetische Fasern besitzen oft keine für den Vergleich verwendbare Oberflächenstruktur. Der Beweis, daß die Fasern an Hose und Schonbezug des Fahrersitzes identisch sind, erscheint den Gutachtern nicht ausreichend. Deshalb führen sie eine weitere Vergleichsuntersuchung mit dem Raster-Elektronenmikroskop durch. Es ermöglicht bei 2400facher Vergrößerung eine plastische Oberflächendarstellung.

Das Raster-Elektronenmikroskop, kurz REM genannt, erlaubt im Unterschied zum bisher üblichen Lichtmikroskop durch seine sehr hohe Vergrößerung und die Darstellung dreidimensional ausgedehnter Oberflächen der betreffenden Probe einen weit genaueren Vergleich. Das Lichtmikroskop liefert bei geringer Vergrößerung zu wenig Details der Oberfläche. Wird jedoch zu stark vergrößert, verringert sich die Tiefenschärfe. Das REM ist ein sogenanntes Auflicht-Elektronenmikroskop. In ihm wird ein scharf gebündelter Elektronenstrahl über die Oberfläche des Untersuchungsobjektes geführt. Er rastert – ähnlich wie bei einer Fernseh-Bildröhre – punkt- und zeilenweise die im Vakuum befindliche Probe ab. Als Endergebnis erhält man eine Abbildung der zu untersuchenden Oberfläche in verschiedener Vergrößerung. Sie hat einen hohen Beweiswert (E. Böhm).

Die Untersuchung der Vergleichsproben von Mantheys Hose und dem Fahrersitz ergibt in Oberflächenstruktur und

Querschnittsform eine weitgehende Identität. Die zahlreichen einzelnen Befunde erlauben die Schlußfolgerung, daß Manthey den Fluchtwagen gefahren hat. In gleicher Weise wird dann auch bewiesen, daß Siedler auf dem Beifahrersitz gesessen hat.

Mit diesem Beweis ist die Ermittlung in ein neues Stadium getreten. Es endet schließlich mit Mantheys Geständnis. Manthey war noch während der Flucht mit seinem Kumpel in Streit darüber geraten, was weiter mit der Beute geschehen sollte. Bei der Suche nach einem vorläufigen Versteck im Wald war es dann endgültig zum Zusammenstoß gekommen. Manthey hatte sich, wie er behauptete, von Siedlers Pistole bedroht gefühlt und mit seinem Klappmesser mehrmals zugestochen. Er bestritt aber, daß er Siedler habe töten wollen.

Bei der Vergleichsuntersuchung im REM waren jeweils mehr als hundert einzelne Synthesefasern von Hose und Sitz miteinander verglichen worden. Die Unmenge verfügbarer Fasern zeigt, daß jedes Gewebe mit Fasern aller Art übersät ist. Hierin liegt die große Chance für solche Vergleichsuntersuchungen durch das REM.

Das ist besonders wichtig auch bei Sexualdelikten. Überkreuzen sich Kleiderfasern des mutmaßlichen Täters mit denen des Opfers, so erhärtet das den Verdacht gegen den Täter.

Die vergleichende Textilanalyse ist nur eine der vielen Möglichkeiten des REM. Es vermag auch jegliches andere Material wie Metall, Plaste, organische Stoffe zu »individualisieren« und Identität auszuschließen oder zu bestätigen. Beispielsweise genügt für die Untersuchung eines Verkehrsunfalls mit Fahrerflucht bereits ein winziger Lacksplitter vom Wagen des Flüchtigen, um die Identität seines Wagens festzustellen. Im Bundeskriminalamt Wiesbaden gibt es Zehntausende Lackproben von Kraftfahrzeugen. Marke, Typ, Baujahr des Wagens lassen sich dadurch bestimmen. Am Beispiel der Neutronenaktivierungsanalyse (NAA) und des Raster-Elektronenmikroskops (REM) zeigt sich nicht nur der Fortschritt der kriminalistischen Identifizierungsmöglichkeiten. Es zeigt sich auch, wie bestimmte technische Verfahren, die noch vor wenigen Jahrzehnten zur Domäne des Gerichtsmediziners gehörten, sich immer mehr spezialisieren, verselbständigen und in den kriminaltechnischen Bereich übergehen.

Auch im folgenden Fall gehen die Grenzen zwischen Gerichtsmedizin und Kriminaltechnik ineinander über. Er schildert die wohl revolutionärste Wende, die sich bei der Suche nach der »individuellen Einmaligkeit« einer Spur seit der Nutzung des Fingerabdruckverfahrens vollzogen hat. Das ist der sogenannte genetische Fingerabdruck, der Mitte der achtziger Jahre zum ersten Mal in einem Mordprozeß den entscheidenden Beweis lieferte.

Der Sexualmörder Pitchfork

Am 21. November 1985 rief der Arbeiter Eddie Eastwood nachts um halb zwei die Polizeistation in Braunstone an. Eastwood wohnte in Narborough, einem Dorf bei Leicester in Mittelengland. Eastwood sagte, er vermisse seine fünfzehnjährige Tochter Lynda. Sie sei sonst immer spätestens halb zehn heimgekommen. Deshalb habe er sie bereits stundenlang gesucht, aber vergeblich. Ein Polizist nahm die Vermißtenmeldung zu Protokoll. Eddie machte sich erneut auf die Suche und kehrte schließlich erfolglos zu seiner Frau zurück.

Am nächsten Morgen entdeckte ein Krankenpfleger auf dem Weg zur Klinik die Leiche des Mädchens. Sie lag unter Bäumen auf dem Gelände des Hospitals. Lyndas Unterkörper war nackt. Jeans, Strumpfhose, Slip und Schuhe lagen unweit der Leiche. Ihr Gesicht war mit Blut bedeckt und durch Blutergüsse verfärbt. Die Zunge ragte zwischen den Zähnen heraus. Der Hals war mit einem fest verknoteten Schal zugeschnürt.

Lynda war ein fröhliches und liebenswürdiges Mädchen gewesen. Sie war begabt und hatte in der Schule überdurchschnittliche Leistungen aufzuweisen gehabt. Durch Babysitten hatte sie sich nebenbei ein Taschengeld verdient.

Bei der Obduktion der Toten stellte der Leitende Gerichtsmediziner fest, daß der Täter das Mädchen mit Faustschlägen ins

Gesicht gefügig gemacht, es vergewaltigt und dann erdrosselt hatte. Im Schamhaar, zwischen den Schamlippen und in der Vagina wurde Sperma gefunden. Die Analyse des Spermas ergab die in England relativ seltene Blutgruppe A, PGM 1+. Sie war die einzige Spur, die die Mordkommission vom Täter besaß.

Es wurde sofort eine zahlenmäßig starke Sonderkommission gebildet. Sie richtete sich gleich in Narborough ein, um die Ermittlungen zu konzentrieren. Chiefsuperintendent Baker leitete die Untersuchung. Ihm standen etwa 150 Mitarbeiter zur Verfügung. Baker mußte rasch zu einem Erfolg kommen. Denn die Bevölkerung war äußerst beunruhigt, ja in Angst, das Verbrechen könne sich wiederholen. Die Presse berichtete täglich über den Fortschritt in der Ermittlung, soweit von Fortschritten überhaupt die Rede sein konnte. Obwohl die Polizei computergestützt arbeitete, verringerte sich der Aufwand nicht, er vergrößerte sich von Tag zu Tag. Karteien von allen möglichen Sexualtätern wurden durchgerastert, erst aus der näheren, später der weiteren Umgebung. Vom Entblößer bis zum Vergewaltiger wurden alle Sexualtäter vernommen und auf ihr Alibi überprüft. Als das ergebnislos blieb, dehnte sich die Alibiüberprüfung auf alle Männer zwischen 13 und 34 Jahren aus, die in Narborough und umliegenden Ortschaften wohnten. Diese Altersgrenzen wurden festgelegt, weil die Spermaanalyse auf einen Täter in diesem Altersbereich hinwies.

Zugleich mußten Tausende von Hinweisen und Aussagen aus der Bevölkerung und mehr als 4000 vermeintliche Spuren überprüft werden. Sie alle erwiesen sich als nutzlos. Angst, Panik und Fantasie gebaren Phantomtäter, die angeblich überall und dann doch nirgends gesehen worden waren.

Weihnachten ging vorüber. Im Februar suchten noch immer fast hundert Mitglieder der Sonderkommission nach dem Täter. Er war, wie ein Polizist sagte, ebenso schwer zu fassen wie das verdammte Ungeheuer von Loch Ness.

Inzwischen war die Polizei dazu übergegangen, einer Anzahl Verdächtiger Blutproben zu entnehmen und diese in den gerichtsmedizinischen Labors von Leicester untersuchen zu lassen. Auch diese Ergebnisse waren insgesamt negativ. Im

August, ein Dreivierteljahr nach dem Verbrechen, wurden die Ermittlungen eingestellt.

Drei Jahre später, am 31. Juli 1986, verschwand die fünfzehnjährige Dawn Ashworth, die in Endeby, einem Nachbarort von Narborough, wohnte. Dawns Vater war Ingenieur, ihre Mutter arbeitete in einer Modeboutique. Dawn hatte während der Sommerferien einen Job in einem Zeitungsladen übernommen und war an diesem 31. Juli nicht mehr nach Hause gekommen. Noch in der gleichen Nacht machten sich die Eltern und Freundinnen von Dawn auf die Suche. Dawn wurde nicht gefunden. Robin Ashworth benachrichtigte die Polizei.

Am nächsten Morgen suchte ein großes Polizeiaufgebot die Umgebung des Ortes ab. Die Einwohner wurden systematisch befragt. Am übernächsten Tag verstärkte die Polizei ihre Suchaktion. Spürhunde wurden eingesetzt, Hubschrauber suchten das unübersichtliche, von Hecken und Gebüschen durchschnittene Gelände Meter für Meter ab. Dann entdeckte einer der Polizisten, die im Hubschrauber waren, inmitten eines Dornbusches eine Hand.

Die Tote war mit Heu, Laub und Ästen zugedeckt. Wie damals bei Lynda war auch Dawns Unterkörper entblößt. Auf dem linken Oberschenkel befand sich Blut. Das Schamhaar war durch Sperma verfilzt. Das Gesicht zeigte zahlreiche Verletzungen. Kein Zweifel, auch Dawn war vergewaltigt und getötet worden.

Die Obduktion bestätigte diese Annahme. Der gerichtsmedizinische Bericht unterschied zwischen den Verletzungen, die der Lebenden zugefügt worden waren, und solchen nach dem Tode. Die vitalen Verletzungen entstanden durch Handkantenschläge ins Gesicht, durch Druck auf Hals und Rumpf. Das gewaltsame Eindringen in Vagina und Anus hatten schwere Verletzungen am Damm verursacht. Nach dem Tod entstandene Verletzungen wurden ebenfalls im Genitalbereich gefunden, weitere waren beim Verschleppen der Leiche ins Dorngebüsch entstanden.

Aus gerichtsmedizinischer Sicht war das Opfer von hinten umklammert, gewürgt, geschlagen und niedergeworfen worden. Der Täter hatte dem Mädchen den Mund zugehalten, um es am Schreien zu hindern, und es schließlich gewürgt. Dawn war noch jungfräulich gewesen. Die gewaltsame sexuelle Penetration in Vagina und Anus war während des Todeskampfes und wahrscheinlich auch noch danach erfolgt.

Für die weitere Untersuchung wurden Abstriche aus Mund, Vagina und Anus gesichert.

Die Polizei war überzeugt, daß bei Dawn der gleiche Täter wie bei Lynda am Werk gewesen war. Über zweihundert Polizisten nahmen die Ermittlung auf. Das Verwirrspiel begann erneut. Anrufe, Verdächtigungen, unbrauchbare Informationen, Gerüchte, phantomhafte Täter. Im Fernsehen erklärte ein angesehener Psychiater, der Täter sei ein völlig normal wirkender Mensch, den niemand verdächtige. Er sei ein Triebtäter und werde erneut morden. Die Presse schürte die sich verbreitende Hysterie. Anonyme Spender setzten eine Belohnung von fünfzehntausend Pfund aus.

Nach einer Woche ergab sich die scheinbar erste heiße Spur. Ein siebzehnjähriger Jugendlicher, der als Küchenjunge in einem Krankenhaus arbeitete, geriet in den Sog, den der Erfolgszwang der Polizei erzeugt hatte.

Eine Tragikomödie nahm ihren Lauf. Der Küchenjunge erwies sich für die Polizei sehr rasch als Glücksfall. Er war ein geistig zurückgebliebener, durch Minderwertigkeitskomplexe geltungsbedürftiger Junge, der sich plötzlich im Scheinwerferlicht erregter Öffentlichkeit sah. Er gab ohne weiteres zu, mehrmals an kleinen Mädchen sexuelle Handlungen vorgenommen zu haben. Er gab auch zu, beide ermordeten Mädchen gekannt zu haben. In pausenlosen Verhören entlockten ihm die Ermittler immer neue Geständnisse, die schließlich in der Schilderung der Morde gipfelten. Obwohl mehrere Kriminalisten seine Täterschaft bezweifelten (»nicht alle Tassen im Schrank« oder »Dorfidiot«), waren Baker und seine Leute überzeugt, den Doppelmörder gefaßt zu haben. Die Blutuntersuchung allerdings ergab eine andere Blutgruppe, als sie der Täter hatte. Die Gerichtsmediziner hielten es deshalb für unwahrscheinlich, daß er der Täter sei. Aber es wäre, wie der Chronist Joseph Wambaugh schrieb, »schwer gewesen, irgendwo einen Kriminalbeamten aufzutreiben, der seinen Ruf wegen einer so zweifelhaften Sache wie einer Blutgruppenbestimmung aufs Spiel gesetzt hätte.« Trotzdem sollte die Blutgruppenbestimmung diesem Fall eine völlig neue Richtung geben.

Chiefsuperintendent Baker behauptete später, er sei es gewesen, der endlich mit absoluter Sicherheit anhand der Blutgruppe den Küchenjungen überführen wollte. Dagegen behauptete der Vater des Jungen, er habe etwas von einer todsicheren Blutgruppenbestimmung gelesen und eine nochmalige Blutgruppenbestimmung gefordert. Jedenfalls wurde dem Verdächtigen wiederum eine Blutprobe entnommen und diesmal an die Universität in Leicester geschickt.

Dort arbeitete der junge Genetiker Dr. Alec Jeffreys. Er hatte kürzlich auf dem Gebiet der genetischen Forschung eine aufsehenerregende Entdeckung gemacht: daß sich aus einer Blutspur die absolut individuelle einmalige Blutstruktur erschließen lasse. Wie aus dem Aberdeener Kindermord-Fall erinnerlich, erlaubte die Bestimmung der Blutgruppe immer nur einen negativen Beweis. Zwei unterschiedliche Blutproben schlossen Identität aus. Bei gleichen Blutgruppen war die Identität nicht mit Sicherheit festzustellen, da ja die bisher bekannte Anzahl der Blutgruppen begrenzt ist und unendlich viele Menschen die gleiche Blutgruppe haben. Diese unübersteigbare Grenze der Identifizierung durch die Blutgruppe hob Dr. Jeffreys auf.

Die Zeitschrift KRIMINALISTIK berichtete 1989 über die Bedeutung der genetischen Forschung für die Kriminalistik. In den siebziger und achtziger Jahren hatte die genetische Forschung im Hinblick auf die DNS große Fortschritte gemacht. Die DNS als eine einmalige und einzigartige Substanz enthält die gesamte genetische Information und damit die Anlagepläne jedes Lebensbausteins und somit jedes Lebewesens. Sie enthält die Verschlüsselung der Individualität. Aus ihr läßt sich die unendliche morphologische Variabilität des Lebens ablesen. Damit läßt sich ein einmaliges individuelles Muster darstellen. Die in allen Zellkernen enthaltene DNS (Desoxyribonukleinsäure) kann mit relativ einfachen chemischen Extraktionsverfahren aus Blut, Sperma, Gewebe u. a. gewonnen werden. Durch den Mustervergleich kann mit hoher Sicherheit die Identität bestätigt oder ausgeschlossen werden.

Es ist hier nicht der Ort, dieses »relativ einfache«, für den Laien dennoch schwer verständliche Extraktionsverfahren zu beschreiben. Es genügt zu wissen, daß es im fadenformigen DNS-Molekül Abschnitte gibt, die aus kurzen aneinandergefügten DNS-Sequenzen, sogenannten Minisatelliten, bestehen. Sie unterscheiden sich durch eine unterschiedliche Anzahl voneinander. Auf dem Röntgenfilm erscheinen sie als eine ganze Reihe von grauen und schwarzen Streifen, »ähnlich wie auf dem Strichcode, der benutzt wird, um Supermarktartikel zu kennzeichnen« (Wambaugh). Jeffreys selbst, der für seine Entdeckung eine Professur in Leicester erhielt, sagte über seine Entdeckung, daß ein so gewonnenes Muster – eineiige Zwillinge ausgenommen – »keinen anderen Menschen auf diesem Planeten gehört, der je gelebt hat oder je leben wird«. In Anlehnung an den ebenso einmaligen Fingerabdruck nannte Jeffreys den Strichcode einen DNS-Fingerprint. Heute spricht man auch vom »genetischen Fingerabdruck«.

Jeffreys untersuchte also das Blut des Küchenjungen und stellte am Ende fest, daß er nicht der Täter sei. Ebenso stehe jedoch fest, daß beide Mädchen von demselben Mann vergewaltigt worden waren. Zum ersten Mal in der Geschichte der Kriminalistik hatte der genetische Fingerabdruck einen mutmaßlichen Mörder unwiderruflich entlastet.

Chiefsuperintendent Baker und sein Team waren tief bestürzt. Jahrelange Arbeit umsonst. Der Triumph, den Doppelmörder gefaßt zu haben, war in eine öffentliche Niederlage umgeschlagen.

Und wieder begann alles von vorn. Und es begann von einer denkbar ungünstigen Ausgangsposition her. Die Kriminalisten konnten und wollten Jeffreys Beweis nicht akzeptieren. Sie suchten weiterhin nach »wasserdichten Beweisen« gegen den unschuldigen Küchenjungen. Mehr als zweitausend unbearbeitete Hinweise mußten mit täglich neu eingehenden Informationen überprüft werden. Wieder kam Weihnachten heran, und noch immer gab es nicht die geringste Spur. Baker geriet immer mehr unter Druck. Er sah sich gezwungen umzudenken. Wenn der genetische Fingerabdruck nun doch ernst genommen werden müßte? Baker entschloß sich zu einer, wie er sagte, revolutionären Maßnahme. Alle Männer zwischen 17 und 34 Jahren, die in einem größeren Umkreis wohnten, sollten freiwillig Blut- und Speichelproben abgeben, damit sie als Verdächtige ausgeschlossen werden könnten. Ebenso sollten die Männer erfaßt werden, die zur Zeit der Morde hier gearbeitet hatten oder in der Klinik stationiert gewesen waren.

Eine beispiellose Aktion setzte sich, anfangs schwerfällig, dann immer routinierter, in Gang: das »Anzapfen«, wie die Blutentnahme genannt wurde. Jeder Proband, dem eine Blutprobe entnommen wurde, mußte sich ausweisen (was in England schwierig ist, weil es dort keine verläßlichen Personalausweise gibt). Deshalb wurde auch ein Fingerabdruck angefertigt und ein Polaroidfoto gemacht. Es wurden Fragen nach dem Aufenthalt zur Zeit der Morde gestellt. Nach einiger Zeit war eine Anzahl Männer noch immer nicht zum Anzapfen erschienen. Die Polizei verschickte Vorladungen.

Zu den Säumigen gehörte auch der Bäcker Colin Pitchfork. Er war verheiratet und hatte zwei Kinder. Pitchfork liebte Musik, spielte Klavier und Schlagzeug und galt in seinem Betrieb als Spezialist für Verzierung von Torten. Er war schon früher auf der Liste Verdächtiger gewesen, da er mehrmals wegen Exhibitionismus auffällig geworden war. Da er aber zur Zeit von Lyndas Tod noch nicht in Narborough gewohnt hatte, blieb er von intensiverer Vernehmung verschont. Als Pitchfork seine Vorladung erhielt, überredete er seinen Arbeitskollegen Kelly, an seiner Statt zum Anzapfen zu gehen. Kelly tat ihm den Gefallen. Die Polizisten merkten nicht, daß Kellys Paßfoto in Pitchforks Paß eingeklebt worden war. Später erzählte Kelly von diesem Streich, und über Umwege kam die Sache der Polizei zu Ohren. Kelly wurde verhört und gestand den Betrug. Das reichte aus, um Pitchfork zu verhaften. Bereits bei der Festnahme gestand er beide Verbrechen. In den Vernehmungen wurde deutlich, daß er ein gefühlskalter Soziopath war. Er hatte, was selten genug vorkam, die Grenze zwischen Exhibitionismus und Vergewaltigung überschritten und aus Angst vor Entdeckung seine Opfer ermordet.

Das DNS-Muster von Pitchforks Blutprobe stimmte genau mit dem aus den Spermaspuren gewonnenen Muster überein.

So hatte Professor Jeffreys Entdeckung des genetischen Fingerabdrucks in diesem Doppelmordfall zweifach die Wahrheit enthüllt. Der genetische Fingerabdruck hatte die Unschuld des Küchenjungen und die Schuld des Bäckers Pitchfork bewiesen. Pitchfork erhielt lebenslänglich.

Die in diesem Kapitel erzählten Fälle aus anderthalb Jahrhunderten zeigen, wie lang und steinig der Weg war, den die Gerichtsmedizin gehen mußte, um unbekannte oder entstellte Tote, um Opfer und Täter zweifelsfrei identifizieren zu können. Das theoretische Ziel, eine Spur als individuell einmalig zu bestimmen, ist heute für die Gerichtsmedizin im Verein mit der Kriminaltechnik praktisch erreichbar – sofern die materiellen und instrumentalen Voraussetzungen dafür vorhanden sind. Fingerabdruck, Neutronenaktivierungsanalyse, Raster-Elektronenmikroskop und genetischer Fingerprint sind wichtige Stationen zu diesem Ziel.

II
NATÜRLICHER TOD, UNFALL, SELBSTMORD ODER MORD?

»Der Tod ist gewiß«, sagt ein lateinisches Sprichwort, »aber ungewiß ist die Stunde.«

Ungewiß ist auch, wie das Leben endet. Gleichnisse sagen, es verrinnt wie der Sand in der Uhr, es erlischt wie eine Kerze. Das sind Bilder vom natürlichen Tod. Das Leben geht naturbedingt, langsam oder plötzlich durch Krankheit, Abnutzung, Verfall zu Ende. Aber es gibt auch den unnatürlichen Tod.

Den Unfall: durch Blitz und Sturm und Flut, durch Strom und Auto und Flugzeug.

Den Mord: durch Messer und Beil, Pistole und Gift oder durch bloße Hand.

Schließlich den selbstgewählten Tod, letzte verzweifelte Flucht aus dem Leben.

Jede unnatürliche Todesart hat ihre gesellschaftlichen und sozialen Konsequenzen. Liegt ein Mord vor, muß der Mörder gefunden und ... zur Rechenschaft gezogen werden. Ein Unfall hat seine Ursachen; manche Ursachen können vermieden werden. Dieser oder jener Selbstmord könnte durch mehr menschliche Zuwendung oder verbesserte soziale Verhältnisse zu verhindern sein.

Die Gesellschaft ist daran interessiert, daß die Ursache eines nicht natürlichen Todes aufgeklärt wird. Wer aber klärt diese Umstände auf? Manchmal ähnelt der Tod eines Selbstmörders einem Mord. Oder ein Mörder versucht den Mord als Unfall oder natürlichen Tod zu tarnen. Bei jedem unklaren Todesfall muß der Gerichtsmediziner hinzugezogen werden, um Todesart und -ursache festzustellen. Die Fragestellung ist immer die gleiche. Die Antworten sind manchmal von vornherein klar, aber manchmal auch voller Überraschungen.

Wenn Tote wiederauferstehen

Eine sechzigjährige Apothekerin wird in ihrer Wohnung von ihrer Freundin tot aufgefunden. Neben ihr liegen ein Abschiedsbrief und ein leeres Tablettenröhrchen. In einem geleerten Wasserglas befinden sich Tablettenreste. Der Arzt stellt Tod durch Selbstmord fest und schreibt den Totenschein aus. Da bei unnatürlichem Tod die Kriminalpolizei ermitteln muß, trifft ein Kriminalbeamter ein. Er sieht, daß sich die Brust der Toten hebt und senkt. Die »Tote« lebt noch.

Eine zweiundfünfzigjährige Frau hat Schlaftabletten eingenommen und einen Abschiedsbrief hinterlassen. Der Arzt stellt die Todesbescheinigung aus: Suizidtod. Ein Kriminalbeamter stellt Atmung und Puls fest. Der schon erschienene Leichenwagen wird wieder zurückgeschickt.

Einem Friedhofswärter fällt auf, daß die bereits in der Leichenhalle liegende alte Frau noch nach Luft schnappend atmet. Der Totenschein lautete auf natürlichen Tod.

Das sind vier Fälle von Dutzenden, die sich jedes Jahr in der Bundesrepublik ereignen. Die Toten leben noch. Der Leichenschauarzt hat sich geirrt.

Kriminalisten und verantwortungsvolle Ärzte benennen die Ursachen für diesen Irrtum: Mancher Arzt, der einen Totenschein ausstellt, ist nicht genügend vorgebildet, um die sicheren wie die unsicheren Zeichen des Todes erkennen zu können. Auch Fachärzte – ein Neurologe oder ein Orthopäde beispielsweise –, die im Notdienst eingesetzt sind, haben zwar ihre Spezialkenntnisse, aber nicht immer das Erfahrungswissen, das zur Feststellung des Todes nötig ist. Es gibt aber auch noch andere Schranken für eine sichere Todesdiagnose. Das sind ungünstige Lichtverhältnisse im Raum, wo der/die Tote liegt. Das ist falsche Rücksichtnahme auf die anwesenden Verwandten, aber auch Scheu, von der Polizei befragt zu werden. Kriminalrat A. Mätzler von der Mordkommission Düsseldorf schrieb 1985, siebzig Prozent aller ärztlichen Feststellungen der Todesursache seien falsch. Das liegt auch daran, daß manche Ärzte ihre gesetzliche Pflicht vernachlässigen, die Leiche in unbekleidetem Zustand zu untersuchen. Die Diagnose »Natürlicher Tod« ist dann schnell zur Hand. Wenn nun schon mancher Leichenschauarzt den Zustand des Todes nicht vom Zustand des Lebens unterscheiden kann, wieviel mehr Irrtümer sind dann möglich, wenn unnatürlicher vom natürlichen Tod zu unterscheiden ist! »Ganze Mordserien«, sagt Kriminalrat Mätzler weiter, »werden nur durch Zufall bekannt.« Dafür gibt es genügend Beispiele.

1936 war der sechsundsechzigjährige Adolf Seefeldt des elffachen Kindermordes überführt worden. Die ersten neun Morde waren von den jeweiligen Ärzten nicht erkannt worden.

Bei einer vierundsiebzigjährigen Toten stellt die Leichenschauärztin natürlichen Tod fest. Im Beerdigungsinstitut werden beim Einsargen elf Messerstiche im Körper der Toten entdeckt.

Ein vierundzwanzigjähriger Mann wird tot in seiner Wohnung gefunden. Der Arzt bemerkt keine Verletzungen. Er diagnostiziert Selbstmord durch Schlafmittel. Später stellt die Kriminalpolizei fest, daß der Mann mit einem breiten Messer ins Herz gestochen worden war. Alles in allem: Raubmord.

Ein Leichenschauarzt besichtigt einen Toten. Aus dem Mund des Mannes ist Blut ausgetreten. Er ruft den Hausarzt des Toten und erfährt, der Mann habe Tbc gehabt. Beide Ärzte einigen sich auf die Diagnose: Tod durch Blutsturz infolge offener Tuberkulose. Als die Leichenträger den Toten abholen, fällt ein Geschoß zu Boden. Der Mann war durch Nahschuß in den Rücken getötet worden. Die Kugel hatte den Hals durchschlagen und war am Kinn ausgetreten.

Mit all solchen Fehlern bei der Leichenschau gaben sich der Chef der Düsseldorfer Mordkommission und das Landeskriminalamt Nordrhein-Westfalen nicht länger zufrieden und suchten das öffentliche Gespräch. So kam es am 10. Mai 1978 in der Fragestunde des Deutschen Bundestages zur Anfrage des Abgeordneten Dr. Geßner, ob es stimme, wie der Chef des LKA NRW und der Chef der Düsseldorfer Mordkommission äußerten, daß nur ein Drittel aller verübten Morde infolge Fehldiagnose bei der Leichenschau erkannt werde, also zwei Drittel polizeilich nicht untersucht würden.

Darauf antwortete der damalige Parlamentarische Staatssekretär Baum, der Bundesregierung lägen keine solchen Erkenntnisse vor.

Als dann Dr. Geßner fragte, ob die Bundesregierung beabsichtige, Maßnahmen zu treffen, die diese Mißstände eindämmen könnten, erwiderte der Staatssekretär, die Anzahl solcher Fehldiagnosen sei gering. Deshalb seien die hohen Kosten für eine amtliche Leichenschau nicht zu rechtfertigen. Auch ein Amtsarzt könnte sich irren. Sicherheit gäbe nur eine Obduktion. Die aber sei nur unter bestimmten Voraussetzungen möglich.

Ich habe diese Problematik deshalb an die Spitze dieses Kapitels gestellt, um zu zeigen, welche Verantwortung bereits der den Tod bescheinigende Arzt hat, wenn er Todesart und Todesursache zu bestimmen hat. Die folgenden Fälle liefern drastische Beispiele, wie nahe Irrtum und Wahrheitsfindung beieinander liegen.

Tod einer Tierfreundin

Frau Altmann, eine korpulente, dennoch bewegliche Frau von sechsundfünfzig Jahren, wohnte in einem Vorort von Frankfurt a. M. Sie war tierlieb und führte öfter den Schäferhund ihrer Nachbarin spazieren.

Das geschah auch am 11. März 1953. Nicht weit hinter Frau Altmanns Wohnung zogen sich Wiesen und Felder hin. Dort ließ sie den Hund von der Leine, so daß er frei herumtollen konnte. Auch das Tier hing an der Frau und gehorchte ihr aufs Wort.

Am späten Vormittag entdeckten Bauern auf einem Feldweg die nackte Leiche einer Frau. Neben ihr stand knurrend und zähnefletschend ein Hund. Er verhielt sich so bösartig, daß sich die Leute nicht herantrauten. Sie benachrichtigten die Polizei.

Aber auch den Polizisten war es nicht möglich, sich dem Hund und der Toten zu nähern. Deshalb mußten sie das Tier durch Kopfschuß töten. Dann traten sie an die Frau heran. Ihre Kleidungsstücke lagen zerrissen umher. Der rechte Oberschenkel der Toten war bis auf die Knochen zerfleischt. Fleischstücke lagen auf dem Weg, einige hatte der Hund oberflächlich verscharrt.

Offensichtlich hatte der Hund die Frau angefallen und getötet. Es war verwunderlich, daß sich Frau Altmann nicht dagegen gewehrt hatte. Die Bauern, die in der Nähe gearbeitet hatten, hatten weder Gebell noch Hilferufe gehört. Das Unglück war um so unerklärlicher, als jeder das gute Verhältnis zwischen Frau und Hund kannte. Das Institut für Gerichtliche und Soziale Medizin in Frankfurt a. M. nahm die Obduktion der Toten vor.

Bei der äußeren Besichtigung der Leiche wurden zahlreiche Verletzungen auf dem Rücken festgestellt. Es waren meist parallel verlaufende und streifenförmige Kratzspuren und einige kleinere Bißverletzungen. Von der rechten Gesäßseite erstreckte sich eine tiefe klaffende Wunde bis zur Kniekehle. Sie war über einen halben Meter lang und einen viertel Meter breit und durch vorspringende Hautlappen und Hautfetzen gekennzeichnet. Um die Wunde herum befanden sich zahlreiche Eindrücke von Hundezähnen, die bis einen Zentimeter tief reichten.

Die Sektion ergab Hirnschwellung, Herzverfettung und eine arteriosklerotische Nierenschrumpfung. Das Herzgewebe zeigte ebenfalls starke Verfettung und eine braune Atrophie. An der Lunge befand sich ein hochgradiges Ödem.

Die Art der Verletzung hätte eine Lungen-Fettembolie vermuten lassen. Da die Frau zahlreiche Bißverletzungen erhalten hatte, hätte Fett aus den verletzten Geweben in den Blutkreislauf gelangen und das Adergeflecht der Lunge bis in die Haargefäße hinein verstopfen müssen. Aber es fand sich kein Anzeichen für eine solche Fettembolie.

An den Händen gab es keine Abwehrverletzungen, wie sie zwangsläufig entstehen, wenn sich ein Mensch gegen den Angriff eines Hundes wehrt. Bemerkenswert war ebenfalls, daß unter oder neben der Leiche keine größere Blutlache zu entdecken gewesen war, obwohl einer der Bisse eine Schlagader zerrissen hatte.

Auch der Hund wurde obduziert. Die Sektion im Veterinär-Untersuchungsamt ergab, daß er weder an Tollwut erkrankt noch von einem organischen Hirnleiden befallen gewesen war. Im Magen des Hundes befanden sich etwa 2 kg menschliches Fett-, Binde- und Muskelgewebe.

Aus dem Vergleich aller Befunde kamen die Obduzenten zur Erkenntnis, daß Frau Altmann nicht durch den Hund angefallen und getötet worden, sondern an einem sogenannten Sekundenherztod gestorben war. Sie rekonstruierten den Vorfall. Frau Altmann erlitt einen plötzlichen Herztod und stürzte nieder. Der Hund versuchte – wie aus ähnlichen Fällen bekannt – die Frau wieder aufzurichten. Dabei zog er an ihren Kleidern, die nach und nach zerrissen, so daß die Frau schließlich nackt dalag. Währenddem kam es zu kleineren Verletzungen und Blutungen, vor allem, als der Hund mit seinen Zähnen keinen Ansatzpunkt mehr an der Kleidung fand. Erst dann begann er, den Körper zu zerfleischen.

Der Tierforscher B. Grzimek fertigte später zu diesem Fall ein tierpsychologisches Gutachten an. Es bestätigte im wesentlichen die Rekonstruktion des Vorganges durch die Gerichtsmediziner. Grzimek legte dar, daß der Hund seinen Artgenossen oder den ihn vertretenden Menschen nicht töte oder gar auffresse. Unter starken Affektspannungen könne jedoch die Instinkthandlung umschlagen. Es trete dann eine sogenannte Übersprunghandlung ein. Auch Grzimek war der Ansicht, der Hund habe wahrscheinlich zunächst die niedergestürzte Frau aufzurichten versucht. Dabei habe sich das Tier sehr erregt. Als es dann infolge der Verletzungen der Frau Blut roch, sei eine andere Instinkthandlung ausgelöst worden, der Instinkt des Reißens und Beutemachens. Daran ändere auch die Tatsache nichts, daß der Hund den Menschen kannte, den er nun zerfleischte.

Auch ein anderer Todesfall, in den ein Schäferhund verwickelt war, führte die Kriminalisten anfangs auf eine völlig falsche Spur.

Ein achtjähriges Mädchen wurde vermißt. Eine Suchmannschaft fand die Leiche des Kindes in einer verschneiten Kiefernschonung. Der Oberkörper war teilweise entblößt, die Beine waren gespreizt. Der Hosenschlitz der Jeans klaffte weit auseinander. Reißverschluß und Stoffrand am Verschluß waren zerrissen. Neben dem Hosenschlitz befand sich ein weißgrauer Fleck, den man für Sperma hielt.

Im Schnee konnte eine Anzahl Spuren gesichert werden. Sie stammten vom Mädchen, vom Täter und vom Schäferhund der Toten. Die zerstampfte blutige Schneedecke deutete auf einen Kampf hin.

Die Kriminalisten vermuteten ein Sexualverbrechen, zumal eine Zeugin behauptet hatte, sie habe gesehen, daß das Mädchen in einen fremden Wagen gestiegen sei.

Die Gerichtsmediziner bestätigten den gewaltsamen Tod. Die Obduktion ergab zahlreiche Hinweise für stumpfe Gewalt am Kopf und am Hals durch Würgen. Gesichtshaut und Augenbindehaut wiesen Blutungen auf. Am Gaumensegel fand sich eine unterblutete Einrißverletzung. Sie deutete darauf hin, daß dem Mädchen ein harter Gegenstand in den Rachen gestoßen worden war. Die Beschaffenheit der Lunge ließ mit Sicherheit Tod durch Ersticken erkennen. Entgegen den ursprünglichen Vermutungen wurde ein Sexualverbrechen ausgeschlossen. Im Genitalbereich gab es keinerlei Verletzungen. Der Abstrich auf Sperma war negativ.

Bei der Untersuchung der Jeanshose wurden an den Rißrändern fast runde Durchspießungen festgestellt. Einzelne Metallglieder des Reißverschlusses waren deformiert. Zur Zerstörung des Hosenverschlusses war beträchtliche Gewalt nötig, denn der Stoff war doppelt gesteppt. Auch für das Abreißen von Stoffetzen aus der Hose, die neben der Toten gefunden worden waren, war eine erhebliche Gewalt im Spiel gewesen.

Als vermutlicher Täter war ein schwachsinniger fünfzehnjähriger Junge festgenommen worden. Er legte ein Geständnis ab. Er stammte aus dem gleichen Ort und war mit dem Mädchen und ihrem Hund spazierengegangen. Vom Fernsehen angeregt, würgte er aus Neugier das Mädchen, schlug es auf den Kopf, warf es zu Boden, stieß ihm einen Zweig in den Mund.

Dann legte er einen Ast quer über ihre Kehle und stellte sich auf beide Enden, bis das Kind erdrosselt war. Er ließ die Tote liegen und ging davon. Ähnlich wie bei Frau Altmann wollte der Schäferhund wohl das Mädchen aufrichten und zerriß dabei ihre Hose.

»Russisches Roulett«

Ein Mannheimer Kleintierzuchtverein besitzt eine eigene Kantine. Hier kommen die Mitglieder des Vereins abends zu einem Bier zusammen, fachsimpeln, spielen Karten.

Das ist auch an diesem Novemberabend 1967 nicht anders. An einem Tisch sitzt der siebenundvierzigjährige Fuhrunternehmer Alfons Roth mit Jürgen, dem achtzehnjährigen Sohn seiner Verlobten, und dessen Freund Ralph zusammen.

Irgendwann kommt das Gespräch der drei Männer auf einen Raubüberfall, der sich kürzlich in Mannheim ereignet hatte. Roth erklärt, ihm könne so etwas nicht mehr zustoßen, er habe sich eine Waffe gekauft, damit sei er gegen jeden Angriff geschützt. Jürgen und Ralph hören interessiert zu. Roth merkt das und erbietet sich, den beiden seine Neuerwerbung zu zeigen.

Er nimmt die Jungen mit in seine Wohnung. Aus einem Wäschekorb holt er die Waffe hervor, einen Trommelrevolver. Im Magazin befinden sich zwei Patronen. Roth reicht Jürgen den Revolver und mahnt ihn, vorsichtig damit zu sein. Auch Ralph nimmt für einen Augenblick die Waffe in die Hand. Dann geht Roth hinaus, die beiden Jungen bleiben im Zimmer zurück. Jürgen läßt sich den Trommelrevolver zurückgeben. Er setzt ihn spielerisch an die Stirn. »Kennst du Russisches Roulett?« fragt er Ralph. Er erklärt dem Freund das tödliche Spiel: »Ein Nervenkitzel adliger Offiziere. Dazu gehört ein Trommelrevolver mit einer Kugel im Magazin. Einer nach dem anderen nimmt den Revolver, schließt die Augen, versetzt einige Male die Trommel in Drehung. Keiner weiß mehr, wo die Kugel steckt. Dann hält er den Revolver an die Stirn und drückt ab. Hat er Glück, trifft der Schlagbolzen ins Leere. Hat er Pech, trifft er die Patrone im Magazin. Die Trommel hat sechs Lager – also ist die Chance fünf zu eins, daß er überlebt.«

»Wo hast du denn das her?«

»Hab' ich in einem Krimi gelesen. Er heißt DER LACHENDE TOD.«

»Laß den Unsinn«, erwidert Ralph. »Außerdem sind hier zwei Kugeln drin. Deine Chance wäre nur drei zu eins.«

»Keine Angst, ich mache ja auch nicht ernst.«

Jürgen dreht das Magazin und beobachtet genau, wo sich die Kugeln befinden. Jetzt nähern sie sich links vom Hahn, er läßt sie weitergleiten. Nun ist auch die zweite Kugel am Hahn vorübergerollt und befindet sich rechts vom Hahn. Wieder setzt Jürgen die Waffe an den Kopf. Ralph kommt dieses Spiel kindisch vor. Er tritt zum Fenster und blickt hinaus.

In diesem Augenblick brandet eine laute Detonation durch das Zimmer. Erschrocken wendet sich Ralph um und sieht, wie Jürgen zusammenbricht. Er eilt zu ihm. Fast zur gleichen Zeit wird die Tür aufgerissen. Herr Roth stürzt herein. Ratlos stehen er und Ralph vor Jürgen, dessen Gesicht sich rasch mit Blut überzieht.

»Schnell ins Krankenhaus!« ruft Roth. Noch glaubt er, es sei nur ein Streifschuß. Die beiden nehmen den Bewußtlosen auf und tragen ihn hinunter in Roths Wagen. Als sie im Krankenhaus ankommen, ist Jürgen schon tot.

Die Kriminalpolizei hat zu klären, ob strafrechtlich relevantes Fremdverschulden, Selbstmord oder ein Unglücksfall vorliegen.

Die Aussagen von Roth und Ralph decken sich, so daß die Vorgänge bis zu dem Augenblick, als Roth aus dem Zimmer ging und die beiden allein ließ, eindeutig rekonstruiert werden können. Für die Ereignisse, die Jürgens Tod unmittelbar vorangingen, liegt nur Ralphs Darstellung vor.

Die Angehörigen des Toten bezweifeln, daß Jürgen durch einen Unglücksfall ums Leben gekommen ist. Aber auch einen Selbstmord halten sie für ausgeschlossen. Jürgen habe niemals Selbstmordabsichten geäußert und auch gar keinen Grund dazu gehabt. Einige lassen durchblicken, Ralph habe Jürgen ermordet.

Die gerichtsmedizinische Obduktion des Toten ergibt, daß der Trommelrevolver über der rechten Schläfe am Haaransatz angesetzt worden war. Der Ausschuß liegt links unterhalb der Scheitelhöhe. Zwischen Einschuß und Ausschuß besteht ein Höhenunterschied von fünf Zentimetern; der Schußkanal verläuft in aufsteigender Richtung. Bei der Untersuchung der Einschußwunde wird eine unter der Haut liegende Schmauchhöhle festgestellt, in der sich Pulverteilehen befinden, ferner eine Stanzmarke auf der Haut und eine dreistrahlige Platzwunde an der Schläfe. Diese Befunde sind für einen absoluten Nahschuß charakteristisch. Die Obduktion ergibt mit großer Wahrscheinlichkeit, daß sich der Achtzehnjährige selbst getötet hat.

Die weiteren kriminalpolizeilichen Ermittlungen bestätigen diesen Befund. Ralphs Aussage, daß Jürgen in dem genannten Kriminalroman über das Russische Roulett gelesen hatte, erweist sich als wahr. Hugh Pentecosts Buch DER LACHENDE TOD wird in Jürgens Zimmer gefunden. Der Autor beschreibt auf Seite 22 das »Russische Roulett«. Diese Seite hatte Jürgen durch Einknicken besonders gekennzeichnet.

Immer aber war noch die Frage offen, ob es ein Unglücksfall oder ein Selbstmord gewesen war oder ob Jürgen zumindest bewußt das Risiko seines Todes einkalkuliert hatte. Die Untersuchung der Waffe bringt eine überraschende Entdeckung. Dieser Trommelrevolver gehört zu den wenigen Exemplaren dieses Waffentyps, deren Trommel sich nicht nach rechts dreht – also vom Schützen aus gesehen in Uhrzeigerrichtung – sondern nach links. Jürgen war dieser Unkenntnis zum Opfer gefallen. Er hatte angenommen, daß sich die Trommel wie üblich nach rechts dreht und deshalb beim nächsten Abdrücken an ein leeres Lager schlägt.

Die lachende Tote

Es ist eine schwüle Julinacht im Jahre 1975.

Die Fenster des Tanzsaales in der Konsum-Gaststätte ZUM HEITEREN BLICK sind weit geöffnet, aber Kühle kommt von draußen nicht herein. Die Dunstglocke aus Bier und Schweiß hängt im Raum. Es ist kurz vor Mitternacht. Gleich wird die Band zur letzten Runde spielen.

An einem Tisch nahe der Bühne sitzen der dreiundzwanzigjährige Dieter Pätzold und die neunzehnjährige Solveig Matthis. Der Kellner tritt an den Tisch, um zu kassieren. Er nimmt den Bierdeckel auf und zählt die Striche. »Das sind sechzehn Bier. Und die Dame?«

»Drei Eierlikör und vier Apfelsaft.«

»Noch ein Bier«, fordert Pätzold, »rechnen Sie noch ein Bier dazu.«

Der Kellner kassiert. Als er den Tisch verlassen hat, sagt Solveig: »Du solltest jetzt wirklich nichts mehr trinken.«

Pätzold steht auf. »Bin doch noch ganz sicher auf den Beinen.«

»Na, na!« sagt Solveig skeptisch.

»Ein Drahtseil übern Abgrund. Und ich fahre dich sicher drüber.«

Dann bringt der Kellner das Bier. Pätzold trinkt es nur noch zur Hälfte aus. Er hält Solveig das Glas entgegen und zeigt auf den Rest. »Ein rücksichtsvoller Fahrer meidet vor der Fahrt Alkohol.«

Die beiden verlassen den Saal. Dieter verschwindet in der Toilette. Draußen holt er Solveig ein. Arm in Arm gehen sie zum Parkplatz, wo im Baumschatten seine Maschine steht.

»In zwanzig Minuten sind wir zu Hause«, sagt er.

Wenige Stunden später, morgens gegen vier Uhr, hört der Wirt der Gaststätte ZUM HEITEREN BLICK, daß jemand heftig an die Haustür donnert. Er steht auf und öffnet. Draußen ist es schon hell. Ein junger Mann in beschmutztem Hemd steht vor der Tür und ruft ihm entgegen: »Ein Unfall! Ein schwerer Unfall! Rufen Sie die Polizei!«

»Verletzte?«

»Meine Freundin. Schwer verletzt. Oder tot.«

»Wo ist es passiert?«

Der Mann beschreibt ihm die Unfallstelle. Der Wirt schickt ihn zum Unfallort zurück und ruft die Verkehrspolizei an. Es ist fünf Minuten vor vier.

Um vier Uhr fünfunddreißig treffen zwei Verkehrspolizisten und ein Krankenwagen am Unfallort ein. Sie werden von dem jungen Mann, der am Straßenrand sitzt, bereits erwartet.

Der Unfall hat sich auf freier Strecke an einer Rechtskurve zugetragen. Etwa hundert Meter weiter beginnt beiderseits der Straße ein Wald. Im linken Straßengraben liegt ein umgestürztes Motorrad. Wenige Meter dahinter befindet sich eine reglose Gestalt auf der Wiese. Sie liegt auf dem Rücken.

Die Sanitäter stellen fest, daß das Mädchen schon tot ist.

Der junge Mann weist sich als Dieter Pätzold aus, dreiundzwanzig, Bauarbeiter. Er schildert den Hergang des Unfalls folgendermaßen:

»Wir waren zur Disko in Lobendorf. Kurz vor zwölf haben wir die Gaststätte verlassen. Wollten in die Stadt zurück. Meine Freundin hat die Maschine gefahren. Sie hat hier die Kurve nicht richtig gekriegt. Hat den Lenker nicht genug eingeschlagen, nehme ich an. Wollte korrigieren, rutschte. Wir landeten im Graben. Als ich dann wieder zu mir kam, sah ich, daß sie ...«

»Sie waren bewußtlos?«

»Nicht direkt. Benommen eben. Schock oder so. Als ich wieder richtig bei mir war, sah ich Solveig dort liegen. Ich rappelte mich hoch, das tat ganz schön weh, ich hatte ja auch was abgekriegt, und ging zu Solveig, und da sah ich, daß sie tot war.«

»Dem Wirt hatten Sie gesagt, tot oder schwerverletzt. Also war sie nun tot oder nicht?«

»Was ich dem Wirt gesagt habe, weiß ich nicht. Was redet man nicht alles nach so einem Schock. Solveig war tot.«

»Der Unfall ist heute nacht kurz nach Mitternacht passiert. Sie haben ihn erst gegen vier gemeldet.«

»Ich wollte ihn sofort melden, das heißt, ich habe es auch versucht. Ich bin gleich nach Lobendorf zurück, um Hilfe zu holen.

Aber es war überall schon finster. Wo hätte ich da anrufen sollen?«

»So kurz nach Ende der Disko war niemand mehr anzutreffen?«

»Ob es so kurz danach war?« murmelt Pätzold. Er denkt nach. »Vielleicht habe ich auch noch eine Weile dagesessen, ehe ich nach Lobendorf ging. Ich weiß das nicht mehr so genau.«

Eine Weile noch so dagesessen – das waren immerhin mehr als drei Stunden. Den Verkehrspolizisten kommt die Sache sehr merkwürdig vor. Sie lassen Unfallort und die Lage der Toten unverändert und fordern über Funk einen Gerichtsmediziner an.

Dr. Walthari erscheint gegen sechs Uhr. Er läßt sich den Unfallhergang schildern. Die Verkehrspolizisten haben inzwischen festgestellt, daß das Motorrad in der Kurve auf die linke Straßenseite geraten und dort mit dem Vorderrad an einen Kilometerstein geprallt war. Dadurch war es zu einem starken Linkseinschlag des Lenkers gekommen. Die Fahrerin und ihr Sozius mußten durch den Aufprall auf die Straße gestürzt sein. Daß das Mädchen auf der Wiese liegt, ist durch den Unfallhergang nicht erklärlich. Gegen halb sechs ist Pätzold auf Blutalkohol getestet worden. Er zeigte eine positive Reaktion. Deshalb nimmt ihm Dr. Walthari eine Blutprobe zur späteren quantitativen Blutalkoholbestimmung.

Inzwischen hat sich auch herausgestellt, daß nachts noch lange nach ein Uhr in Lobendorf Menschen wach waren. Der Wirt der Gaststätte selber ist erst gegen zwei Uhr zu Bett gegangen. Pätzolds Aussage, er sei gleich oder kurze Zeit nach dem Unfall nach Lobendorf gelaufen, entspricht also nicht der Wahrheit.

Dr. Walthari will Solveigs Todeszeit möglichst genau bestimmen. Das soll gleich noch am Unfallort geschehen. Die Tote wird in den Krankenwagen gebracht. Walthari tastet Achselhöhlen und Leistengegend ab. Er spürt noch Körperwärme. Die Rektaltemperatur beträgt 36,1 Grad Celsius.

Dr. Walthari spritzt ein pupillenerweiterndes Mittel unter die Bindehaut. Die Pupillenmuskulatur reagiert prompt und kräftig. Danach injiziert er ein Medikament mit entgegengesetzter Wirkung. Bald verengt sich die Pupille wieder und wird deutlich kleiner als vor Beginn des Tests.

Zur Bestimmung der Todeszeit bedient sich Dr. Walthari eines elektronischen Reizgerätes. Hiermit ist eine Entdeckung weiterentwickelt worden, die man schon im 18. Jahrhundert gemacht hatte. Ein herauspräparierter Froschschenkel – als ein schon toter Muskel – wurde elektrisch gereizt. Er zog sich zusammen, bewegte sich. Heute werden Elektroden in die Muskulatur eingeführt.

Dr. Walthari sticht Elektroden in den Bereich beider Mundwinkel der Toten ein. Der Mund verzieht sich, zuckt. Es sieht aus, als ob die Tote lacht und Grimassen schneidet. Und als Dr. Walthari Nadeln in den Bizepsmuskel sticht, beugt sich der Arm ruckhaft.

Diese Symptome treten nur bei frischen Leichen auf. In Verbindung mit der Körpertemperatur des Leichnams, der Pupillenreaktion, der fehlenden Totenstarre und den noch vollständig umlagerbaren Totenflecken stellt Dr. Walthari fest, daß Solveig höchstens drei Stunden tot ist.

Die spätere Obduktion ergibt keine tödlichen inneren Verletzungen. Das Mädchen hatte lediglich eine Gehirnerschütterung erlitten, wodurch es bewußtlos geworden war. Einige Rippen waren gebrochen. In der Luftröhre und in den Bronchien findet Dr. Walthari reichlich Blut. Die Beschaffenheit der Lunge zeigt, daß Blut eingeatmet wurde und dadurch der Erstickungstod eintrat. Das eingeatmete Blut stammt von einem Bruch des Nasenbeins.

Nun kann Dr. Walthari aus gerichtsmedizinischer Sicht den Vorgang rekonstruieren: Durch den Aufprall des Motorrades an den Kilometerstein wurde das Mädchen auf die Straße geschleudert. Es brach sich das Nasenbein. Die Gehirnerschütterung machte es bewußtlos. Es wurde dann auf die Wiese gezerrt und ist allmählich an dem eingeatmeten Blut erstickt. Der Tod trat frühestens drei Stunden nach dem Unfall ein.

Bei der Untersuchung Pätzolds stellt Dr. Walthari ebenfalls Verletzungen fest, vor allem auf der rechten Körperseite: Hautabschürfungen im Gesicht, am rechten Arm und Bein, auf Brust und rechter Hüfte. Relativ isoliert von diesen rechtsseitigen Verletzungen erscheint eine Schürfwunde am linken Oberschenkel, oberhalb des Knies. Das Blut, das Pätzold nach sechs Uhr entnommen worden war, zeigt einen Blutalkoholwert von 0,9 Promille.

Inzwischen hat die Verkehrspolizei ermittelt, daß Solveig Matthis weder Motorrad fahren kann noch daß sie jemals Motorrad gefahren ist. Es ist also anzunehmen, daß nicht Solveig, sondern Pätzold selbst die Maschine gefahren hat. Beim Aufprall kam es zu einem starken Linkseinschlag des Lenkers. Nach Meinung Dr. Waltharis müßte Pätzold dabei über den Lenker hinweg auf die Straße geschleudert worden sein. Dadurch streifte er den Lenker, wobei die sonst anders nicht erklärbare Schürfwunde am linken Oberschenkel entstand.

Pätzold wird erneut vernommen. Die Polizisten halten ihm das medizinische Gutachten vor. Pätzold wird unsicher, verfängt sich in Widersprüchen. Schließlich gibt er zu, daß er selbst die Maschine gefahren und den Unfall verursacht hat. Danach hat er dann das Motorrad in den Straßengraben gelegt, das Mädchen hinüber auf die Wiese gezogen und auf dem Rücken liegenlassen. Er hat sich danebengesetzt, während Solveig noch lange Zeit röchelte und Blut aus Mund und Nase sickerte. Er hat nichts unternommen, um seiner Freundin zu helfen. Er will nicht gewußt haben, daß er sie hätte auf die Seite betten müssen, um ein Ersticken zu verhindern. Auf jeden Fall aber hätte er in dieser Zeit, als sie noch lebte, Hilfe holen können. Aber er hat gewartet, bis Atem und Röcheln immer schwächer wurden und das Mädchen starb. Pätzold erklärte seine Untätigkeit damit, er habe Angst gehabt, für den Unfall verantwortlich gemacht zu werden. Er hatte an diesem Abend siebzehn Bier getrunken. Er wollte den Tod des Mädchens abwarten, um dann ihr die Schuld am Unfall zuschieben zu können.

Die Staatsanwaltschaft erhebt gegen Dieter Pätzold Anklage wegen vorsätzlicher Tötung. Das Gericht schließt sich den Beweisen an und verurteilt Pätzold zu acht Jahren Freiheitsentzug.

Am Anfang dieses Kapitels standen drei Berichte, die zeigen, wie schwierig manchmal die Ursachen eines Todesfalles zu erkennen sind. So unglaublich es erscheint, daß Ärzte für Lebendige einen Totenschein ausstellen, so augenscheinlich hinwiederum wird die Gefahr, sich bei einem wirklichen Todesfall zu irren oder erst über den Irrtum zur Wahrheit zu kommen.

Der Tod der Tierfreundin Altmann, der zuerst für einen Unfall bzw. eine Tötung durch den Hund gehalten worden war, stellt sich als natürlicher Tod durch Herzversagen heraus.

Der Tod des Jürgen Roth beim »Russischen Roulett«, der möglicherweise für einen Mord gehalten wurde, stellte sich als tödlicher Unfall heraus.

Der Tod Solveigs, der zuerst wie ein Verkehrsunfall aussah, stellte sich als vorsätzliche Tötung, als Mord heraus.

Die strafrechtlichen und zivilrechtlichen Folgen solcher Irrtümer sind offenkundig. Die Rechtssicherheit eines Staates erfordert, jeden unnatürlichen Tod aufzuklären, ihn gegen einen natürlichen Tod abzugrenzen und die Frage nach Unfall, Selbstmord oder Mord zweifelsfrei zu beantworten.

Davon berichten die folgenden Fälle.

Halsschnitt

Vielleicht wäre der dubiose Tod der siebzehnjährigen Henriette Wolf rascher und sicherer aufgeklärt worden, hätte der Winter früher seinen Einzug in den Thüringer Wald gehalten als damals im Jahre 1868. Spuren im Schnee hätten das Geheimnis dieses Todes vielleicht überzeugender aufgedeckt als ein heftig umstrittener Sensationsprozeß.

Am 27. November hatte der Schäfer Witzmann in der Nähe des Dorfes Crawinkel in einem Waldstück an der Böschung eines Hohlweges die Leiche eines jungen Mädchens entdeckt. Ihr Hals war durchschnitten. Der Schäfer benachrichtigte den Gemeindevorsteher, der den Amtsarzt informierte.

Es war schon Nacht, als der Arzt eintraf. Beim Schein der Stallaterne besichtigte er die Tote, die inzwischen identifiziert worden war. Sie hieß Henriette Wolf und war die Tochter des Fuhrmanns Johann Georg Wolf aus Crawinkel.

Der Arzt fand Henriette auf dem Rücken liegend. Friedlich, mit entspannten Gesichtszügen, als ob sie schliefe, lag sie auf der Erde, den linken Arm eng am Körper, den rechten leicht angewinkelt auf der Brust. In der Hand befand sich ein aufgeklapptes Rasiermesser. Neben der Toten hatte sich eine Blutlache ausgebreitet. Der Amtsarzt betrachtete das Rasiermesser und entdeckte Blut an der Klinge. Er schaute sich auf dem Boden um. Die Walderde war nicht aufgewühlt, es gab keine Anzeichen einer Gewalttat oder eines vorangegangenen Kampfes.

Auch fehlten an der Leiche jene Abwehrverletzungen, die bei der Verteidigung gegen einen mit einem Messer bewaffneten Angreifer entstehen. Der Arzt schloß daraus, das Mädchen habe Selbstmord begangen. Er stellte den Totenschein aus und gab die Leiche zur Bestattung frei.

Inzwischen hatten auch die Eltern vom Tod ihrer Tochter erfahren. Die Familie Wolf galt als ordentlich, Henriette hatte sich mit Eltern und Geschwistern gut verstanden. Vor zwei Tagen war sie nach Ohrdruf gegangen, um einen Wundarzt aufzusuchen. Dort war sie nicht erschienen, aber auch nicht nach Hause zurückgekehrt. Der Vater hatte sie vergeblich gesucht. Den Eltern war der Selbstmord ihrer Tochter unbegreiflich.

Auch der Schäfer Witzmann bezweifelte, daß sich Henriette selbst getötet hatte. Er informierte das Kreisgericht von seinem Fund und seinen Zweifeln. Das Gericht beschloß, den Fall näher zu untersuchen. Eine Untersuchungskommission machte sich nach Crawinkel auf. Aber die Vernehmungen schienen die Selbstmordtheorie des Amtsarztes bald zu verstärken. Auch die Eltern Henriettes schienen jetzt von einem Selbstmord überzeugt zu sein. Denn sie hatten ein an sie gerichtetes Briefchen gefunden, das der Toten aus der Kleidung oder der Tasche gefallen war, als man sie daheim vom Wagen hob. Der Brief war versiegelt gewesen. Es zeigten sich Blutflecke und blutige Fingerabdrücke darauf. Der Brief enthielt nur wenige Worte: »Lieber Vater, ich bin schwanger, anders kann ich mir nicht helfen. Henriette.«

War das Mädchen aus Angst vor Schande in den Tod gegangen? Der Vater bestätigte, die Schrift stamme bestimmt von seiner Tochter. Das in der Hand der Toten gefundene Rasiermesser gehöre ihm.

Die Untersuchungskommission bestätigte die Diagnose des Amtsarztes und hielt den Fall für abgeschlossen. Aber dem Staatsanwalt war aufgefallen, daß es auf der Außenseite des Abschiedsbriefes keine Blutspuren gab, nur innen. Da der Brief aber versiegelt aufgefunden worden war, konnte das nur bedeuten, daß er erst nach der tödlichen Verletzung versiegelt worden sein konnte. War ein Mensch in einem solchen Zustand, den Hals bis auf die Wirbelsäule durchtrennt, zu einer solchen Handlung überhaupt noch fähig? Bedenklich stimmte den Staatsanwalt auch das Tatwerkzeug, das Rasiermesser. Es war schartig, und der Staatsanwalt bezweifelte, daß sich das Mädchen mit einem so stumpfen Messer diese furchtbare Verletzung hätte beibringen können. Ebenso absonderlich erschien auch die ruhige und friedliche Haltung der Leiche und die Lage des rechten Arms, der auf der Brust geruht hatte. Er hätte, dem Gesetz der Schwere folgend, ebenso wie der linke Arm heruntersinken müssen. Diese Zweifel veranlaßten den Staatsanwalt, den Fall erneut zu untersuchen.

Henriette war inzwischen beerdigt worden. Der Staatsanwalt ordnete eine Exhumierung an. Dabei sollte auch ihre angebliche Schwangerschaft überprüft werden.

Bei der Obduktion erwies sich, daß sich Henriette im fünften Monat der Schwangerschaft befunden hatte. Aber während die gerichtliche Kommission daraus geschlußfolgert hatte, Henriette habe sich aus Angst vor Schande umgebracht, sah der Staatsanwalt darin ein ganz anderes Motiv begründet. Möglicherweise habe der Kindesvater Henriette getötet, weil er fürchten mußte, daß ihre uneheliche Schwangerschaft bekannt werden und ihm schaden würde. Also begann die Staatsanwaltschaft nach dem Mann zu suchen, der Henriette geschwängert hatte.

Weder Eltern noch Nachbarn konnten darüber Auskunft geben. Wäre es ein Mann aus der nächsten Umgebung der Toten gewesen, so hätte ein solches Liebesverhältnis in dem kleinen Dorf kaum verborgen bleiben können. Deshalb mußte der Mann außerhalb des Dorfes gesucht werden. Da die Eltern die volle Kontrolle über Weggang und Fernbleiben ihrer Tochter besaßen und Henriette nie allein ausging, konnte der gesuchte Mann auch kein Liebhaber sein, mit dem sich Henriette heimlich traf. So stieß die Staatsanwaltschaft sehr bald auf einen Mann, den Henriette in letzter Zeit mehrmals aufgesucht hatte: den Barbier und Wundarzt Kühn in Ohrdruf. Seit dem Frühjahr hatte Kühn Henriette wegen eines schmerzhaften Fingergeschwürs behandelt. Kühn galt als geschickter »Chirurgus« und besaß eine ausgedehnte Praxis. Es gab Leute, die Kühn mehrmals mit Henriette in einem Lokal gesehen haben wollten. Kühn war mehrmals vorbestraft. Besonders verdächtig erschien es dem Staatsanwalt, daß Henriette am Tag ihres Todes gesagt hatte, sie wolle nach Ohrdruf zu Kühn gehen, daß sie aber dort nicht erschienen war. Kühns Alibi für die Zeit des mutmaßlichen Todes von Henriette war lückenhaft. Bei einer Hausdurchsuchung fand man Papier, das dem Papier des Abschiedsbriefes glich, und den gleichen Siegellack, mit dem der Brief verschlossen worden war. Auch eine blutbespritzte Blendlaterne wurde gefunden. Kühn erklärte, er habe die Laterne beim Aderlassen benutzt. Seine Schwiegermutter, der die Laterne gehörte, widersprach Kühns Behauptung. Die Gleichheit des Siegellacks erklärte Kühn damit, daß er Henriette ein Stück davon geschenkt habe.

Kühn wurde verhaftet. Medizinalrat Dr. Bohlen aus Gotha, der die Obduktion vorgenommen hatte, gab zu Protokoll, daß die Halsschnittwunde unterhalb des linken Ohres begann, sich dann nach rechts unten erstreckte, waagerecht über den Kehlkopf verlief und dann mit einer Biegung nach rechts oben endete. Halsschlagadern und Halsvenen, die Muskulatur, die Speiseröhre und der Kehlkopf waren glatt durchtrennt. Neben der tödlichen Wunde, parallel zu ihr laufend, lagen einige oberflächliche Schnitte.

Dr. Bohlen und zwei weitere Sachverständige hielten einen Selbstmord für ausgeschlossen. Sie stützten ihre Ansicht vor allem auf drei Symptome: auf die Tiefe der Wunde, auf die Schnittrichtung und auf die Beschaffenheit des Tatwerkzeuges. Sie waren der Meinung, daß es einer wilden Entschlossenheit bedürfe, sich eine solche Wunde selbst beizubringen. Das schüchterne, ängstliche Wesen des Mädchens schließe eine solche Energie aus. Zweitens waren die Sachverständigen der Meinung, daß der Verlauf der Wunde für einen Mord spreche. Bei einem Selbstmörder verlaufe die Wunde in der Regel von oben nach unten, hier aber ende sie in einer Aufwärtsbewegung. Drittens hielten sie das stumpfe schartige Rasiermesser für ungeeignet, einen solchen Schnitt durchzuführen. Zur Tat müsse ein anderes Messer benutzt worden sein. Da ein solches aber nicht am Tatort gefunden worden war, sei dies ein weiteres Indiz für Mord.

So verdichteten sich rasch die Beweise gegen den einzigen Mann, mit dem Henriette in letzter Zeit Kontakt gehabt hatte. Inzwischen hatte sich auch herausgestellt, daß Kühn mit einigen seiner Patientinnen sexuell verkehrte.

Noch aber blieb eine Frage unbeantwortet: Wie war die abnorm ruhige Haltung der Toten zu erklären? Niemand konnte sich vorstellen, daß sich ein Selbstmörder – nachdem er sich den Hals bis auf die Wirbelsäule durchgeschnitten hatte – ruhig hinlegen und den Tod abwarten würde. Wahrscheinlich war es, daß der Mörder ihr diese Haltung gegeben hatte. Aber selbst dann blieb immer noch unverständlich, warum sich Henriette nicht gegen ihren Mörder gewehrt hatte. Der tödliche Halsschnitt war keineswegs überraschend gekommen, denn neben ihm befanden sich einige andere, wenn auch oberflächliche Schnitte.

Diesen widerspruchsvollen Tatbestand versuchten die medizinischen Sachverständigen durch eine einleuchtende Hypothese zu erklären. Sie meinten, Henriette müsse vor ihrer Ermordung betäubt worden sein. Danach wäre es dem Mörder ein leichtes gewesen, ihr den tödlichen Schnitt beizubringen. Die Polizei hatte bei der Hausdurchsuchung Chloroform gefunden. Kühn benutzte es bei seinen Operationen.

Auch noch andere Ungereimtheiten schienen sich allmählich aufzuklären. So war die Frage entstanden, warum Henriette Wolf das stumpfe Rasiermesser ihres Vaters an sich nahm, als sie am Tag ihres Todes Kühn aufsuchen wollte. Und warum sie einen kleinen Bohrer in der Rocktasche hatte und ein Stück zusammengewickelte Leinwand, in der sich einige blonde Haare befanden. Das wurde damit erklärt, daß Henriette mit diesen Dingen eine sogenannte sympathetische Kur gegen ihre Schwangerschaft durchführen wollte. Zu diesem Zweck habe sie sich mit Kühn im Wald getroffen.

Sympathetische Kuren waren in jener Zeit noch weit verbreitet. Kurpfuscher und »weise« Frauen benutzten die Unwissenheit ihrer Opfer, um sie mit Hilfe wirkungsloser und oft ekelhafter Prozeduren auszuplündern. Die Quacksalber nutzten den Aberglauben, man könne eine Krankheit oder ein anderes Übel auf tote Dinge oder Tiere übertragen. Dann würden diese die Gebresten »mitnehmen« und den Menschen davon befreien. Professor Herold erinnerte sich, daß noch in den 20er Jahren unseres Jahrhunderts im Vogtland ein Vogelkäfig mit einem Kreuzschnabel neben das Bett eines Kranken gestellt wurde, damit die Krankheit auf den Vogel übergehe. Schien sie unheilbar, wurde der Vogel getötet. Er sollte die Krankheit mit in sein Grab nehmen.

Im Fall der Henriette Wolf hatte das Gericht herausgefunden, daß in der Ohrdrufer Gegend der Glaube bestand, man könne eine Schwangerschaft dadurch beseitigen, daß man ein Loch in die Erde bohre und darin einige Haare versenke, die vom Vater des unerwünschten Kindes stammten. Die Haare, die Henriette in ihrem Leinwandpäckchen aufbewahrte, waren den Haaren Kühns ähnlich. Damit war erklärt, warum das Mädchen den Bohrer und das Rasiermesser, mit dem die Haare abgeschnitten worden sein mußten, bei sich gehabt hatte. Auch die Anfertigung des Briefes wurde nun verständlich. Bei sympathetischen Kuren mußte oft ein geheimnisvoller Text auf einen Zettel geschrieben werden, der dann auf dem Körper getragen oder ebenfalls vergraben wurde.

Allerdings war der Text alles weniger als geheimnisvoll, was jedoch der Hypothese von der sympathetischen Kur keinen Abbruch tat.

Neben diesen mehr oder weniger überzeugenden Indizien bildete jedoch die Ansicht der Mediziner den stärksten Beweis für die Mordtheorie, nämlich daß sich Henriette die tödliche

Wunde mit dem bei ihr gefundenen Messer nicht selbst beigebracht haben konnte.

Der Prozeß gegen Kühn zog sich lange hin, Kühns Verteidiger griffen die medizinischen Gutachten an. Sie verwiesen auf einige Meinungsverschiedenheiten der Ärzte untereinander und auf den fehlenden Beweis, daß Chloroform zur Betäubung benutzt worden war. Das Gericht stützte sich auf die medizinischen Gutachten und die anderen Indizien und verurteilte Kühn zum Tode. In der herzoglichen Kanzlei trafen zu gleicher Zeit das Todesurteil zur Bestätigung und das Gnadengesuch Kühns ein.

Jetzt gewann der Fall Kühn eine Bedeutung, die über die Grenzen des Herzogtums Coburg-Gotha hinausging. In diesem Jahr nämlich sollte der Norddeutsche Bund, der unter Führung Preußens stand, ein gemeinsames Strafgesetzbuch erhalten. Die Debatten im Reichstag entzündeten sich dabei besonders an der Frage, ob die Todesstrafe noch berechtigt sei. Die Liberalen forderten, die Todesstrafe abzuschaffen, während die Konservativen die Todesstrafe beibehalten wollten. Dabei spielte die Erinnerung an die Revolution von 1848/49 eine Rolle. Damals hatten die republikanischen Verfassungen die Todesstrafe abgeschafft. Nach dem Sieg der Konterrevolution führten die Fürsten die Todesstrafe wieder ein. Sie sahen in ihr nicht nur das äußerste juristische, sondern auch politische Machtmittel, die bestehenden Zustände zu erhalten.

Die Entscheidung des Herzogs von Coburg-Gotha im Fall Kühn bekam also eine symptomatische Bedeutung. Sie würde zu einem Präzedenzfall werden. Der Herzog war nicht gewillt, sich dem Druck der liberalen Opposition und Öffentlichkeit zu beugen. Die Konservativen erkannten, wie gut sich der mysteriöse Tod der Henriette Wolf dazu eignete, die Opposition zu diskreditieren. Die Opposition sah sich in einer schwierigen Lage. Die Todesstrafe allgemein abzulehnen hieße, auch im aktuellen Fall des Chirurgus Kühn auf die Hinrichtung zu verzichten. Der Herzog, dem das Recht zur Begnadigung zustand, sicherte sich juristisch ab und überließ die Entscheidung dem Eisenacher Appellationsgericht. Dieses erklärte, wolle der Herzog Kühn begnadigen, so müsse das einer völligen Aufhebung des Gesetzes über die Todesstrafe gleichkommen – jenes Gesetzes also, das der Herzog nach der Revolution wieder eingeführt hatte. So bestätigte der Herzog im Januar 1870 das Urteil, das am 18. Februar durch das Fallbeil vollzogen wurde.

War Kühn tatsächlich Henriette Wolfs Mörder?

Sieht man den Fall mit den Augen der Kriminalistik und vom damaligen Stand der gerichtlichen Medizin, läßt sich die Frage nur bejahen. Viele Indizien sprachen gegen Kühn. Aber einige der Indizien schlügen in ihr Gegenteil um, ginge man von der Hypothese eines Selbstmordes aus.

Zum Beispiel deuteten die Blutflecke, die sich innen im Abschiedsbrief befanden, nach Meinung des Staatsanwaltes auf die Anwesenheit des Mörders, da Henriette nach einer solchen Verwundung nicht selbst den Brief versiegelt haben konnte. Nun waren jedoch neben dem tödlichen Schnitt auch noch andere Schnittwunden festgestellt worden. Manche Selbstmörder führen vor dem eigentlichen tödlichen Schnitt sogenannte Probierschnitte aus. Das könnte auch Henriette getan, danach mit schon blutigen Händen den Brief verschlossen und dann erst den tödlichen Schnitt vollzogen haben. Überhaupt läßt sich die kategorische Behauptung der damaligen medizinischen Gutachter, Henriette könne sich den Schnitt nicht selbst beigebracht haben, nach modernen Erkenntnissen nicht aufrechterhalten. Professor Otto Prokop weist darauf hin, daß auch Selbstmörder »nach mitunter erst oberflächlichen Schnitten ... bis auf die Wirbelsäule durchschneiden können«. Gerade die oberflächlichen und parallel verlaufenden Wunden am Hals und die fehlenden Abwehrverletzungen lassen die Möglichkeit eines Selbstmordes offen. Auch die Schnittrichtung ist nach heutiger Erkenntnis kein eindeutiges Indiz für oder gegen einen Selbstmord. So bleibt auch heute noch, mehr als ein Jahrhundert später, der Fall Henriette Wolf ein dubioser, ein unklarer Fall.

Entrinnen unmöglich

Als Hauptmann Birnbaum und Dr. Walthari ins Schlafzimmer traten, mußten sie sich erst an die Dunkelheit gewöhnen. Undurchsichtige Rollos vor den beiden Fenstern ließen nur an den Rändern einen Schimmer der hellen Augustsonne in den Raum.

Es war ein Sonntagnachmittag im August 1979 in einer thüringischen Kleinstadt. Dr. Walthari hatte Bereitschaftsdienst. Vor einer Dreiviertelstunde hatte ihn Birnbaum benachrichtigt, ein junger Mann habe Frau und Kind tot im Schlafzimmer gefunden. Der hinzugerufene Arzt hatte einen unnatürlichen Tod vermutet, möglicherweise durch Pilzvergiftung.

Birnbaum und Walthari vermochten nun allmählich im Dämmerlicht die Körper der Toten zu erkennen. Sie lagen im Ehebett.

Birnbaum wollte das Deckenlicht einschalten, aber Dr. Walthari wünschte Tageslicht. Birnbaum zögerte, vor Beginn der Untersuchung irgend etwas im Raum zu verändern. Aber er kannte Walthari lange genug, um zu wissen, daß der Gerichtsmediziner auch einen triftigen Grund für seinen Wunsch hatte. Also setzte sich Birnbaum über die Vorschrift hinweg, ging erst zu dem einen, dann zum anderen Rollo und ließ es in die Höhe. Dann trat er neben Dr. Walthari. Die Toten lagen auf ungewohnte Weise im Ehebett. Die etwa fünfundzwanzigjährige Frau lag fast diagonal und das zweijährige Kind quer. Die Zudecke war zerwühlt und bedeckte nur noch den Unterkörper der Frau. Das Kind war völlig unbedeckt. Auf dem Bettuch zwischen Mutter und Kind befanden sich erbrochene Speisereste.

Nachdem das Zimmer und die Lage der Toten fotografisch festgehalten worden waren, nahm Dr. Walthari eine erste äußere Besichtigung der Leichen vor. Die bedeckten Körperstellen der Frau fühlten sich noch handwarm an. Es waren aber schon Totenflecke vorhanden, die verhältnismäßig hell aussahen, etwa johannisbeerrot.

»Die hellen Totenflecke«, sagte Walthari, »deuten auf eine Kohlenmonoxidvergiftung hin.«

Er sah Birnbaums etwas skeptischen Blick und fügte deshalb hinzu, er werde zuerst eine Orientierungsprobe vornehmen. Mit einer langen Kanüle entnahm er der Toten Herzblut und füllte es in ein Reagenzglas. Dann ging er in die Küche und ließ vom Mann der Toten auf dem Gasherd etwas Wasser aufsetzen. Als das Wasser kochte, füllte Walthari das Blut im Reagenzglas mit etwas Wasser auf und hielt das Glas so lange ins kochende Wasser im Kessel, bis die Flüssigkeit im Glas ebenfalls siedete. Das Blut behielt seine hellrote Färbung. »Sehen Sie«, sagte Walthari zu Birnbaum. »Bei dieser Prozedur färbt sich das Blut dunkelbraun. Bleibt es hellrot wie hier, beweist es das Vorhandensein von Kohlenoxid. Natürlich kann ich auf diese Weise noch nicht die Quantität des CO bestimmen. Aber auf jeden Fall liegt eine Kohlenmonoxidvergiftung vor.«

Birnbaum informierte die Gasinspektion. Diese stellte fest, daß in der Wohnung erhebliche Mengen von Leuchtgas vorhanden waren. Selbst an der Außenmauer des Hauses konnte Leuchtgas nachgewiesen werden. Ursache der Gasausströmung war eine defekte Erdleitung.

»Kohlenmonoxidvergiftungen«, sagte Dr. Walthari auf der Rückfahrt zu Birnbaum, »erinnern mich immer an einen Fall, den ich vor einigen Jahren klären konnte. Es wäre beinahe so traurig ausgegangen wie heute. Zum Glück blieb er, ich möchte sagen, nur tragikomisch. Ich habe einen guten Freund, er ist Ingenieur. Er und seine Frau wurden immer wieder einmal krank. Aber es waren ganz undefinierbare Krankheiten, Nervenschmerzen, manchmal sogar vorübergehende Lähmungen, Herz- und Kreislaufbeschwerden, Kopfschmerzen und ähnliches.«

»Bei beiden?« fragte Birnbaum.

»Das war ja das Merkwürdige. Schließlich schickte man die Frau zum Gynäkologen, aber auch der war ratlos. Manchmal hielt sich der eine von beiden für kurze Zeit im Krankenhaus zur Beobachtung auf. Dort verloren sich die Symptome. Überhaupt ging es ihnen im Sommer gut, nur im Winter wurde es schlimm. Freunde und Bekannte machten schon ihre Witze. Eines Abends waren sie bei uns zu Besuch. Und da sagte diese

Frau zu ihrem Mann: ›Komisch, immer wenn wir woanders sind, bist du munter und fröhlich. Aber zu Hause kenne ich dich nur müde und verdrossen.‹

Natürlich löste die Bemerkung wieder allerhand ironische Reaktionen aus. Sie kennen das ja, wenn eine Frau über ihren Mann sagt, daheim wäre er immer müde. Vielleicht braucht er mal Abwechslung, riet jemand, was ein neues Duell von Witzeleien zur Folge hatte. Ich hörte gar nicht mehr hin, ich dachte ständig über die Bemerkung der Frau meines Freundes nach. Später kam dann das Gespräch auf andere Dinge. Die Frau meines Freundes erzählte, sie hätte Sorge mit ihrer Siamkatze. Die sei gewohnt, nur Seelachs oder Kabeljau zu fressen, und seit Monaten bekäme sie in Fischläden beides nicht. Die Katze sei eben verwöhnt, erwiderte meine Frau. Zwischen Verwöhnung und Gewohnheit sei aber ein großer Unterschied, meinte die Frau meines Freundes, und die Gewohnheiten eines Tieres ließen sich eben nicht ändern. Ihr Mann widersprach: ›So unveränderlich sind ihre Gewohnheiten nun auch wieder nicht. Jahrelang hat sie Abend für Abend oben auf dem Kachelofen geschlafen. Neuerdings zeigt sie direkt Widerwillen gegen ihren Stammplatz und schläft auf dem Fensterbrett, obwohl das Fenster undicht ist und immer ein frischer Luftzug hereinzieht, was Katzen angeblich gar nicht mögen.‹

Als sich unsere Gäste verabschiedeten, sagte ich meinem Freund, ich käme morgen Abend mal bei ihnen vorbei. Am nächsten Abend war ich pünktlich zur Stelle. Wir setzten uns ins Wohnzimmer. Der Kachelofen verströmte gemütliche Wärme. Ich bat meinen Freund, drei Stunden im Zimmer zu verbleiben und nicht zu rauchen. Dann entnahm ich ihm eine Blutprobe. Im Labor stellte ich fest, daß das Blut erhebliche Mengen Kohlenoxid enthielt, ich glaube, es waren so an die zwanzig Prozent.

Die Gasinspektion entdeckte, daß Kohlenoxid in Form von geruchlosem Sickergas aus dem undichten Kachelofen austrat.«

Birnbaum lächelte. »Eine Katze als Lebensretter. Ich meine auch, von allen Giften hat Kohlenoxid heute die größte kriminalistische Bedeutung.«

»Weil wir täglich damit in Berührung kommen.«
»Worin beruht nun eigentlich seine tödliche Wirkung, Doktor? Auf Erstickung?«
»In gewisser Weise ja. Das Gift ist unsichtbar, geruchlos, ohne Geschmack. Seine Herkunft ist oft schwer festzustellen, es kann überall auftreten, wo eine Verbrennung stattfindet. Das Gift wirkt rasch. Wer es einatmet, kann sich nicht mehr retten. Entrinnen unmöglich. Die biologische Wirkung des Giftes ist noch nicht völlig geklärt. Es ist ein sogenanntes Blutgift. Das Hämoglobin, der Sauerstoffträger des Blutes, verbindet sich sehr viel leichter mit Kohlenoxid als mit dem lebenswichtigen Sauerstoff. So verdrängt das CO den Sauerstoff. Der Atmungsvorgang der Zellen wird gelähmt, es tritt eine Art innerer Erstickung des Organismus ein.«
»Entrinnen unmöglich, sagten Sie, Doktor. Aber wenn man den Beginn der Vergiftung merkt, kann man doch noch den Raum verlassen?«
»Dann ist es meist schon zu spät. Übrigens haben einige Leute, die sich selbst vergiften wollten, mit Leuchtgas beispielsweise, überlebt. Aber sie haben so viel Kohlenoxid eingeatmet, daß sich dann schwere Krankheiten einstellten, die nicht mehr zu beheben sind: Hirn- und Nervenschäden hauptsächlich, sogar Epilepsie und schizophrenieähnliche Krankheitsformen mit Wahnvorstellungen.«

Eine der ungewöhnlichsten Kohlenoxidvergiftungen ereignete sich 1955 in Lübeck.

Ein fast achtzigjähriges Ehepaar wurde tot in seiner Wohnung aufgefunden. Die Leiche des Mannes lag in der Küche vor dem Gasherd, die der Frau im Schlafzimmer nebenan. Seine Tür war weit geöffnet.

Anzeichen für ein Tötungsverbrechen gab es nicht. Die hellrote Färbung der Totenflecke deutete auf eine Kohlenoxidvergiftung hin. Deshalb untersuchte die Kriminalpolizei zuerst den Gasherd in der Küche, zumal die beiden Flammen noch gebrannt hatten, als die Hausbewohner die Toten entdeckten.

Gasfachleute stellten jedoch fest, daß weder die Gasleitung noch die Brenner undicht waren. Daraufhin untersuchten sie, ob etwa die Töpfe zu dicht über den Flammen gestanden und eine vollständige Verbrennung des Leuchtgases verhindert hätten. Aber die Experimente ergaben keine Störung des Verbrennungsvorganges.

Schließlich untersuchte man die beiden Gefäße selbst. Das eine, ein Teekessel, hatte nur Wasser enthalten. Der Boden des anderen, ein Kochtopf, war mit einer verkohlten Masse bedeckt. Ein Chemiker stellte fest, daß es sich dabei um verteerte Erbsen handelte.

Der alte Mann hatte also im Kochtopf die Erbsen mit Wasser auf die Flamme des Gasherdes gesetzt. Während sie kochten, hatte er sich wahrscheinlich auf dem Sofa in der Küche ausgeruht und war dabei eingeschlafen. Nachdem das Wasser im Topf verkocht war, begannen die Erbsen zu verkoken. Der Topfdeckel zeigte starke Teerspuren. Durch den nicht völlig geschlossenen Topfdeckel strömte mit den Rauchschwaden zugleich Kohlenoxid aus und verbreitete sich in der Küche und im angrenzenden Schlafzimmer.

Diese Vermutung wurde dann experimentell bestätigt. Es heißt in dem Bericht: »Sehr bemerkenswert war bei diesem Versuch die Feststellung, daß die Zersetzung innerhalb ganz kurzer Zeit erfolgt, so daß die Verschwelungsschwaden eine erhebliche CO-Konzentration aufweisen. Nach vollständiger Verkokung läßt die CO-Bildung wieder nach. Eine eigentliche Veraschung ist weder bei dem Versuch noch bei dem Unglücksfall aufgetreten. Es handelt sich um eine echte Verschwelung, worauf auch die starke Teerbildung an der Innenfläche des Topfdeckels hinweist. Die bei dem Unfall verkokten vermutlich 400 Gramm Erbsen können eine CO-Menge von 38 Litern erzeugt haben.«

Gerade bei Kohlenoxidvergiftungen ist die Zahl unaufgeklärter Fälle besonders hoch, bemerkt Medizinalrat Dr. Weimann. Die Grenzen zwischen Unfall, Selbstmord und Tötung durch fremde Hand sind oft verwischt.

Neuerdings treten neben tödlichen Vergiftungen durch reines CO auch kombinierte Vergiftungen auf, wie beispielsweise die CO-Blausäure-Vergiftung. Sie entsteht beim Verbrennen von Plastmaterial.

Ein 32jähriger Mann wurde tot in seiner Küche aufgefunden. Die Küchenmöbel waren teilweise verbrannt. Als Brandursache entdeckte der technische Sachverständige ein verschmortes Kabel im elektrischen Kochherd. Das verschmorte Kabel hatte außerdem die Chromstahlabdeckung des Kochherdes unter Strom gesetzt. Es war anzunehmen, daß der Mann durch Stromeinwirkung zu Tode gekommen war. Hautveränderungen an den Händen schienen diese Vermutung zu bestätigen.

Die Obduktion jedoch brachte ein überraschendes Ergebnis. Die Hautveränderungen waren nicht durch den elektrischen Strom entstanden. Es waren Brandverletzungen, verursacht durch das in der Fritierpfanne spontan entflammte Öl. Im Blut fand sich ein überhöhter CO-Hb-Gehalt. Aber dieser wäre bei dem ansonsten gesunden jungen Mann nicht tödlich gewesen. Die eigentliche Todesursache war eine beträchtliche Menge HCN, also Blausäure. Blausäure führt, je nach Konzentration, in Sekunden oder Minuten zu Atem- und Herzstillstand.

Blausäure in der Küche – die Herkunft erschien rätselhaft. Doch technische Sachverständige hatten das Rätsel bald gelöst. Die Außenwände der Küchenmöbel waren Spanplatten. Ihre Oberfläche war mit ein Millimeter dicken Kunststoffplatten beschichtet. Die Spanplatten bestanden aus Weichholzspänen, die mit Formaldehyd-Harnstoff besprüht waren. Die Kunststoffplatten waren mit Phenolharz verleimt und mit Melaminharz überzogen worden. Beim Verbrennen dieser Substanzen, und zwar schon bei einer Temperatur von etwa 450 Grad, werden erhebliche Mengen von Blausäure frei. Deshalb hatte der Obduktionsbericht auch als Todesursache eine »akute inhalatorische Blausäure-CO-Intoxikation« genannt.

Diese durch Einatmen bewirkte Vergiftung kann überall auftreten, wo – meist in geschlossenen Räumen – bestimmte Kunststoffmaterialien in Brand geraten.

Kohlenoxidvergiftungen oder kombinierte CO-Vergiftungen stellen also oft hohe Anforderungen an die gerichtsmedizinische wie kriminalistische Ermittlung, zumal es nach den Worten von Weimann hierbei besonders leicht ist, ein Verbrechen als Unfall oder Selbstmord zu tarnen.

Tod in der Badewanne

Fall Nr. 1:
Die toten Bräute in der Badewanne

Blackpool ist eine Stadt in Lancaster an der englischen Westküste. Am Nachmittag des 10. Dezember 1913 kam ein Ehepaar namens Alice und George Smith in die Pension Crossley, um einige Zimmer zu mieten. Smith war ein hagerer, aber kräftiger Mann von mittlerer Größe und etwa fünfundvierzig Jahre alt. Seine etwas füllige Frau schien wesentlich jünger zu sein.

Smith ließ sich die Zimmer zeigen. »Gibt es auch ein Badezimmer?« fragte er dabei. Crossley führte ihn ins Bad, das allerdings ein Stockwerk höher lag, direkt über der Küche.

»Nun, das macht uns nichts aus«, erwiderte Smith. »Wir nehmen die Zimmer. Wir haben erst vor sechs Wochen geheiratet und möchten hier gern eine Woche Urlaub verbringen.«

Einige Stunden später erschien Smith bei Crossley. »Meine Frau hat heftige Kopfschmerzen. Auch das Herz macht ihr zu schaffen. Können Sie mir einen Arzt empfehlen?« Crossley empfahl Dr. Billing.

Dr. Billing untersuchte Frau Smith. »Kein Grund zur Besorgnis«, sagte er danach. »Ihr Herz ist sicher überanstrengt. Ich gebe Ihnen etwas Koffein zu Anregung.«

Am nächsten Tag fühlte sich die Patientin besser. Sie ging mit ihrem Mann längere Zeit spazieren. Am Abend bat Smith den Wirt, für seine Frau ein Bad herzurichten. Gegen 20 Uhr begab sich Frau Smith ins Badezimmer. Einige Zeit später fiel Crossley ein nasser Fleck an der Küchendecke auf, der sich vergrößerte. Er fürchtete, im Badezimmer darüber sei Wasser übergelaufen. Er wollte gerade nach dem Rechten sehen, als es an

der Haustür läutete. Crossley ging öffnen. Vor ihm stand Smith.
»Ich habe sie gar nicht weggehen hören«, sagte Crossley.

»Nein? Ich habe schnell noch etwas für morgen früh eingekauft.«

»Kommen Sie mal mit. Ich will Ihnen etwas zeigen.«

In der Küche wies er auf den jetzt schon ziemlich großen Wasserfleck.

»Was ist denn da passiert?« murmelte Smith bestürzt und eilte zum Badezimmer empor. Crossley hörte, wie er die Badezimmertür aufriß und gleich darauf einen Schrei ausstieß. Crossley eilte in den Flur. Er hörte Smith rufen: »Holen Sie rasch Dr. Billing!«

Dr. Billing traf wenige Minuten später ein. Er sah Frau Smith reglos in der Badewanne liegen. Smith hielt ihren Kopf über Wasser. Gemeinsam versuchten die beiden Männer, die schwere Frau aus dem Wasser zu heben. Nach einer kurzen Untersuchung stellte der Arzt fest, daß Frau Smith tot war. »Ich fürchte, das Badewasser war zu heiß für sie. Da muß man immer mit einer Herzattacke rechnen. Wahrscheinlich wurde sie ohnmächtig und ertrank.«

»Herzversagen im Bad, Ertrinken infolge Unglücksfalls«, schrieb Dr. Billing auf den Totenschein. Bei der amtlichen Leichenschau schloß sich der Coroner dieser Diagnose an und gab die Leiche frei. Frau Smith wurde gleich in Blackpool beerdigt. Smith kündigte die Zimmer, weigerte sich aber zum Verdruß Crossleys, die vereinbarte Miete für die ganze Woche zu zahlen, und verließ die Stadt.

Etwa zwei Jahre später, einen Tag vor Weihnachten, saß Crossley im Lehnstuhl und blätterte in der Wochenzeitung THE NEWS OF THE WORLD. Eine Überschrift erregte sein Interesse: »Plötzlicher Tod einer jungen Frau.« Er begann zu lesen. Er las den Artikel ein zweites Mal. Dann rief er seine Frau und wies auf die Schlagzeile: »Lies das mal bitte.«

Sie blickte ihn erstaunt an und begann zu lesen. »Bei einem Coroner-Inquest in Islington wurden heute die besonders traurigen Umstände untersucht, die zum Tode der achtunddreißigjährigen Margaret Elizabeth Lloyd aus Holloway führten. Der Ehemann erklärte, sie seien gerade in Bath getraut worden.

Nach ihrer Ankunft in London habe seine Frau über Kopfschmerzen geklagt. Er führte sie zu einem Arzt. Am folgenden Tag, ihrem Todestag, habe sie sich wohler gefühlt. Gegen neunzehn Uhr dreißig erschien sie recht vergnügt und erklärte, sie werde ein Bad nehmen. Ihr Mann begab sich auf einen Spaziergang. Bei der Rückkehr, als er seine Frau nicht antraf, erkundigte er sich bei der Vermieterin. Beide begaben sich zum Badezimmer, das völlig dunkel war. Er entzündete das Gaslicht und fand seine Frau ertrunken in der dreiviertel gefüllten Wanne. Doktor Bates, der Arzt, der die Verstorbene behandelt hatte, erklärte, der Tod gehe auf Ertrinken zurück. Sie habe an einer Grippe gelitten. Die Grippe zusammen mit dem heißen Bad habe wahrscheinlich zu einer Ohnmacht geführt ...«

Frau Crossley ließ die Zeitung sinken. »Genau wie bei uns. So ein verrückter Zufall.«

»Zufall? So viele Zufälle wiederholen sich nicht.«

»Aber dieser Mann heißt Lloyd, und unser Gast hieß Smith.«

»Namen kann man ändern.« Dann holte er aus einer Schublade den Zeitungsbericht über den Inquest zum Tode von Frau Smith. »Jedenfalls schicke ich beide Artikel an Scotland Yard.«

So erhielt Anfang Januar 1916 Detektivinspektor Neil von Scotland Yard den Brief Crossleys und die beiden Zeitungsausschnitte zur weiteren Bearbeitung. Neil fiel ebenso wie Crossley auf, daß die beiden Unfälle bis ins Detail übereinstimmten. Das wurde ihm noch deutlicher bewußt, als er die Pension aufsuchte, in der Frau Lloyd verstorben war. Die Wirtin berichtete Neil, Lloyd habe sich erst sehr genau das Bad angesehen, ehe er die Zimmer gemietet habe.

Neil ließ sich ins Bad führen. Die eiserne Badewanne war von normaler Größe. Neil konnte sich nicht erklären, wie ein erwachsener Mensch darin ertrinken konnte. Aber als er sich später mit Dr. Bates, der den Tod der Frau Lloyd festgestellt hatte, darüber unterhielt, erklärte der Arzt: »Das ist schon möglich, Inspektor. Es ist schon vorgekommen, daß ein Mensch in einer Wasserpfütze erstickt ist, wenn er betrunken oder bewußtlos war. Frau Lloyd ist unzweifelhaft ertrunken. Durch die Grippe geschwächt, wurde sie im zu heißen Wasser ohnmächtig und ertrank.«

»Haben Sie Verletzungen an der Leiche bemerkt?«

»Inspektor«, entgegnete Bates ruhig, »ich habe die Tote sorgfältig untersucht. Kein Zeichen von Gewaltanwendung. Keine Verletzungen – außer einer winzigen Quetschung am linken Arm. Aber die ist sicher bei einer Reflexbewegung während des Herzanfalls entstanden.«

»Sonst ist Ihnen nichts aufgefallen?«

»Nichts. Höchstens, daß der Ehemann sehr gefaßt wirkte. Und den billigsten Sarg bestellt hat.«

Durch einen Kollegen vom Streifendienst erfuhr Neil eine weitere interessante Nachricht. In der Pension Stokker hatte ein gewisser Lloyd Zimmer mieten wollen. Als er das Bad besichtigte, legte er sich in die Wanne, angeblich, um auszuprobieren, ob sie auch groß genug sei. Bald stellte Neil fest, daß Frau Lloyd drei Stunden vor ihrem Tode ein Testament aufgesetzt hatte, das ihren Mann zum Alleinerben bestimmte. Am gleichen Nachmittag hatte Elizabeth Lloyd auch ihr gesamtes Sparguthaben abgehoben. Anfang Dezember hatte sie eine Lebensversicherung in Höhe von 700 Pfund abgeschlossen.

Neil informierte die Polizei von Blackpool über seinen Verdacht. Er übermittelte eine genaue Personenbeschreibung von Lloyd. Neil bat die Kollegen aus Blackpool, Crossley zu befragen, ob diese Beschreibung auf seinen damaligen Gast Smith zutreffe. Zugleich sollten sie nochmals die Umstände des Todes von Frau Smith überprüfen.

Nach einer Woche erhielt Neil den Bericht aus Blackpool. Er bestätigte im wesentlichen den Coroner-Inquest, brachte aber noch einige aufschlußreiche Einzelheiten über Smith und seine Frau. Letztere hatte einen Tag vor der Hochzeit ebenfalls eine Lebensversicherung abgeschlossen, in Höhe von 500 Pfund. Zwei Tage vor ihrem Tode hatte sie ein Testament gemacht und ihren Mann als Alleinerben eingesetzt. Und die Beschreibung von Lloyd stimmte nach Aussage von Crossley mit Smith überein. Nun stand für Neil fest, daß Smith und Lloyd ein und derselbe Mann sein mußten, der mit einer verblüffend gleichförmigen Methode aus Geldgier zwei Frauen ermordet hatte.

Neil konnte Smith bald verhaften – nämlich als dieser die Lebensversicherung seiner ermordeten Frau kassieren wollte.

Allerdings befand sich Neil in einer schwierigen Lage. Er hatte keine Beweise in der Hand, daß und vor allem wie Smith die beiden Frauen ermordet hatte. Er setzte deshalb seine ganze Hoffnung auf eine medizinische Klärung des Falles. Er bat Dr. Bernard Spilsbury um Hilfe.

Dr. Spilsbury gehörte bereits damals zu den bedeutendsten Pathologen Englands. 1910 hatte er seinen Ruhm begründet, als er Dr. Crippen des Mordes an seiner Frau überführte.

Die Leiche von Frau Lloyd wurde exhumiert. Spilsbury sollte feststellen, ob die Frau ertrunken oder ertränkt worden war. War es Unfall oder Mord?

Die Antwort auf diese Frage ließ sich meist, aber nicht immer durch eine Autopsie beantworten. Die Symptome an den inneren Organen scheinen beim Mord wie beim Selbstmord und beim Unfall die gleichen zu sein. Ob eine Tötung vorliegt, ließ sich damals viel eher an äußeren Verletzungen beweisen, die beim Angriff durch den Täter und bei der Abwehr des Opfers entstehen.

In einem einsamen Haus in der Nähe des Friedhofs ging Dr. Spilsbury ans Werk. Aber so sorgfältig er auch Zoll für Zoll die Leiche überprüfte, er fand keine Spuren äußerer Gewalt. Dann untersuchte er die inneren Organe. Herz, Lunge, Leber, Milz waren gesund. Einen Kreislaufkollaps hielt Spilsbury deshalb für unwahrscheinlich. Auch eine Vergiftung schien ihm, soweit sich das ohne toxikologische Untersuchung beurteilen ließ, ausgeschlossen. Trotzdem entnahm er für mögliche weitere Analysen einige Organproben.

Nach Beendigung der Obduktion sagte Spilsbury zu Neil: »Der Tod dieser Frau ist mir unerklärlich. Nur eines kann ich mit ziemlicher Sicherheit sagen: Sie ist unter Wasser erstickt – ertrunken also, wie man landläufig sagt. Und der Tod ist sehr plötzlich erfolgt.«

»Sie sehen also keine Möglichkeit, das Rätsel zu lösen?«

»Das will ich nicht sagen. Man muß es herausbekommen. Beschaffen Sie mir doch die Wanne, in der die Frau ertrunken ist. Ich werde damit experimentieren ...«

Spilsbury erhielt die Wanne. Er bekam auch die Todeswanne aus Blackpool, nachdem er die Leiche von Frau Smith ergebnislos obduziert hatte.

Inzwischen war der Fall trotz aller Vorsichtsmaßnahmen der Presse bekannt geworden. Die Nachrichten vom Kriegsschauplatz in Frankreich traten vor der Sensation der TOTEN BRÄUTE IN DER BADEWANNE in den Hintergrund.

Am 8. Februar 1919 wurde Neil aus dem Seebad Herne Bay ein weiterer Badewannenmord gemeldet. Doch das war eigentlich nicht der dritte, sondern der erste Mord von Smith. Er hatte im Mai 1912 unter dem Namen Williams unter gleichen Umständen seine Frau getötet. Der Arzt hatte als Todesursache einen epileptischen Anfall diagnostiziert. Smith erhielt testamentarisch fast 3000 Pfund.

Neil ließ Spilsbury auch die dritte Wanne zukommen. Spilsbury experimentierte verbissen, um dem Geheimnis des Mörders auf die Spur zu kommen.

Alle drei Ärzte hatten festgestellt, der Kopf der Toten habe unter Wasser gelegen. Wie konnten die Frauen in diese ungewöhnliche Lage geraten sein? Herzversagen und Epilepsie waren ausgeschlossen worden. Trotzdem simulierte Spilsbury einen epileptischen Anfall in der Badewanne. Niemals entstand dabei jene Körperlage: Kopf unter Wasser, die Füße über den Wannenrand hinausragend. Und dann hatte Spilsbury eines Tages einen Einfall. In einer Art Geistesblitz hatte er die Lösung des Rätsels entdeckt. Erregt schilderte er Neil, auf welche Weise Smith die Frauen ermordet hatte. Neil bedankte sich. Aber er verschwieg Spilsbury, was er nun unternehmen wollte.

Wenige Tage später erschien Neil auf der Polizeistation, wo noch immer die drei Todeswannen standen. Mit Neil kamen drei Frauen. An Größe und Gewicht ähnelten sie den drei Ermordeten. Alle drei konnten vorzüglich schwimmen und tauchen. Neil hatte sie gebeten, ihn bei einem Experiment zu unterstützen. Ein Arzt sollte das Experiment überwachen.

Neils Absicht erschien einfach genug: die Frauen unter Wasser zu tauchen. Es gelang Neil nur mit äußerster brutaler Gewalt, den Kopf der Frauen kurzzeitig unter das Wasser zu drücken. Aber selbst dabei griffen die Hände der Schwimmerinnen nach ihm, nach seinem Hals, und es kam zu einem äußerst heftigen Kampf; zu Kratzwunden in seinem Gesicht und zu Druckstellen an den »Opfern«. Tatsächlich aber hatte es an den Ermordeten keinerlei Anzeichen von Gewaltanwendung gegeben. Neil war sich jetzt sicher, daß der Mord nicht auf diese Weise erfolgt war. Spilsbury schien mit seiner Hypothese recht zu haben. Neil war entschlossen, sie jetzt zu erproben und zu beweisen. »Machen wir einen letzten Versuch«, sagte er zu einer der Schwimmerinnen, »sind Sie bereit?«

Die Frau lag locker und entspannt in der Wanne. Doch mit ihrem Blick verfolgte sie aufmerksam jede Bewegung Neils, um sich gegen einen erneuten Angriff zu wehren. Aber sie ahnte nicht, daß diesmal der Angriff völlig anders kam. Neil packte die Frau an den Fußgelenken und zog dadurch blitzschnell ihre Beine aus dem Wasser. Ihre Hände stießen ins Leere, sie fanden nirgends Halt. Der Kopf sackte unter Wasser, die Arme sanken herab. Entsetzt bemerkte Neil, daß die Frau bereits bewußtlos war. Neil und der Arzt zogen die Ohnmächtige heraus, die erst nach entsprechenden Maßnahmen wieder zu sich kam.

Neil hatte damit Spilsburys Hypothese experimentell bewiesen, obwohl die äußeren Umstände für sein Experiment viel ungünstiger waren als für den Mörder. Denn Smiths Opfer konnten nicht schwimmen und waren auf einen Angriff nicht vorbereitet gewesen.

Die Beratung der Geschworenen dauerte nur eine Viertelstunde. Spilsburys und Neils Beweise wirkten so überzeugend auf sie, daß sie Smith des dreifachen Mordes für schuldig erkannten. Er wurde zum Tode verurteilt.

Der Tod durch Ertrinken gehört zu den häufigsten unnatürlichen Todesarten. Schon lange besitzt die Gerichtsmedizin ein umfängliches Wissen über seine Symptome, was jedoch nicht ausschließt, daß der Einzelfall auch heute noch dem Gutachter Probleme aufgibt. Allerdings »ertrinkt« der Mensch nicht. Dieses Wort gibt den Sachverhalt ungenau wieder, so wie er sich äußerlich darzustellen scheint. Früher glaubte man tatsächlich, es gelange zu viel Wasser in den Magen und seine übermäßige

Ausdehnung führe zum Tode. Erst im 17. Jahrhundert erklärte der Anatom Sylvinus, daß beim Ertrinken Wasser in die Lunge eingeatmet werde. Im 18. Jahrhundert entdeckte der Pathologe Morgagni den Zusammenhang zwischen dem Überschwemmen der Lunge durch Wasser und dem Erstickungstod. Heute weiß man, daß während des »Ertrinkens« verschiedene Reflexe und Krampfbewegungen in der Atemtätigkeit ausgelöst werden. Ein solches Reflexgeschehen wurde auch bei Neils Experiment ausgelöst. Die plötzliche Schwerpunktverlagerung machte es dem Opfer unmöglich, sich zu wehren. Der Reflexzusammenhang zwischen einzelnen Kopfnerven und dem Steuerungszentrum der Atemtätigkeit und des Kreislaufes löst, wenn plötzlich Wasser in Nasenhöhle und Kehlkopf eindringt, einen Schock aus. Er kann sofort zur Bewußtlosigkeit führen. Neil hatte es bei seinem Experiment erlebt: das innerhalb von Sekunden bewußtlos gewordene Opfer konnte seinen Kopf nicht mehr über Wasser heben.

So brachte Spilsbury nicht nur einen der raffiniertesten Mörder der Kriminalgeschichte zur Strecke, der drei Morde als natürlichen Tod zu tarnen verstanden hatte, er entdeckte dabei auch ein wichtiges Reflexgeschehen, das in späteren Jahren noch gründlich untersucht wurde.

Fall Nr. 2: Hinter verschlossener Tür

So raffiniert der Badewannenmörder Smith auch seine Morde beging – den Gerichtsmediziner konnte er letzten Endes doch nicht täuschen. Es verwundert immer wieder, daß seine Nachfolger und Nachahmer glauben, sie könnten den perfekten Mord in der Badewanne begehen. 1981 berichtete Kriminalrat Mätzler von einem solchen Mann, der diesem Irrtum verfallen war.

Der Fall ereignete sich in einem Vorort von Düsseldorf.

Es war kurz vor Mitternacht, als ein Mann namens Becker die Einsatzleitstelle des Düsseldorfer Polizeipräsidiums anrief. Seine Frau habe sich im Bad eingeschlossen und antworte nicht.

Er fürchte, es sei ihr etwas zugestoßen. Vergeblich habe er versucht, die verschlossene Badezimmertür zu öffnen.

Die Leitstelle schickte einen Streifenwagen zu Beckers Wohnung, ferner einen Krankenwagen und einen Werkzeugwagen der Feuerwehr.

Polizeiobermeister Schuster vom Streifenwagen erkannte in Becker einen als Privatdetektiv tätigen Mann. Becker war groß, kräftig, schwergewichtig. Er hatte, wie Schuster wußte, als Boxer an Meisterschaftskämpfen teilgenommen. Schuster fragte sich, warum ein so kraftvoller Mann die Badezimmertür nicht hatte öffnen können. Er überzeugte sich erst einmal davon, daß die Tür tatsächlich verschlossen war, der Schlüssel steckte von innen im Schlüsselloch. Schuster warf sich gegen die Tür, sie brach sofort auf. Schuster sah, daß die Badewanne bis zum Rand gefüllt war. Die junge Ehefrau Beckers schwebte in Seitenlage unter dem Wasserspiegel. Sie schien bereits tot zu sein.

Schuster forderte einen Notarzt und Kriminalbeamte an.

Der Notarzt traf wenige Minuten später ein. Er stellte fest, daß bereits die Leichenstarre eingetreten war. Äußere Verletzungen am Körper der Toten konnte er nicht entdecken. Er bescheinigte den Tod, ließ aber die Todesursache offen, da er wußte, daß ein unnatürlicher Tod sowieso noch gerichtsmedizinisch untersucht werden würde.

Becker wurde noch in derselben Nacht im Polizeipräsidium befragt. Dabei stellte sich heraus, daß die Ehe zwischen dem sechsundzwanzigjährigen Privatdetektiv und seiner erst neunzehnjährigen Frau nicht glücklich gewesen war. In letzter Zeit hatte es häufig Streit gegeben. Die Frau hatte vorgehabt, am nächsten Tag aus der gemeinsamen Wohnung auszuziehen. Becker sagte, er hätte einer Scheidung jedoch niemals zugestimmt. Er berichtete dann, er sei kurz vor seinem Anruf im Präsidium vom Besuch des Vaters seiner Frau zurückgekehrt und habe die Badezimmertür verschlossen gefunden, keine Antwort erhalten und vergeblich die Tür zu öffnen versucht. Einen Selbstmord seiner Frau halte er für unmöglich. Wahrscheinlich sei sie in der Wanne ertrunken. Seit zwei Wochen sei sie wegen Erschöpfungszuständen krankgeschrieben gewesen.

Die Obduktion erbrachte den Befund akuter Lungenblähung und die Ansammlung feinblasigen Schleims in den Luftwegen und vor dem Mund. Krankhafte Veränderungen an den inneren Organen, die eine Ohnmacht im Bad oder Herzversagen bewirkt haben könnten, ließen sich nicht finden. Es fehlten aber auch frische Verletzungen, die auf eine Gewaltanwendung hingedeutet hätten. Ebensowenig waren Strommarken vorhanden, wie sie meist entstehen, wenn ein unter Strom stehendes Elektrogerät ins Wasser geworfen wird. Da versäumt worden war, die Wassertemperatur in der Wanne zu messen, ließ sich die Todeszeit nicht genau festlegen. Die nur schwach ausgeprägte Waschhaut erlaubte den Schluß, daß die Leiche etwa eine Stunde im Wasser gelegen hatte. Die Obduzenten nannten als Todesursache ein »kombiniertes typisches und atypisches Ertrinken«. Diese Diagnose schloß, wie sich noch zeigen sollte, ein Ertränken durch fremde Hand nicht mehr aus.

Der Hausarzt der Toten bestätigte die Angabe Beckers, daß seine Frau an nervöser Erschöpfung erkrankt war. Er hatte einen sehr niedrigen Blutdruck festgestellt, hielt aber Ertrinken durch Kreislaufkollaps für unwahrscheinlich.

Die Kriminalpolizei ermittelte weiter. Sie befragte die Verwandten der Toten. Ihre Aussagen verstärkten den Mordverdacht gegen den Ehemann. So hatte seine Frau kürzlich noch ihrer Schwester erzählt, ihr Mann habe sie im Streit – während sie in der Badewanne lag – mehrmals unters Wasser getaucht, bis sie fast das Bewußtsein verloren hätte. Er habe sich auch gebrüstet, er könne den perfekten Mord begehen. Die Auseinandersetzung zwischen Becker und seiner Frau hatte sich verschärft, als sie erfuhr, daß er eine Geliebte hatte.

So fragten sich nun die Kriminalisten, ob Becker diese Aggressionen wiederholt und seine Frau erneut unters Wasser getaucht hatte, zu lange diesmal vielleicht. War es ein Unglücksfall? Oder doch geplant, ein Mord also?

Die Kriminalisten konfrontierten Becker mit diesen Aussagen. Er leugnete nicht, früher seine Frau in der Wanne untergetaucht zu haben. Aber mit ihrem Ertrinkungstod habe er nichts zu tun. Wie hätte er in das von innen verschlossene Badezimmer gelangen sollen?

Darauf gab es bisher keine Antwort. Schloß und Schlüssel der Badezimmertür wiesen keinerlei Spuren auf, die eine Manipulation von außen bewiesen hätten.

Aber dann sollte eine erneute Wohnungsdurchsuchung Beckers stärkstes Argument zerschlagen. Die Durchsuchung förderte einen kräftigen Eisendraht zutage, der seltsam verformt war. Außerdem war das eine Ende rechtwinklig abgebogen. Der Draht konnte durch das Schlüsselloch der Badezimmertür geschoben, das rechtwinklige Ende in die Öse des innensteckenden Schlüssels eingeführt und der Schlüssel damit gedreht, die Tür also von außen verschlossen werden.

Weitere Nachforschungen bestätigten den jähzornigen Charakter Beckers und seine Neigung zu Gewalttätigkeit. Er hatte schon seine Eltern geschlagen, seine Frau sowieso des öfteren und ebenso Diebe, die er als Kaufhausdetektiv gestellt hatte.

Bevor jedoch der Staatsanwalt zu einer Verhaftung Beckers schritt, suchte er nochmals hieb- und stichfeste Beweise durch ein rechtsmedizinisches Gutachten. Die Gerichtsmediziner bestätigten im wesentlichen den ersten Obduktionsbefund, präzisierten aber nach der feingeweblichen Untersuchung die dort benannte Todesursache. Der erste Befund hatte von »kombiniertem typischem und atypischem Ertrinken« gesprochen. Das neue Gutachten legte sich auf »typisches Ertrinken« fest.

Diese Unterscheidung hätte im Fall der toten Bräute zu Zeiten Dr. Spilsburys sicherlich eine raschere Klärung gebracht. Heute ist sie ein sicheres Mittel, um Ertrinken von Ertränken durch fremde Hand abzugrenzen. Ein typisches Ertrinken findet statt, wenn ein Mensch, der nicht schwimmen kann, oder ein Schwimmer, der bereits völlig entkräftet ist, in einem Fluß, einem See oder im Meer unterzugehen droht. Er gerät unter Wasser, wehrt sich dagegen, versucht wieder an die Oberfläche zu kommen und Luft zu schöpfen. Das wiederholt sich mehrmals. Beim typischen Ertrinken gelangen also abwechselnd Wasser und Luft in die Lunge, die Luft kann jedoch nicht mehr ausgeatmet werden. Im ganzen Organismus stellt sich Sauerstoffmangel ein, der schließlich zu sogenannter cardiorespiratorischer Insuffizienz und damit zum Tode führt.

Beim atypischen Ertrinken fehlt die zusätzliche Einatmung von Luft. Es wird nur Flüssigkeit eingeatmet. Der Ertrunkene ist, nachdem er, wie auch immer, unter Wasser geriet, nicht mehr emporgetaucht.

Selbst wenn man bei Frau Becker einen Kreislaufkollaps unterstellte, wofür es jedoch keinen organischen Befund gab, wäre ein Ertrinken in der Badewanne vorwiegend atypisch erfolgt. Da die Beschaffenheit der Lunge jedoch ein vorwiegend typisches Ertrinken bewies, deutete das darauf hin, daß sie gewaltsam ertränkt worden ist. Ihr »langsamer, verzögerter Erstickungs- bzw. Ertrinkungstod«, so das Gutachten, könnte dadurch erfolgt sein, daß sie mehrmals untergetaucht wurde und dazwischen in verzweifelter Abwehr Luft eingeatmet hatte.

Zusätzlich zu diesem Gutachten holte die Staatsanwaltschaft nochmals ein internistisches Gutachten von der Medizinischen Universitätsklinik Düsseldorf ein. Der Gutachter schloß »mit an Sicherheit grenzender Wahrscheinlichkeit aus..., daß U. Becker in der Badewanne ohnmächtig geworden und in ihrer Ohnmacht ertrunken ist.«

Während die Staatsanwaltschaft mit diesem Gutachten die Verhaftung Beckers absicherte und vorbereitete, unternahm Becker in Wiesbaden einen Raubüberfall in einem Juweliergeschäft. Er erbeutete Schmuck im Wert von 470 000 DM, floh, wurde vom Juwelier verfolgt, bedrohte den Juwelier mit einer Schußwaffe und wurde von diesem niedergeschossen.

Es kam nicht mehr zum Mordprozeß. Becker starb an seiner Verletzung.

Vielleicht gilt in landläufiger Meinung der Tod in der Badewanne als ein seltenes Ereignis. Die Fachliteratur berichtet über mehr als ein Dutzend Fälle allein in den letzten Jahren. Meist ist der Tod in der Badewanne eindeutig in seinen Ursachen aufklärbar. Besondere Anforderungen an Gerichtsmediziner und Ermittler stellt der Tod in der Badewanne durch elektrischen Strom. Oft handelt es sich hierbei um Mord, seltener um einen Unfall. Aber der Täter versucht gerade unter diesen Umständen, den Mord als Unfall zu tarnen.

Noch sicherer erschien es einem Mörder, den Mord an seiner Frau als natürlichen Tod erscheinen zu lassen. Das wäre ihm auch beinahe gelungen, wie der folgende Fall zeigt.

Fall Nr. 3:
Der sicherste Weg ins Jenseits

Als der Arzt eine halbe Stunde vor Mitternacht das Badezimmer betrat, sah er eine Tote in der Wanne liegen.

Elizabeth Barrow war etwa dreißig Jahre alt. Mit angewinkelten Armen lag sie auf dem Boden der Badewanne, aus der das Wasser bereits abgelassen war. »Was ist geschehen?« fragte der Arzt den Mann, der hinter ihm auf der Schwelle stand. Kenneth Barrow, Krankenpfleger in einem Hospital, erzählte, er und seine Frau seien schon zeitig zu Bett gegangen. Elizabeth habe sich nicht wohl gefühlt. Deshalb sei sie dann wieder aufgestanden, um ein Bad zu nehmen.

»Ich bin dann wieder eingeschlafen. So gegen dreiundzwanzig Uhr wachte ich auf, das Bett meiner Frau war noch immer leer. Ich ging ins Bad. Da lag sie tot in der Wanne, den Kopf unter Wasser. Ich habe sofort Wiederbelebungsversuche gemacht – ohne Erfolg. Deshalb habe ich Sie gerufen, Herr Doktor.«

Dem Arzt fiel auf, daß die Pupillen der Toten erweitert waren. Er vermutete, sie könnte ein Gift genommen haben. Es war Mitternacht, als er die Kriminalpolizei rief.

In der Nacht vom 5. zum 4. Mai 1957 hatte in der englischen Stadt Bradford Detektivsergeant Naylor Bereitschaftsdienst. Wenige Minuten nach dem Anruf des Arztes erschien er in Barrows Wohnung. Ohne daß ihn der Arzt darauf hingewiesen hätte, bemerkte er die unnatürlich großen Pupillen der Toten. Im Schlafzimmer sah er Barrows Schlafanzug liegen. Er war völlig trocken. In Naylor erwachte ein erster Zweifel an Barrows Behauptung, er habe Wiederbelebungsversuche an seiner Frau unternommen.

Naylor setzte sich mit seinem Chef in Verbindung. Dieser informierte das Polizeilabor in Harrogate. Drei Stunden später traf der Chefinspektor von Harrogate mit dem Pathologen und Gerichtsmediziner Dr. David Price in Bradford ein.

Price entdeckte Wassertropfen in der Armbeuge der Toten. Hätte Barrow, wie er behauptete, Wiederbelebungsversuche gemacht, wären dabei die Wassertropfen vom Arm abgefallen. Inzwischen hatte der Chefinspektor in der Küche zwei Injektionsspritzen gefunden.

»Was haben Sie Ihrer Frau eingespritzt?« fragte Dr. Price.

»Meiner Frau?« wiederholte Barrow erstaunt. »Ich habe mir selbst einige Injektionen gemacht. Penicillin, wegen eines Karbunkels.«

»Sie sagten, Ihrer Frau sei schlecht gewesen, ehe sie ins Bad ging. Worüber klagte sie?«

»Sie hat erbrochen – und sehr geschwitzt. Schwindlig war ihr auch.« Als Price auf weitere Erklärungen wartete, fügte Barrow hinzu: »Sicherlich ist sie im Bad ohnmächtig geworden und ertrunken.«

Bei der äußeren Besichtigung der Toten entdeckte der Arzt keine Verletzungen. Er beschloß, gleich im Badezimmer die Obduktion vorzunehmen. Das Herz und die anderen inneren Organe zeigten keinen krankhaften Befund, der den plötzlichen Schwächeanfall im Bad und die nachfolgende Bewußtlosigkeit erklärt hätte. Price entnahm von den für eine Giftanalyse notwendigen Organteilen Proben, außerdem Blut und Urin. Eine Vergiftung erschien ihm als einzig mögliche Todesursache.

Die Toxikologen brauchten mehrere Tage für die Untersuchung. Sie führten Hunderte von Tests für alle bekannten Gifte durch, fanden aber nicht die geringste Spur eines Giftes. Auch die Untersuchung der beiden Injektionsspritzen verlief negativ. Es fanden sich tatsächlich Reste von Penicillin darin. Aber Price gab nicht auf. Es mußte eine Erklärung für die plötzliche Ohnmacht Elizabeth Barrows geben. Sie konnte nur durch ein Mittel hervorgerufen worden sein, das ihr von außen zugeführt worden war. Price entschloß sich, den Körper der Toten noch einmal gründlich zu untersuchen. Mit einem starken Vergrößerungsglas überprüfte er Zoll für Zoll die Körperoberfläche. Und da entdeckte er in einer Hautfalte am Gesäß vier rote Punkte. Bei der ersten Kontrolle des Leichnams hatte er sie übersehen. Sie ähnelten den Hautunreinheiten, die fast über den ganzen Körper verteilt waren. Dr. Price hielt die Pünktchen für Einstichstellen einer Injektionsnadel. Er entfernte das Gewebe in ihrer Umgebung und untersuchte es. Sein Verdacht bestätigte sich. Kurz vor ihrem Tode hatte die Frau vier Injektionen erhalten. Wer hatte sie ihr gegeben? Barrow hatte eine Injektion in Abrede gestellt. Price sah sich nun vor der Aufgabe, Barrow der Lüge zu überführen. Aber wie, solange er nicht wußte, was Barrow seiner Frau injiziert hatte? Es war keines der bekannten Gifte, wie die ergebnislosen Giftanalysen gezeigt hatten.

Während Price und der Toxikologe Curry neue Untersuchungen vorbereiteten, begab sich Naylors Chef in das Krankenhaus, in dem Barrow arbeitete. Er hoffte, dort etwas zu erfahren, was den Ärzten nützen könnte.

Price und Curry setzten sich mit weiteren Kollegen in Verbindung. Da Praxis und Erfahrung versagt hatten, mußten sie einen anderen Weg gehen, den der »konstruktiven Fantasie«, wie es Prices Landsmann Sidney Smith einmal genannt hatte. Das Team fragte sich: Welches Mittel kann jene Symptome hervorrufen, die kurz vor Elizabeths Tod aufgetreten waren? Was also erweitert die Pupillen und erzeugt zugleich Schwindel, Schweißausbrüche und tiefe Bewußtlosigkeit?

Systematisch gingen Price und seine Mitarbeiter die Erscheinungsbilder vieler Krankheiten durch. So stießen sie schließlich auch auf die Zuckerkrankheit. Bekanntlich produziert beim Zuckerkranken das »Inselorgan« in der Bauchspeicheldrüse das Hormon Insulin nicht mehr in ausreichender Menge. Das Insulin ist lebensnotwendig, denn es reguliert den Zuckergehalt des menschlichen Blutes und damit den Energiehaushalt. Fehlt Insulin, steigt der Zuckergehalt des Blutes an. Diese Hyperglykämie war eine tödliche Krankheit. Erst als man tierisches Insulin zu gewinnen lernte und den Zuckerkranken injizierte, konnte ihnen geholfen werden. Wird dem Kranken Insulin eingespritzt, kann es jedoch zur Gefahr einer entgegengesetzten, nicht minder verhängnisvollen Reaktion kommen. Erhält er nämlich zu viel Insulin, so sinkt der

Zuckergehalt des Blutes unter den Normalwert ab. Die Energieversorgung des Körpers wird schlagartig gestört. Es kommt zu einem »hypoglykämischen Schock«. Er kündigt sich mit Zittern, Schweißausbrüchen und Schwindel an und führt schließlich zur Bewußtlosigkeit. Der Tod tritt ein, wenn dem Körper nicht sofort genügend Zucker zugeführt wird. Wird also eine zu große Menge Insulin schon für den Zuckerkranken gefährlich, dem ja Insulin fehlt, so wirkt sich die Einspritzung von Insulin auf einen gesunden Menschen verheerend aus. War Elizabeth Barrow einem Tod durch Insulinschock zum Opfer gefallen?

Die hypothetische Frage wies der weiteren Untersuchung den Weg. Ein erster Schritt auf diesem Weg war der Bericht des Chefinspektors, der Barrows Arbeitsstätte aufgesucht hatte. »Zweierlei habe ich in der Klinik erfahren. Zu Barrows Tätigkeit gehört es, Injektionen zu geben, auch Insulininjektionen. Außerdem berichtete mir der Krankenpfleger Stork, Barrow habe ihm vor einiger Zeit gesagt, wenn man jemandem eine anständige Ladung Insulin verpaßt, wäre das der sicherste Weg ins Jenseits.«

»Das ist interessant«, erwiderte Price, »aber wenn jemand auf dem sichersten Weg ins Jenseits ist, dann Barrow.« Und nun berichtete er dem Chefinspektor seine Vermutung, verbarg ihm aber auch nicht, wie schwierig es sei, sie zu beweisen.

»Läßt sich wirklich nicht mehr feststellen, ob Elizabeth Barrow Insulin eingespritzt wurde?« fragte der Inspektor enttäuscht.

»Einen solchen Nachweis gibt es nicht«, erwiderte Price.

»Er wurde auch nie auszuarbeiten versucht?«

»Nein. Denn das Insulin geht sofort ins Blut über und wird abgebaut. Das weiß wahrscheinlich auch der Mörder.« Price fügte hinzu: »Wir werden es trotzdem versuchen. Vielleicht lassen sich im Unterhautgewebe an den Einstichstellen noch Spuren von Insulin finden. Aber erwarten Sie nicht zu viel, Sir.«

Die Gruppe der Mediziner, Toxikologen und Chemiker entschloß sich, für ihren Versuch die klassische Methode physiologischer Vergleichsexperimente anzuwenden. Man stellte Extrakte aus jenem Gewebe der Toten her, das Price aus der Umgebung der Injektionseinstichstellen herauspräpariert hatte. Diesen Extrakt spritzte Dr. Price Mäusen ein. Eine andere Gruppe Mäuse erhielt originales Insulin. Beide Gruppen reagierten gleich: mit Angst, Zittern, Zuckungen, Schwäche, Bewußtlosigkeit, Tod. Damit war zum erstenmal im Muskelgewebe einer Leiche injiziertes Insulin nachgewiesen worden.

Prices Mitarbeiter Curry begründete später auch, unter welchen besonderen Voraussetzungen Insulinreste im Muskelgewebe über den Tod hinaus erhalten bleiben. Der Insulinnachweis machte die Anklage gegen Barrow unanfechtbar. Die Geschworenen erkannten ihn für schuldig. Der Richter verurteilte ihn zu lebenslänglicher Freiheitsstrafe für einen, wie er begründete, »kalten, grausamen, sorgfältig vorbereiteten Mord ..., der ohne einen ungewöhnlichen Grad wissenschaftlich-kriminalistischer Tätigkeit niemals aufgeklärt worden wäre.«

Elektrotod

Fall Nr. 1: Ende eines Sonntags

Es ist ein schöner Sommertag. Schon am Morgen zeigt das Thermometer fast dreißig Grad an.

»Ich möchte baden fahren!« sagt die vierjährige Monika Leipold zu ihren Eltern. Ja, stimmen sie zu, gleich nach dem Mittagessen.

Aber als dann das Lehrerehepaar Leipold mit Monika in den Wagen steigt, stehen schon die ersten Wolken am Himmel. Plötzlich ist auch die Sonne verschwunden, Wind kommt auf. Heinz Leipold blickt empor. »Das gibt bald ein Gewitter. Und ehe wir am See sind ...«

Monika bemerkt das Zögern in der Stimme des Vaters. »Ich will doch aber gern baden!«

»Nun, wir werden ja sehen«, sagt Kathi Leipold vermittelnd. Die drei fahren los.

Dreiviertel Stunden dauert die Fahrt. Als der Wagen am Strandbad hält, fallen schon die ersten Regentropfen. Ein kühler Wind weht. Aber das Kind ist nicht zu halten. Während die Eltern sich noch auskleiden, eilt Monika schon zum Wasser. Die Eltern folgen ihr bald. Sie entschließen sich, eine Runde zu schwimmen. Monika vergnügt sich derweil im seichten Wasser mit ihrem Gummitier. Nach zwanzig Minuten kehren die Eltern von ihrer Runde zurück. »Nun aber raus, du hast schon ganz blaue Lippen«, sagt die Mutter zu Monika.

»Mir ist aber gar nicht kalt.«

»Noch paar Minuten«, entscheidet die Mutter, »bis wir angezogen sind.«

Die Eltern haben sich angekleidet und rufen Monika. Jetzt friert sie wirklich. Der Regen ist stärker geworden. Es hat keinen Sinn, noch länger hier zu bleiben.

»Was fangen wir mit dem angebrochenen Nachmittag an?« fragt Leipold, als sich der Wagen in Bewegung setzt. »Wir könnten einen Umweg machen und Buschs besuchen.«

»Aber wir haben uns doch gar nicht angemeldet«, entgegnet Kathi. »Wer weiß, ob ihnen unser Besuch recht ist. Schließlich sind sie erst vor zwei Wochen eingezogen und haben sicher noch manches zu tun.«

»Sie zeigen uns bestimmt gern die neue Wohnung.«

Es ist halb vier, als Leipolds an der Tür der Familie Busch klingeln. Frau Busch, eine Schulfreundin Kathis, beteuert, Leipolds würden auf gar keinen Fall stören. Aber Ingo Busch, ihr Mann, erscheint zur Begrüßung in seiner alten Arbeitshose. Auf seinem Gesicht finden sich Gipsspuren. »Setzt euch inzwischen«, sagt er. »Martina kocht Kaffee, und ich schließe noch die Wandleuchte im Wohnzimmer an. Dann bin ich auch fertig. Eine Pause tut ganz gut, wir trinken gemütlich Kaffee.«

Leipolds begleiten Ingo Busch ins Wohnzimmer, das schon vollständig eingeräumt ist. »Die Wohnung zeigen wir euch dann später«, sagt Busch und dübelt einen Haken für die Wandleuchte über dem Heizkörper ein.

Frau Leipold hört, daß Monika niest. »Du hast dich doch nicht erkältet?« fragt sie besorgt.

»Sie erwärmt sich schon wieder«, sagt Busch und hängt die Wandleuchte an den Haken. »Wir haben heute zum ersten Mal die Etagenheizung ausprobiert. Monika kann sich doch einen Moment an die Heizung setzen. Und ich ziehe mich schnell um.«

Frau Leipold rückt einen Stuhl an den Heizkörper. Inzwischen ist der Kaffee fertig geworden. Leipolds und Buschs setzen sich an den Tisch. Monika ist auf den Stuhl geklettert und macht sich den Spaß, die Lampe über dem Heizkörper ein- und auszuschalten.

»Nun ist es aber genug«, sagt Kathi, »du wirst die Lampe noch kaputt machen.« Frau Busch gießt den Kaffee ein. In diesem Augenblick hören die vier am Tisch einen leisen Schrei und gleich danach Poltern. Alle blicken erschrocken zu Moni. Sie ist zu Boden gefallen. Frau Leipold springt auf und eilt zu ihrem Kind. Es liegt stumm, ohne sich zu bewegen. Kathi will sie hochheben. »Sie ist bewußtlos!« ruft sie bestürzt. Jetzt sieht sie auch die Wunde an der Stirn. Etwas Blut ist hervorgetreten. Die Mutter tupft es ab.

»Nur keine Aufregung«, sagt Busch. »Wir legen sie einige Minuten hin, dann kommt sie wieder zu sich.«

»Und wenn es eine Gehirnerschütterung ist?« fragt Kathi. »Nein, nein, wir rufen doch lieber einen Arzt.«

»Das dauert zu lange, Kathi«, widerspricht Leipold. »Ist denn eine Klinik hier in der Nähe?«

»Ich lotse euch hin«, sagt Busch. Leipold trägt das immer noch bewußtlose Kind hinunter in den Wagen und bettet es auf den Rücksitz. Busch fährt mit seinem Wagen den Leipolds voran bis zum Krankenhaus.

Dort geht dann alles sehr schnell – wie ein wirrer Traum.

Der Arzt, der das Kind untersucht, wendet sich den Eltern zu und sagt: »Haben Sie nicht bemerkt, daß Ihre Tochter bereits tot ist?«

Stunden später. Heinz Leipold weiß nicht, wie er es geschafft hat, im dichten Sonntagsverkehr seine Frau und sich heimzufahren, in dem Wagen, dessen Rücksitz leer ist. Er erinnert sich noch undeutlich, daß sie Monika nicht mitnehmen durften.

Die eigene Wohnung kommt ihnen fremd und feindlich vor. Leipold hat die Tür zum Kinderzimmer geschlossen. Ruhelos läuft er auf und ab und blickt immer wieder auf seine Frau, die wie leblos im Sessel sitzt und vor sich hin starrt. Die wenigen Worte, die sie bisher gesprochen hat, waren voll quälender Selbstvorwürfe: »Ich habe zugelassen, daß sie sich auf den Stuhl stellte und an der Lampe herumspielte. Ich bin schuld, daß sie heruntergestürzt ist.«

Plötzlich steht Kathi auf. »Fahr mich zurück. Ich will Moni sehen.«

Es ist schon dunkel, als sie wieder im Krankenhaus eintreffen. Aber die Eltern können ihr Kind nicht mehr sehen. Es ist bereits ins Institut für Gerichtliche Medizin überführt worden.

»Ich laß mir doch mein Kind nicht zerschneiden!« ruft Kathi verzweifelt. Ein Arzt gibt ihr ein Beruhigungsmittel.

Am nächsten Morgen erscheint Kathi im Gerichtsmedizinischen Institut. Sie will die Obduktion untersagen. Man holt Dr. Walthari. Walthari bittet Frau Leipold in sein Zimmer. »Ich verstehe Ihre Gefühle, Frau Leipold. Aber Sie müssen auch uns verstehen.«

»Sie wollen nur an meinem Kind herumexperimentieren«, sagt Kathi eigensinnig.

»Aber das sind ja, entschuldigen Sie, geradezu mittelalterliche Ansichten, Frau Leipold. Sie sind Lehrerin, ein aufgeschlossener Mensch, denke ich. Verstehen Sie doch, daß wir wissen müssen, woran Ihre Tochter wirklich gestorben ist.«

»Ich habe sie getötet«, sagt Kathi stumpf, »ich bin schuld, daß sie gestürzt ist.«

»Der Sturz war bestimmt nicht die Todesursache.«

Frau Leipold horcht auf. »Nicht? Ich dachte, der Sturz – sicher Schädelbruch ...«

»Ich habe mir das Kind bereits äußerlich angesehen. Es war sicherlich kein Schädelbruch, sondern –«

Walthari steht auf. »Vielleicht verstehen Sie nun, daß es in Ihrem eigenen Interesse liegt, die wirkliche Todesursache zu finden und Sie von Ihren Selbstvorwürfen zu befreien.«

Dr. Walthari läßt Frau Leipold in der Wirrnis ihrer Gefühle zurück. Er hat bereits eine bestimmte Vermutung über die Todesursache bei Monika.

Vor Beginn der Obduktion untersucht er sorgfältig den Körper des Kindes. Schon vorher war ihm eine starke Blutstauung in den Venen der Gliedmaßen aufgefallen. Nun entdeckt er an der Kuppe des Zeigefingers eine kaum sichtbare, ovale, graubraune Hautveränderung. Er präpariert sie heraus, um sie unter dem Mikroskop zu untersuchen ...

Die anschließende Obduktion ergibt Blutstauung im Lungenkreislauf und ein starkes Lungenödem. Das sind Symptome, die verschiedenen Ursprung haben können und noch keine eindeutige Feststellung der Todesursache gestatten würden, läge nicht das Ergebnis der mikroskopischen Untersuchung des Hautstückes vor.

»Ihre Tochter ist nicht an den Folgen des Sturzes verstorben«, erklärt Dr. Walthari später der Mutter. »Als sie herunterfiel, lebte sie bereits nicht mehr. Oder sie stürzte zumindest als Sterbende herab. Der Tod erfolgte durch elektrische Energie.«

Frau Leipold fragte verständnislos: »Elektrische Energie? Aber woher denn elektrische Energie?«

»Ich weiß es noch nicht. Ich habe eine Strommarke an ihrem rechten Zeigefinger gefunden. Sie muß also irgendeinen Stromleiter berührt haben. Bitte überlegen Sie ganz ruhig: Befand sich in der Nähe des Kindes ein Kabel oder ein elektrisches Gerät?«

Frau Leipold denkt nach. Sie schüttelt den Kopf. »Nur eine Wandlampe. Sie war gerade anmontiert worden.«

»Und wo befindet sich die Lampe?«

»Ja, an der Wand. Über dem Heizkörper. Monika hatte sich auf den Stuhl am Heizkörper gestellt und an der Lampe herumgespielt.«

»Ich werde das überprüfen lassen, Frau Leipold. Es ist kein Trost für Sie, ich weiß, wenn Sie nun die wirkliche Todesursache Ihres Kindes kennen. Aber vielleicht finden Sie jetzt etwas innere Ruhe, wenn ich Ihnen versichere: Sie haben keine Schuld an diesem Unfall.«

Elektrosachverständige stellten fest, daß Herr Busch die Wandlampe unsachgemäß montiert hatte. Sie stand unter Strom. Die nackten Beine des Kindes hatten am Heizkörper gelehnt und waren dadurch in Erdverbindung gekommen. Als das Kind die metallene Lampe berührte, hatte sich der Stromkreis geschlossen.

Die zunehmende Elektrifizierung in allen Lebensbereichen und die damit verbundene Allgegenwart elektrischer Anlagen und Geräte bewirken, daß die elektrische Energie zu einer überall und jederzeit vorhandenen Gefahr wird. Viele Elektrounfälle verlaufen tödlich. Denn tödlich ist nicht nur, wie mancher meint, hochgespannter Strom. Gerade der niedergespannte Gebrauchsstrom verursacht die meisten Todesfälle.

Der Tod durch Elektrizität läßt sich oft bereits äußerlich an den sogenannten Strommarken erkennen. Sie entstehen, wenn elektrischer Strom in bestimmter Stärke in den lebenden Körper eindringt. Strommarken sind meist ein Abbild des elektrischen Leiters, mit dem der Körper in Berührung gekommen ist. Sie sind lokale Hautveränderungen, die durch die Hitzeeinwirkung des Stroms entstehen. Ihr rötlichbraunes Zentrum ist von einem grauweißen Wall umgeben. Sie sind meist mit bloßem Auge sichtbar, können aber auch mikroskopisch nachgewiesen werden.

Der Tod durch elektrischen Strom erfolgt dadurch, daß der menschliche Körper einen Stromkreis schließt. Entscheidend für die tödliche Wirkung ist nicht so sehr die Stromspannung als die Stromstärke, die bekanntlich in Ampere gemessen wird. Bereits 0,1 Ampere können tödlich sein. Welche Stromstärke aber beim Eintritt von Strom in den Körper entsteht, hängt nach dem Ohmschen Gesetz vom Widerstand ab, den der Körper ausübt. Er wechselt je nach den Bedingungen. Es ist ein Unterschied, ob der elektrische Leiter auf eine ausgedehnte Hautfläche einwirkt oder auf eine sehr kleine. Bei großflächiger Einwirkung, beispielsweise wenn sich der Körper in der Badewanne befindet, fehlen Strommarken zuweilen. Trockene Haut leitet weniger als feuchte. Auch die einzelnen Körpergewebe leiten besser oder schlechter. Sehr entscheidend für die Stromwirkung ist die Erdverbindung des Körpers: aus welchem Material die Schuhe bestehen, ob die Füße trocken oder feucht sind, ob es ein hölzerner Fußboden ist oder bloße Erde. Auch die Dauer der Stromeinwirkung spielt eine Rolle. Der Widerstand verändert sich bei längerer Einwirkung. Verkohlt das Gewebe, kann der Widerstand so groß werden, daß der Stromeintritt unterbrochen wird.

Elektrische Energie kann deshalb tödlich sein, weil der Strom den Weg des geringsten Widerstandes geht. Er bevorzugt Muskeln und Blutgefäße. Fast immer wird das Herz unmittelbar betroffen. Es kommt zu Herzversagen oder Gehirnlähmung.

Fall Nr. 2: Tödliche Masturbation

Vielgestaltig wie die Nutzung der elektrischen Energie sind die tödlichen Unfälle, die sie hervorruft. Mancher Unfall erscheint anfangs unerklärlich, wie beispielsweise der Tod eines Gitarristen, der während einer Show tot zusammenbrach. Erst die Strommarken an der Hand lösten das Rätsel seines plötzlichen Sterbens. Ein Defekt an der elektrischen Gitarre war die Ursache gewesen.

Noch merkwürdiger waren zwei andere Unfälle durch elektrischen Strom. Der erstere stieß einem Regenwurmsammler zu. Darüber berichteten Rechtsmediziner Prof. Dr. Schneider und sein Mitarbeiter Wessel.

Ein 32jähriger Mann wurde tot in seinem Garten aufgefunden. Er war nur mit einer Badehose bekleidet. Der Leichenschauarzt stellte fest, daß der linke Arm bereits totenstarr war. An der linken Hand fand er Strommarken. Da sich neben dem Toten ein Kabel befand, vermutete der Arzt einen nicht natürlichen Tod.

Die weitere Untersuchung ergab folgendes: Die Leiche wurde nahe einem Goldfischteich gefunden. Zwischen ihr und dem Teich lag ein etwa dreißig Meter langes Verlängerungskabel, dessen Stecker jedoch nicht mehr in der Steckdose im Haus steckte. An das Verlängerungskabel war ein Elektrokabel mit angeschweißtem Stecker und an dieses wiederum ein Metallstab einpolig angeschlossen. Die Verbindung zwischen Elektrokabel und Metallstab war mit Isolierband umwickelt. Nahe dem Toten befanden sich im Erdboden drei Löcher. Hier hatte der Mann den unter Strom stehenden Metallstab in die Erde gestoßen, um auf diese Weise Regenwürmer aus dem Erdreich herauszutreiben und fürs Angeln zu erbeuten.

Die Obduktion bestätigte die Vermutung eines Elektrotodes. In den inneren Organen und den Hirnhäuten fanden sich Blutstauungen. In der linken Hand gab es mehrere Strommarken. Die Haut dort war teilweise verschmort. Über die linke Gesichtshälfte zog sich in Richtung der Körperlängsachse eine neun Zentimeter lange Spur. Sie erwies sich nach mikroskopischer Untersuchung als eine Ansammlung kleinster Strommarken.

Die Obduzenten rekonstruierten den Unfall. Der Mann benutzte das selbstgebaute Regenwurm-Suchgerät, indem er den einphasig ans Stromnetz angeschlossenen Metallstab in die Erde steckte. Dabei rutschte die Hand von der schützenden Umkleidung durch das Isolierband ab und berührte das blanke Metall. Der Mann war barfuß, so daß der Strom über den Körper abfließen konnte. Er riß noch reflektorisch den Stab aus dem Erdboden und streifte dabei die linke Gesichtshälfte. Der linke Arm und die linke Hand wurden von tetanischen Muskelkrämpfen erfaßt. Die linke Hand schloß sich zur Faust, sie konnte sich nicht mehr vom Metallstab lösen. Herzkammerflimmern setzte ein und führte zu akutem Herzversagen. Die vom Leichenschauarzt bemerkte Leichenstarre am linken Arm erklärt sich dadurch, daß bei elektrischer Durchströmung die Muskulatur kontrahiert und die Totenstarre schneller als sonst eintritt.

Über einen noch ungewöhnlicheren Elektrotod berichtete Kriminaloberrat Schiermeyer aus Hannover. Er ist das tödliche Ende einer bizarren Masturbation.

Tot aufgefunden in seinem Bett wurde ein fünfundzwanzigjähriger Elektromonteur. Aus der Bettdecke ragte ein Kabel heraus. Unter der Bettdecke lag die Leiche. Die Hose des Schlafanzuges war bis zu den Knien herabgestreift, die Jacke bis zum Hals emporgezogen. Der Penis war leicht erigiert, an der Öffnung befand sich eingetrocknetes Sperma. Die Leichenstarre war schon vollständig ausgeprägt.

Die linke Hand des Toten ruhte auf der Brust und umklammerte einen zur Spirale gebogenen, zwei Millimeter starken Kupferdraht. An der Hand und auf der Brust fanden sich Strommarken. Ein weiterer Draht, der zu einer engen Schlinge geformt worden war, steckte tief im After. Die Drähte waren über einen Stufenschalter, einen Transformator und einen Regelwiderstand mit der Steckdose verbunden.

Es wurde festgestellt, daß beim eingeschalteten Regelwiderstand und der vorgefundenen Stellung des Stufenschalters ein Strom von etwa 150 mA den Körper durchfloß. Das war unter diesen Bedingungen eine tödliche Stromstärke.

Bei der Obduktion wurden auch Strommarken im Rektum gefunden.

Der elektrische Strom hatte Herzkammerflimmern verursacht. Der Tod war durch Herzstillstand eingetreten.

Warum der Verunglückte eine so seltsame Stimulierung zur Masturbation gewählt hatte, war nicht mehr festzustellen gewesen. Der Berichterstatter hält es für möglich, daß ihm die sogenannte Elektroejakulation bei Tieren als Vorbild diente. Diese Elektroejakulation wird zur Gewinnung von Samen für die künstliche Befruchtung vorgenommen. Der Eber beispielsweise wird zu diesem Zweck zuvor narkotisiert. Dann erfolgt bei allmählicher Steigerung von Stromspannung bei etwa 20 V und Stromstärke von 150 mA durch rhythmische Stromstöße die Ejakulation.

Tödliche Unfälle bei der Masturbation sind nicht so selten. Immer wieder berichten Gerichtsmediziner von Todesfällen bei autoerotischer Betätigung. So führt Selbstfesselung manchmal zu ungewollter tödlicher Strangulation. Auch die Drosselung der Luftzufuhr, die den sexuellen Kick verstärken soll, kann zum Tode führen, wenn sich der Masturbant eine Plastiktüte über den Kopf stülpt und am Hals zubindet.

Einen besonders makabren Anblick bot die Leiche eines Mannes, der auch infolge eines autoerotischen Unfalls ums Leben gekommen war. Er hatte mit erstaunlicher Geschicklichkeit seinen ganzen Körper mit schwarzem Klebeband umwickelt, sogar die Arme. Er glich einer schwarzen Mumie, deren Kopf mit einer Frisierhaube verhüllt war. Die Obduktion stellte Tod durch Ersticken fest. Ein Fremdverschulden konnte mit Sicherheit ausgeschlossen werden, da die Folienbänder nur die eigenen Fingerabdrücke enthielten.

Fall Nr. 3: Selbsthinrichtung

Der elektrische Stuhl steht nicht nur im fernen Amerika. Er steht mitten unter uns. Er steht dort als Hinrichtungsmaschinerie, die das Opfer selbst in Betrieb setzt.

Der elektrische Strom ruft nicht nur viele – meist vermeidbare – Unfälle hervor. Er wird auch zum Selbstmord benutzt, denn er ist für jedermann leicht zugänglich. Er scheint auch einen raschen Tod zu versprechen – was bekanntlich ein Irrtum ist, wenn man die Berichte vom qualvollen langen Sterben auf dem elektrischen Stuhl hört.

Elektroselbstmörder sind meist Männer, die etwas von Elektrizität verstehen oder beruflich damit zu tun haben. Deshalb sehen sie sich auch in der Lage, »todsichere« Vorrichtungen zu bauen, die ihnen einen raschen und sicheren Tod garantieren.

Vor einigen Jahren suchte ein Stuttgarter Hausbesitzer einen seiner Mieter auf, um rückständige Miete einzufordern. Da ihm der Mann nicht öffnete, verschaffte sich der Hauswirt selbst mit seinem Zweitschlüssel Eingang in die Wohnung. Der Mann lag tot im Bett. Ein Kabel hing unter der Bettdecke heraus.

Kriminalisten und Leichenschauarzt gelangten bald zur Gewißheit, daß ein Selbstmord vorlag. Die Leiche wies an der linken Schläfe und unterhalb der linken Brustwarze Strommarken auf. An beiden Schläfen, unterhalb beider Brustwarzen und in der linken Achselhöhle waren mit Klebestreifen Kabeldrähte befestigt, an denen die Isolierung entfernt war. Die Kabel endeten in einer elektrischen Weckuhr. Der Wecker war an eine Steckdose angeschlossen. Die zum Körper des Mannes führenden Drähte waren so in den Wecker eingebaut, daß der für eine bestimmte Zeit eingestellte Weckalarm den bis dahin unterbrochenen Stromkreis schloß. Am Abend hatte der Selbstmörder eine größere Zahl Schlaftabletten eingenommen und Bier getrunken. Als Stunden später der Wecker die Stromzufuhr auslöste, befand sich der Mann im tiefen Schlaf.

Der Selbstmörder war von Beruf Fernsehmechaniker gewesen. Er hatte sich selbständig zu machen versucht und war durch finanzielle Schwierigkeiten gescheitert. Schon Wochen zuvor hatte er seiner Schwester gesagt, er werde sich umbringen. Als sie erwiderte, das sei gar nicht so einfach, hatte er geäußert, das sei für ihn kein Problem.

Ricky Raimund scheint sechzehn Jahre alt zu sein, obwohl sein wirkliches Alter erst dreizehn ist. Der Gymnasiast gilt als hochbegabter Schüler, der mühelos eine Klassenstufe übersprungen hat. Seine Interessen sind vielseitig, sowohl naturwissenschaftlich technischer wie philosophisch-literarischer Art. Sein Vater hat ihm im Keller eine Hobbywerkstatt eingerichtet. Dort baut er sich elektrische Geräte zusammen, entwirft Schaltpläne, experimentiert. Aber Technik allein befriedigt ihn nicht. Er liest, stundenlang, nächtelang. Er liest, was Dreizehnjährige gewöhnlich nicht lesen. Er liest Bücher, die sich mit dem Sinn des Lebens beschäftigen, mit letzten Fragen der Menschheit. Woher kommen wir, wohin gehen wir, wo sind die Grenzen des Alls und die des Atoms. Wie ist das Universum geworden, wo ist Gott, hat Gott es erschaffen oder ist es aus sich selbst entstanden in ewigem Kreislauf? Was bin ich in dieser Unendlichkeit, fragt er sich dann, warum lebe ich? Was habe ich vom Leben zu erwarten? Er findet Antworten auf seine Fragen und findet sie doch nicht. Sie widersprechen einander. Er beginnt an der Schöpferrolle Gottes zu zweifeln und kommt schließlich zur Erkenntnis, daß Gott nirgends zu finden sei, weder in den Weiten des Weltalls noch in den unsichtbaren Bahnen des Elektrons. Er ist an einem Punkt angelangt, wo das Leben jedes Geheimnis verliert. Der Junge ist zu einem uralten Menschen geworden, der nichts mehr fragt, nichts mehr erforschen will, weil nichts mehr wert ist, ergründet zu werden. Das äußert er einmal im Schulunterricht. Aber eine solche Äußerung ist zu unstatthaft für einen Dreizehnjährigen, sie wird nicht weiter beachtet. Und selbst eine Erwiderung, eine Widerlegung gar, wie auch immer, hätte wohl in diesem Zustand nichts bewirkt.

Eines Nachmittags geht Ricky Raimund wie immer in seinen Hobbykeller. Er sucht sich aus seinen Materialkisten einige Metallplatten heraus und lötet die blanken Enden von Kupferdrähten auf die Platten. Er bastelt sich einen Schalter, auf dem er sorgfältig mit Klebeetiketten die Stellung EIN/AUS vermerkt. Währenddem beschleicht ihn wohl ein leiser Zweifel an der Wirksamkeit des elektrischen Stroms. Er nimmt ein starkes Kabel, zieht es durch eine hoch an der Wand befestigte Metallschiene und knüpft eine Schlinge. Er zieht sich das Hemd aus, klebt die Metallplatten mit Heftpflaster auf der bloßen Haut hinter einem Ohr, auf der Schulter und über dem Herzen fest. Die Platten sind in einer Reihe geschaltet. Er zieht mehrere blanke Drähte über den Oberkörper und verknotet sie miteinander. Die Brust gleicht einem verschnürten Paket. Noch ist der Schalter in der Stellung AUS. Er nimmt ihn in die linke Hand und befestigt ihn ebenfalls mit Klebestreifen. Er stellt die Verbindung zur Steckdose her. Er tritt an die Wand zur Kabelschlinge und legt den Kopf in die Schlinge. Dann schaltet er die Stromzufuhr ein.

Vier Stunden später findet ihn der Vater. Der Tote lehnt in Hockstellung an der Wand, den Kopf in der Schlinge.

Die Obduktion bestätigt nur, was auf den ersten Blick schon sichtbar gewesen war: Strommarken unter den Metallplatten, Strangulierungsfurche am Hals.

Das gerichtsmedizinische Gutachten spricht von kombiniertem Selbstmord, Tod infolge Herzversagens durch elektrischen Strom.

Fall Nr. 4: Elektromörder ohne Chance

Es ist ein Juniabend 1956. Vor einem Milchgeschäft einer bayrischen Kleinstadt hält der Krankenwagen. Nachbarn stehen am Fenster. Die Krankenträger sind nicht lange im Haus. Bald kommen sie mit der Trage heraus.

Frau Angermeier liegt darauf, bewegungslos, mit geschlossenen Augen. Jeder kennt die energische Fünfzigerin, die tagsüber hinter dem Ladentisch steht. Jeder kennt auch ihren Mann, der ebenfalls aus dem Haus tritt.

»Um Himmels willen, was ist denn passiert?« ruft eine Nachbarin aus dem Fenster.

Der Mann mit dem stark gelichteten Haar blickt hinauf. »Ein Unfall. Beim Baden. Verbrennungen. Schrecklich!« Dann steigt er in den Krankenwagen.

In der Klinik stellt der Arzt fest, daß Frau Angermeier tot ist.

Er untersucht gründlich die Leiche. Man hat ihm gesagt, es handele sich um einen Unfall. Ein Topf mit kochendheißem Wasser sei auf die Frau gefallen, als sie in der Badewanne saß. Die Tote hat Verbrennungen auf dem Rücken. Der Arzt fragt sich, wie Verbrennungen auf dem Rücken entstehen können, wenn man mit dem Rücken im Wasser liegt. Außerdem erscheinen ihm die Verbrennungen nicht so schwer, daß sie den Tod verursacht haben könnten. Der Arzt informiert die Kriminalpolizei.

Am nächsten Morgen suchen zwei Kriminalbeamte Angermeier auf. Sie lassen sich in die Küche führen, wo der Unfall passiert ist. Der Milchhändler berichtet: »Meine Frau wollte baden. Ich habe deshalb die Badewanne wie immer in der Küche aufgestellt.«

»In der Küche?« wundert sich einer der Beamten. »Die alte Zinkwanne dort?«

»Dieselbe.«

»An welcher Stelle?«

»Hier, zwischen Küchentisch und Gasherd. Auf dem Gasherd habe ich das Wasser heiß gemacht, in dem großen Einkochtopf, den wir dazu immer benutzen. Als das Wasser warm war, habe ich einen Teil in die Wanne gegossen. Den Rest ließ ich im Topf und stellte ihn wieder auf die Flamme, damit das Wasser heiß blieb. Ich wollte anschließend auch noch baden.«

»Waren Sie in der Küche, als Ihre Frau in der Wanne lag?«

»Ja, am Tisch hier. Ich reparierte die elektrische Wanduhr.«

»Und wie kam es nun zu dem Unfall?«

»Meine Frau wollte ein Glas Apfelsaft haben. Ich ging in den Laden hinaus, um eine Flasche zu holen. Als ich in die Küche zurückkam, lag meine Frau im Wasser, mit dem Gesicht nach unten. Auf ihrem Rücken lag der Wassertopf. Ich rief, was ist denn los, aber sie stöhnte nur und gab keine Antwort. Ich glaube, das Wasser war kochendheiß gewesen, als ich in den Laden ging. Wahrscheinlich wollte sie heißes Wasser nachgießen, ist ausgerutscht und hat den Topf heruntergerissen. Ich zog meine Frau aus der Wanne und rief die Sanitätskolonne.«

Bei der polizeilichen Leichenschau werden auf dem Rücken der Toten Verbrühungen festgestellt. Außer den Brandwunden finden sich auf dem Rücken noch zwei andere Spuren, für die es im Augenblick keine Erklärung gibt. Wie mit einem Stempel aufgedrückt, zeigt die Haut mehrere teils längliche, teils runde Eindrücke.

Für die länglichen Spuren ergibt sich bei der Besichtigung des Unfallortes bald eine Erklärung. Sie stimmen mit den erhöhten Stegen des Gasherdringes in Form und Größe genau überein. Auf Befragen erklärt Angermeier, er habe einen solchen Herdring in der Badewanne gefunden. Wahrscheinlich sei er sehr heiß gewesen und mit dem Topf auf den Rücken seiner Frau gefallen. Das erscheint natürlich völlig unglaubhaft. Wie kann ein versehentlich vom Gasherd heruntergerissener Topf zugleich mit dem Gasherdring jemandem auf den Rücken fallen?

Die Kriminalpolizei veranlaßt eine gerichtliche Obduktion. Der vorläufige Befund enthält zwei wichtige Hinweise:
1. Es liegt kein natürlicher Tod vor.
2. Die Todesursache läßt sich noch nicht eindeutig feststellen.

Die in Gruppen angeordneten Hautveränderungen können Strommarken sein. Diese und vielleicht auch das Lungenödem deuten darauf hin, daß der Tod durch elektrische Energie verursacht worden ist. Das Gutachten weist noch auf eine weitere Spur hin. An der Außenseite der Arme, parallel zum Körper, finden sich blasse Streifen, die von bläulichen Rändern begrenzt sind. Sie setzen sich an beiden Körperseiten über die Beine bis zu den Füßen fort.

Bald ist auch der Ursprung dieser Streifen erklärt. Unter dem Mikroskop zeigt die Zellstruktur des Gewebes die typische Einschmelzungsveränderung, die elektrischer Strom hervorruft. Diese blaßblauen Streifen sind also ebenfalls Strommarken. Sie waren entstanden, weil das Wasser in der Badewanne unter Strom gesetzt wurde, und entsprechen dem Verlauf der Wasseroberfläche am Körper der Frau.

Die Kriminalpolizei untersucht nun nochmals die Wohnküche. Sie entdeckt dabei eine Zelluloidplatte, an der drei Schrauben befestigt sind. Zwei der Schrauben sind mit dem einen, die dritte Schraube ist mit dem anderen Pol der Lichtleitung durch einen Draht verbunden. Angermeier wird erneut verhört. Bei jedem Verhör ist ein Gerichtsmediziner anwesend, der Angermeiers Aussagen kontrolliert.

Den Zweck der Zelluloidplatte erklärt Angermeier folgendermaßen: »Ich reparierte die Wanduhr, als meine Frau in der Wanne lag. Da es eine elektrische Uhr ist, brauchte ich diese Platte dazu.«

Der Gerichtsmediziner zeigt dem Mann ein Foto vom Rücken der Toten. »Sehen Sie sich doch einmal die Anordnung dieser drei Strommarken an. Und dann vergleichen Sie sie mit der Lage der Schrauben auf der Zelluloidplatte. Beides deckt sich.«

Lange starrt Angermeier auf das vergrößerte Foto der Strommarken. Dann blickt er auf. »Ja, da wollen Sie jetzt also wissen, wie es wirklich gewesen ist. Na schön. Am Abend lag meine Frau in der Badewanne. Ich reparierte die Uhr. Es kam wieder mal zu einem Streit. Wie immer ums Geld. Da wird meine Frau zur Furie. Sie brachte mich so in Wut, daß ich dachte, jetzt ist es genug, jetzt verpaßt du ihr mal einen ordentlichen Denkzettel. Ich nahm meine Zelluloidplatte und drückte sie ihr auf den Rücken. Es sollte ihr so richtig weh tun. Na ja, sie hat ja auch ganz schön geschrien...«

Er bricht ab, spricht aber gleich ruhig weiter: »Dann ist sie ins Wasser zurückgefallen. Ich bekam Angst und rief den Krankenwagen.«

»Und wie kam es zu den Brandwunden auf dem Rücken Ihrer Frau?«

»Ich dachte, man könnte sehen, daß ich ihr die Platte auf den Rücken gedrückt hatte, deshalb habe ich später heißes Wasser darübergeschüttet, um die Eindrücke zu verwischen. Und außerdem habe ich auch noch den heißen Herdring dazu benutzt.«

Mit Hilfe der gerichtsmedizinischen Beweise ist dem Täter ein erstes Geständnis abgerungen worden. Der scheinbare Unfall hat sich als Tötung herausgestellt. Aber noch ist die Frage unbeantwortet: Hat Angermeier seine Frau leichtsinnig und brutal mißhandelt oder hat er sie bewußt getötet?

Fahrlässige Tötung erscheint unwahrscheinlich, Angermeier hat früher jahrelang als Elektriker gearbeitet. Er ist also mit elektrischen Geräten und der Wirkung von Elektrizität vertraut. Er muß wissen, daß eine Stromspannung von 220 V einen Menschen, der im Wasser liegt, tötet. Wie aber läßt sich nachweisen, daß er den Tod seiner Frau geplant und vorbereitet hatte?

Diesen Beweis erbringen die Gerichtsmediziner und Kriminalisten gemeinsam. Der Direktor des Gerichtsmedizinischen Instituts, das mit der Untersuchung des Falles betraut wurde, hat einen eigenartigen Einfall. Er bittet die Kriminalpolizei nachzuforschen, ob Angermeier Haustiere halte.

Angermeier gibt zu, bis vor kurzem zwei Hunde besessen zu haben. Der eine sei ihm eingegangen, der andere überfahren worden. In weiteren Verhören verwickelt er sich in Widersprüche und muß schließlich zugeben, an beiden Tieren Stromversuche vorgenommen zu haben. Dabei hatte er die Hunde in ein mit Wasser gefülltes Becken gestellt und ihnen die unter Strom gesetzte gleiche Platte auf den Körper gedrückt. Das war die Probe für den Mord an seiner Frau. Vorsatz und Vorbereitung waren erwiesen, die im Verlauf der weiteren Ermittlung noch durch andere Indizien bekräftigt wurden.

Die Ehe der Angermeiers war zerrüttet. Die Frau hatte die Führung des Geschäftes an sich gerissen und hielt ihren Mann finanziell sehr kurz. Er aber brauchte Geld für seine Geliebte.

Die Gerichtsmediziner können auch die Behauptung des Täters widerlegen, er habe die Platte nur kurz auf den Rücken der Frau gedrückt. Damit ist die Handlung im Affekt ausgeschlossen. Ein Elektrosachverständiger weist nach, daß die Zelluloidplatte zur Reparatur einer elektrischen Uhr untauglich ist. Also hatte der Täter sie griffbereit auf den Tisch gelegt. Außerdem findet derselbe Experte an der Badewanne Reste einer Erdung. Dadurch hatte der Mörder höchste Stromwirkung zu erzielen versucht.

Der Tod im Abendmahlskelch

Wessen Hände reichten Papst Clemens II. den Abendmahlskelch, wenn er das Hochamt zelebrierte? Wessen Augen starrten ihn verstohlen an, wenn er den Wein trank? Wer wußte, daß der Papst mit jedem Schluck dem Tod immer sicherere Wohnung in seinem Körper gab? Clemens II. starb 1047. Legende und Historiker berichteten, der Papst sei vergiftet worden.

Es war die Zeit, als die deutschen Kaiser Italien unterwerfen wollten. Um ihre Macht zu festigen, versuchten sie, sich ihre heftigste Widersacherin, die Papstkirche, gefügig zu machen. Sie wollten solche Bischöfe als Päpste haben, die die Politik der deutschen Kaiser unterstützten.

Kaiser Heinrich III. hatte 1046 auf der Synode von Sutri drei Päpste abgesetzt. Er zwang den Italienern einen deutschen Bischof, seinen treuen Gefolgsmann Heinrich von Bamberg, als Papst Clemens II. auf. Zehn Monate später war Clemens tot.

Zwei Jahre danach setzte Heinrich III., wiederum gegen den Willen der Römer, einen ihm genehmen Bischof als Papst ein. Dieser residierte als Damasus II. nur wenige Wochen. Dann starb auch er. Und das Gerücht wollte nicht verstummen, beide deutsche Päpste seien vergiftet worden.

Mehr als neunhundert Jahre später, im Jahre 1957, wurde der Sarkophag des Papstes Clemens II., der in seiner früheren Residenz Bamberg bestattet worden war, im Dom zu Bamberg entdeckt. Historikern, Gerichtsmedizinern und Toxikologen bot sich die seltene Gelegenheit, eine geschichtliche Legende mit naturwissenschaftlichen Mitteln zu überprüfen. Natürlich war die Aussicht, die Wahrheit der Legende festzustellen, nur gering. Seit dem Tode des Papstes war fast ein Jahrtausend vergangen. Die Toxikologen hätten keine Chance, ein organisches Gift wie Belladonna oder Opium nachzuweisen, das wäre restlos zerstört gewesen. Sollte dagegen ein metallisches Gift benutzt worden sein, Arsen beispielsweise oder Quecksilber, dann gab es unter Umständen eine geringe Hoffnung, seine Spuren zu entdecken. Zwar war bekannt, daß man bei exhumierten Toten auch noch nach langer Zeit metallische Gifte nachweisen konnte. Aber nach mehr als neunhundert Jahren?

Der steinerne Sarkophag enthielt nur noch spärliche Überreste. Die Experten stellten einige mumifizierte Gewebeteile, eine Rippe, einige Kopfhaare, mehrere Knochenreste, ein paar vermoderte Fetzen Seidenstoff und ein Stückchen Leder sicher. Das Untersuchungsmaterial war gering, aber der notwendigen Tests viele. Das aus Kriminalisten, Chemikern und Gerichtsmedizinern bestehende Team mußte rationell und systematisch vorgehen.

Die Kopfhaare waren in einer verharzten Balsamschicht eingebettet und noch relativ gut erhalten. Die Suche nach Blutfarbstoff in den mumifizierten Gewebeteilen und nach der Zellstruktur des Gewebes verliefen ergebnislos. Die Kippe erwies sich als die linke zwölfte Kippe. Für die Toxikologen war es besonders günstig, daß ihnen mit der Kippe ein Knochen zur Verfügung stand. Denn metallische Gifte, die der Körper in größerer Menge aufnimmt, werden nicht völlig ausgeschieden, sondern eingelagert, und zwar in den Geweben, hauptsächlich aber in den Knochen. Sie sind für metallische Gifte das günstigste Speicherorgan. Bei Vergifteten findet sich dort eine zwanzig- bis fünfzigfach höhere Konzentration des Giftes als in den übrigen Geweben.

Weiterhin war es vorteilhaft für die Untersuchungen, daß der Papst einbalsamiert und dafür ein Harz verwendet worden war. Die Harzstoffe bildeten eine undurchlässige Schicht. Sie verhinderte das Auswässern des Giftes, aber auch das nach dem Tode mögliche Eindringen von Gift, zum Beispiel aus dem Farbstoff von Kleidungsstücken. Allerdings enthielten die Reste des Seidengewandes und des Lederriemens keine Spuren eines metallischen Giftes.

Die Rippe und die mumifizierten Gewebeteile wurden nun mit Hilfe verschiedener chemischer und physikalischer Verfahren auf metallische Gifte untersucht. Der Marsh-Test auf Arsen, ebenso die Tests auf Quecksilber und Antimon – die häufigsten Gifte im Mittelalter – verliefen negativ. Aber beim Test auf Blei zeigte sich bereits in der spektrographischen Vorprüfung ein hoher Bleigehalt im Kippenknochen. Damit war die Einnahme von Gift bestätigt. Nun mußte die Giftmenge genauer bestimmt werden.

Die stark geschrumpfte Kippe wog nur noch zwei Gramm. Die quantitative spektrographische Untersuchung erbrachte einen Bleigehalt von insgesamt 1 Milligramm Blei. 100 Gramm lufttrockene Kippensubstanz wurden 50 Milligramm Blei enthalten. Das wäre eine absolut tödliche Konzentration.

In zweihundertfacher Vergrößerung konnte durch einen neuentwickelten Schwermetallnachweis im Sulfid-Silberverfahren das Blei fotografisch im Kippenknochen sichtbar gemacht werden. Das Gift zeigte sich auf dem Bild als dunkler breiter Saum nach der Außenseite der Kippe zu. Es ist ausgeschlossen, daß eine so große Menge Blei erst nach dem Tode in den Körper gelangte. Außerdem waren Einbalsamierungsstoffe, Gewänder und Sarkophag völlig bleifrei. Deshalb stand nun mit Sicherheit fest: Clemens II. ist an einer Bleivergiftung gestorben.

Soweit die chemisch-toxikologischen und gerichtsmedizinischen Gutachten. Ob Clemens ermordet worden ist, konnten sie natürlich nicht mit völliger Sicherheit sagen. Eine unbeabsichtigte Vergiftung konnte nicht von vornherein ausgeschlossen werden.

Sie wäre möglich, wenn Clemens längere Zeit Wein aus bleiernen Bechern und Speisen von bleiernen Tellern zu sich genommen hätte. Die Entscheidung also, ob Mord oder natürlicher Tod durch schleichende Vergiftung vorlagen, konnte dem medizinisch-toxikologischen Gutachten nicht entnommen werden. Dazu war es nötig, die außerhalb der naturwissenschaftlichen Untersuchung liegenden historischen und sozialen Umstände zu berücksichtigen.

Da wäre zuerst das Gift selbst, das Blei. Im römischen Altertum und im Mittelalter spielte es als Mordgift eine nicht geringe Rolle, vor allem das Bleiazetat, das wegen seines süßen Geschmacks auch »Bleizucker« genannt wurde. Da metallische Gifte, wenn sie entsprechend dosiert werden, eine schleichende Wirkung haben, konnten die fachkundigen Giftmischer, die meist in politischem Auftrag handelten, den voraussichtlichen Tod ihres Opfers bis fast auf den Tag genau berechnen. Die neun Monate zwischen der Einsetzung des

Papstes und seinem Tod hätten für eine regelmäßige Gabe in unmerkbaren Mengen ausgereicht.

Das politische Tatmotiv ergab sich aus dem Machtkampf zwischen dem römischen Klerus und dem deutschen Kaiser. Gerüchte im Volk und Bemerkungen damaliger Geschichtsschreiber wären ein zusätzliches Verdachtsmoment, ebenso der zwei Jahre später gleichfalls überraschende Tod des Papstes Damasus II.

Dieser in der Geschichte der Toxikologie wohl einzigartige Fall zeigt, daß der Giftmord meist sehr eng mit den gesellschaftlich-sozialen Verhältnissen verflochten ist. Je geringer der medizinische und chemische Wissensstand war, desto erfolgreicher war der Mord durch Gift. Denn die besondere Wirkung des Giftes als einer unblutigen und scheinbar spurenlosen Mordwaffe erlaubte und erlaubt es, den Mord als natürlichen Tod zu tarnen. Die chronische Bleivergiftung zum Beispiel verursacht Appetitlosigkeit, Gewichtsverlust und Blutarmut. Was lag näher, als sie für eine Krankheit zu halten, die ein ähnliches Bild zeigte, für »Bleichsucht« also oder »Auszehrung«? Hinter diesen vagen Diagnosen, die sich in alten Texten und Berichten finden, verbirgt sich so mancher Giftmord. Bei keinem Verbrechen ist die Dunkelziffer so hoch wie beim Giftmord.

Ist jedoch ein scheinbar natürlicher Tod erst einmal als Vergiftung bekannt, bleibt heute dem Mörder keine Chance mehr. Die Obduktion entdeckt die Wege des Giftes im menschlichen Körper – unter Umständen selbst noch nach einem Jahrtausend.

Sein wie ein Vogel

Er wollte sein wie ein Vogel: fliegen können, überall sein und nirgends. Der Schwere enthoben, dem Wind ein Spiel, flüchtig und mächtig darum – ungreifbar.

Und es gab geheimen Ratschlag, ein aberwitziges Rezept: »Willst du seyn einem Vogel gleich, must du von dir werffen die Schwerniß von drei Malen drei Leben. Also wer da neun Weiber gehapt, der wird seyn wie ein Vogel.«

Als er seine sechste Frau getötet hatte, wurde ihm der mörderische Aufstieg in eine magische Existenz versperrt. Ein Arzt gebot dem Zauberer Einhalt.

Der Arzt hieß Franz Xaver Wegartshofer, der Zauberer Bartholomäus Rainer, und das Jahr ihrer Begegnung war 1786.

Es gibt Giftmörder, die eine sozusagen klassische Größe errungen haben – was entweder ihren sozialen Rang, das Ausmaß ihrer Taten oder die Gefühllosigkeit ihres Vorgehens betrifft: die Borgias, die Brinvillier, die Anna Margaretha Zwanziger, die Marie Lafarge und die Gesche Brockmann. Meist sind es Frauen, die mit Gift morden. Der Mörder Rainer ist in der Geschichte des Giftmordes unbekannt gewesen. Um die Jahrhundertwende entdeckte der Grazer Professor Byloff seinen Namen in der Vergessenheit der Archive. Was den Giftmörder Rainer am meisten von seinesgleichen unterscheidet, ist das Motiv seiner Morde.

Es war kein politischer Mord wie bei Clemens II.

Es war kein Mord aus Gewinnsucht wie bei der Brinvillier.

Es war kein Mord aus Eifersucht oder aus Haß.

Es war ein mythologischer Mord.

Und es war zugleich der Versuch eines perfekten Verbrechens. Denn Rainer hatte sich dafür eine Methode ausgedacht, bei der sich die Heimtücke eines Giftmordes nochmals widerwärtig steigerte.

Bartholomäus Rainer war achtundsechzig Jahre alt, als seine sechste Frau am 4. Juli 1786 starb. Er lebte damals in Großlobming in der Steiermark und galt als wohlhabender Bauer. Seit einiger Zeit gingen Gerüchte über diesen Mann um, der bereits fünf Ehefrauen überlebt hatte. Es hieß, er sei ein Zauberer, der sich mit geheimen Dingen beschäftige. Manche bezichtigten ihn auch böser Taten. Die Behörden sahen jedoch keinen Anlaß, dein Verdacht gegen den Großbauern nachzugehen.

Doch nach dem plötzlichen Tod seiner sechsten Frau wuchs die Unruhe unter der Bevölkerung derart, daß der Landgerichtsverwalter eingreifen mußte. Er beauftragte den Chirurgen Franz Xaver Wegartshofer, die Verstorbene zu obduzieren.

Wegartshofer befragte zunächst den Bauernarzt Heinrich Müllner, der Frau Rainer behandelt hatte, nach ihrer Krankheit. Müllners Auskunft konnte ihn nicht zufriedenstellen. Müllner sagte, er sei sich nie so recht über die Krankheit der Frau Rainer klargeworden. Sie habe häufig laxiert und Unreinigkeiten wie kleine schwarze Bröcklein gezeigt. Er habe ihr Beruhigungsmittel und Fliedertee verabreicht.

Wegartshofer ahnte Schlimmes. Die »kleinen schwarzen Bröcklein« waren ohne Zweifel Blut. Bei der Obduktion entdeckte er in der Gebärmutter der Toten ein Stück bedrucktes Papier, an dem sich noch Reste eines grauweißen Pulvers befanden.

»Das war der merkwürdigste Fund meines Lebens«, berichtete Wegartshofer. »Außerdem stellte ich fest, daß die Schleimhäute des Uterus stark entzündet waren. Hatte die mechanische Reizung durch das Fetzchen Papier die Entzündung verursacht oder das Pulver sie hervorgerufen? Was aber war das für eine Substanz, und wie war sie in die Gebärmutter gelangt?«

Wegartshofers Verdacht ging bereits in eine bestimmte Richtung. Zur Sicherheit zog er zwei weitere Gutachter hinzu. Er bat den Kreisarzt und den Landschaftsapotheker, die am Papier haftenden Klümpchen zu analysieren.

Die Analyse bestätigte seine Vermutung: Das Pulver war weißes Arsenik. »Wir fanden«, so heißt es im Protokoll, »nach trockener Waage eine Menge von elf Gran.« Das entspricht etwa einem reichlichen halben Gramm und ist eine tödliche Menge.

Deshalb kamen die Gutachter zu folgendem Schluß: »Dieses arsenicum hat in der äußerst empfindsamen Gebärmutter der Inquisentin alle Zuckungen, Krämpfungen und Convulsionen erregt und immer vermehrt, worauf der schnelle Tod des so vergifteten Weibes notwendig erfolgt ist.«

Rainer wurde verhaftet. Er hatte geglaubt, unantastbar zu sein. Und ebenso sicher war er gewesen, niemand könne entdecken, wie raffiniert er seine Morde begangen hatte. Wer sich so sicher fühlte wie er und plötzlich all seine vermeintliche Klugheit als Irrtum begreift, hat meist nicht mehr viel

Widerstandskraft. Er gestand, seine letzte und vier seiner früheren Frauen ermordet zu haben. Allmählich rang er sich auch dazu durch, die Einzelheiten seiner Verbrechen zu gestehen. Die Geschichte eines zwiespältigen Lebens enthüllte sich. Hinter altväterlicher Wohlanständigkeit versteckte sich Machtgier. Er sah den Mord als sein selbstverständliches Recht an, denn er glaubte sich zu Außerordentlichem, Übermenschlichem berufen.

Mit zwanzig Jahren hatte er zum ersten Mal geheiratet. Nachdem ihm seine Frau das elfte Kind geboren hatte, entschloß er sich, sie zu töten. Sie lag noch im Wochenbett, als er ihr Arsenik in die Suppe streute. Sie bekam Kolik und Erbrechen. Der Tod einer Wöchnerin war damals zu alltäglich, um Mißtrauen zu erregen. Außerdem hatte Rainer keinen Arzt hinzugezogen.

Noch im selben Jahr heiratete er wieder. Wenige Tage nach der Geburt eines Kindes vergiftete er auch seine zweite Frau. Ob er auch die dritte umgebracht hat, läßt sich aus den Akten nicht mehr ersehen. Rainer behauptete, sie sei eines natürlichen Todes gestorben. Um seine vierte Frau zu töten, wartete er einen ihm günstig erscheinenden Zeitpunkt ab. Die Frau wurde eines Tages krank und bekam Fieber. Rainer ließ den Wundarzt kommen, der ihr eine Arznei in Pulverform verschrieb. Rainer mischte Arsenik in das Medikament. Nach zwei Tagen war seine Frau tot. Bereits wenige Monate später schloß Rainer zum fünften Male die Ehe und bereitete seinen vierten Mord vor. Es sieht so aus, als heiratete er jetzt nur noch, um morden zu können. Er war nicht mehr so geduldig wie bisher, wartete nicht mehr jahrelang, um günstige Umstände zu finden. Bereits im folgenden Jahr mußte seine fünfte Frau sterben.

Damals kamen ihm wahrscheinlich erste Bedenken, ob die Dorfbewohner den plötzlichen Tod seiner Frauen weiterhin ohne Mißtrauen zur Kenntnis nehmen würden. Wie sollte er dann den Serienmord weiterführen? Noch mußte er vier Frauen töten. Vom Giftmord wollte er nicht abgehen, den hatte er bisher mit gutem Erfolg praktiziert. Aber seine Furcht ging in eine andere Richtung. Angenommen, der Verdacht gegen ihn würde wachsen und zu einer Untersuchung des nächsten

Opfers führen – würde man dann nicht unweigerlich das Arsenik finden? Natürlich nur dann, dachte Rainer, wenn es noch im Magen des Opfers war. Wo sonst als im Magen würden es die Ärzte suchen? Also mußte das Gift auf einem anderen Weg in den Körper der Frau gelangen. Er verpackte das Arsenik in Papier, umwickelte es mit einem Faden und stieß es eines Nachts während des Geschlechtsverkehrs mit dem Penis tief in die Vagina hinein. Am nächsten Tag reiste seine Frau, wie schon seit langem festgelegt, zu einem Besuch ihrer Eltern. Dort erkrankte sie, wurde mehrmals ohnmächtig und starb zwei Tage später unter heftigen Krämpfen.

Der Totenfrau fielen schwärzliche Verfärbungen am Unterleib der Toten auf. Sie rief einen Bader und fragte ihn um Rat. Aber der meinte, die Frau sei am »Brand« gestorben, da hätten die Flecken nichts zu bedeuten.

Wenige Wochen nach der Beerdigung heiratete Rainer erneut und tötete seine sechste Frau auf die gleiche Weise.

Das war sein letzter Mord. Der »Zauberer«, der sich seit Jahren seine Fingernägel nicht mehr beschnitten hatte, damit sie sich einrollten wie die Krallen eines Falken, der neun Frauen überleben wollte, um zu werden wie ein Vogel, war zur Strecke gebracht.

Jahrtausendelang wurden zu Giftmorden vorwiegend metallische Gifte wie Blei und Arsenik benutzt, und bis weit ins 19. Jahrhundert hinein stand in der Statistik der Giftmorde Arsenik an erster Stelle. Es ist geruchs- und geschmacklos und begünstigt daher die unbemerkte Gabe: In der Regel wirkt es nicht sofort, sondern erst nach Stunden oder sogar Tagen. Hohe Mengen allerdings führen rasch zum Tod. Das Zentralnervensystem wird gelähmt,. Krämpfe, Kollaps, Atemstillstand sind die Folge. Diese Symptome können auch bei epidemischen Krankheiten auftreten, bei der Cholera beispielsweise. Deshalb wurde früher die Arsenikvergiftung so manches Mal mit ihr verwechselt. Solange der chemische Giftnachweis für Arsenik unbekannt war, ließen sich nur selten direkte Beweise für eine Vergiftung finden. Im dritten Kapitel werden wir uns nochmals mit den historisch bedingten Schwierigkeiten des Arseniknachweises beschäftigen.

Arsen wurde aber nicht nur als Mordgift verwendet. Es hat auch schwere und tödliche Unfälle hervorgerufen, die zuweilen zu falschem Mordverdacht führten.

Im Jahre 1912 wurde ein Mann in eine Berliner Klinik eingeliefert, der an einer Darmerkrankung zu leiden schien. Er hatte starke Durchfälle. Deshalb vermuteten die Ärzte eine epidemische Erkrankung. Der zweiunddreißigjährige Patient war bereits sehr abgemagert. Bei der Untersuchung wurde nicht nur ein schwerer Darmkatarrh, sondern auch noch eine Anämie festgestellt. Im Laufe von zwei Wochen besserte sich der Zustand des Kranken jedoch so, daß er wieder nach Hause entlassen werden konnte. Wenige Tage später mußte er erneut in der Klinik aufgenommen werden, weil ein schwerer Rückfall eingetreten war.

Innerhalb von zehn Tagen erholte sich der Patient abermals und verließ die Klinik. Kaum zu Hause, traten dieselben Krankheitserscheinungen wieder mit solcher Heftigkeit auf, daß Professor L. Kuttner, der den Patienten seit Beginn beobachtet hatte, den Kranken in ein Spezialsanatorium einwies. Wiederum besserte sich dort sein Zustand, wiederum verschlechterte er sich zu Hause.

Kuttner forschte nach, ob die Ursache der Krankheit in der Wohnung des Patienten zu finden sei. Wirkte sich irgend etwas in der Wohnung schädlich auf das Verdauungssystem aus? Kuttner ließ auch die Tapeten untersuchen. Sie erwiesen sich als stark arsenhaltig.

Damals sprach man häufig von solchen »Todeszimmern«. Viele Arbeiterwohnungen waren feucht und modrig. Die Chemieindustrie benutzte Arsen für die Farbenherstellung. Vermengt man das damals häufig verwendete »Schweinfurter Grün« mit Tapetenkleister, so entwickelt diese Mischung in feuchten Räumen unter Mitwirkung bestimmter Schimmelpilze eine gasförmige Arsenverbindung. Das Einatmen flüchtigen Arsenwasserstoffs führt infolge Blutkörperchenzerfalls zum Tode. Wie oft mag damals dieser Tod durch die Verlegenheitsdiagnose »Blutarmut« und »Bleichsucht« kaschiert worden sein.

Der Berichterstatter aus dem Jahre 1915 ließ keinen Zweifel, worin er die Ursache vieler solcher Todeszimmer-Fälle sah. Er verwies darauf, daß die chemische Industrie trotz des 1887 erlassenen Verbotes sowohl bei der Herstellung von Gebrauchsgegenständen, Farben und Schädlingsbekämpfungsmitteln als auch bei der Produktion von Nahrungsmitteln weiterhin Gifte verwendete. Und Professor Kuttner schrieb aus seiner medizinischen Sicht, »daß viele rätselhafte Erkrankungen ... auf das Gift zurückzuführen sind, während der Patient und der behandelnde Arzt die auftretenden Symptome nach anderen Richtungen hin bewerten und im dunkeln tappen.«

Die Nikotinmörder

Hätte sich der Fall des Grafen de Bocarmé nicht tatsächlich zugetragen, könnte man ihn für einen romantischen Schauerroman halten. Und es ließe sich auch keine bessere Kulisse für diese Mordtat ausdenken, als sie das belgische Schloß Bitremont bietet. Solche Schlösser mögen Doré zu seinen düsterfantastischen Zeichnungen für Balzacs TOLLDREISTE GESCHICHTEN angeregt haben. Ein bleiern wirkender versumpfter See, dahinter, von Ulmen und Pappeln umstanden, die niedrige breite Vorderfront des Schlosses, seine schmalen dunklen Fenster, die gedrungenen Türme mit ihren Spitzdächern, die von Kreuzen und Wimpeln gekrönt werden – so sah der Schauplatz einer tatsächlich »tolldreisten Geschichte« aus.

An einem Novembertag 1850 besuchte Gustav Fougnies, ein vom väterlichen Erbe lebender junger Mann, seine Schwester Lydie auf Schloß Bitremont.

Lydie war seit sieben Jahren mit dem Schloßbesitzer, dem Grafen Hippolyte de Bocarmé, verheiratet. Lydie, Tochter eines Apothekers, hatte in der Heirat mit dem Grafen die Erfüllung ihrer Träume gesehen. Geschah es doch selten genug, daß ein Adliger ein bürgerliches Mädchen zur Frau nahm. Sie hatte damals allerdings nicht geahnt, daß den Grafen allein ihr Vermögen interessierte, mit dem er seinen heruntergewirtschafteten Besitz sanieren wollte. Bocarmé war ein wilder, hemmungsloser Mensch, der kaum lesen und schreiben konnte. Er hatte jahrelang in Amerika ein unstetes Leben geführt. Nach seiner Rückkehr hatte er sich auf Schloß Bitremont niedergelassen. Hier beschäftigte er sich mit naturwissenschaftlichen Experimenten. Zu diesem Zweck hatte er sich in der Waschküche ein Laboratorium eingerichtet. Hier hantierte er mit Gläsern, Kolben und Apparaten. Sein Gärtner Deblicqui half ihm dabei. So hatte Deblicqui in den Monaten, die dem Besuch des Schwagers von Bocarmé vorausgingen, dem Grafen auch bei der Herstellung von Eau de Cologne geholfen und mit ihm viele Tage und Nächte beim Destillieren zugebracht.

Nun also, am 20. November, traf der Schwager gegen Mittag in Bitremont ein. Gustav wollte seiner Schwester und ihrem Mann mitteilen, daß er in Kürze heiraten wolle. Schon im Frühjahr hatte Gustav seine Schwester davon in Kenntnis gesetzt, daß er das Schloß einer verarmten Adelsfamilie gekauft und sich mit der Besitzerin verlobt hatte. Gustav ahnte nicht, welche Reaktion seine Mitteilung über die bevorstehende Heirat bei Schwester und Schwager auslöste. Die Rente, die Lydie nach dem Tode des Vaters geerbt hatte, reichte nicht aus, um Bocarmés riesige Schulden zu decken. Der Graf liebte ein ausschweifendes Leben. Prunksucht und Zechgelage hatten ihn längst ruiniert. Er mußte ein Stück Land nach dem anderen verkaufen, ohne jedoch von seinen Schulden loszukommen. Gustav aber hatte den größten Teil des väterlichen Vermögens erhalten. Heiratete er nun, hatte Lydie keine Aussicht, einst ihren Bruder zu beerben. Diese Hoffnung, den Bruder zu beerben, war durchaus nicht utopisch. Gustav war sehr krank. Nach der Amputation eines Unterschenkels ging es mit ihm gesundheitlich immer mehr bergab. Lydie rechnete mit seinem baldigen Tod. Und nun durchkreuzten seine Heiratspläne alle Hoffnungen der beiden Bocarmés auf sein Vermögen.

Gegen Mittag des 20. Novembers sah Emmerance Bricourt, die Zofe der Gräfin, den Wagen mit Gustav Fougnies vorfahren. Der blasse Mann mit dem tiefschwarzen Haar und dem Bärtchen auf der Oberlippe entstieg nur mit Mühe dem Wagen – er ging auf Krücken. Am Nachmittag, als das Essen zubereitet war, wunderte sich Emmerance, daß die Dienerschaft die

Speisen nur in den Vorraum des Speisezimmers bringen durfte. Dort nahm die Gräfin die Schüsseln in Empfang und trug sie selbst hinein. Die Kinder, die sonst zusammen mit den Eltern das Essen einnahmen, mußten diesmal in der Küche essen.

Eine halbe Stunde später hörte Emmerance im Speisesaal ein dumpfes Gepolter und bald darauf einen schrecklichen Schrei, dem einige gurgelnde Rufe folgten. Als Emmerance zum Speisesaal eilte, trat die Gräfin heraus und forderte: »Schnell, heißes Wasser, Gustav stirbt!« Sie schloß die Tür hinter sich und lief an Emmerance vorbei in die Küche. Emmerance betrat den Speisesaal. Sie sah Gustav auf dem Boden liegen, neben ihm seine Krücken. Er bewegte sich nicht mehr.

Graf Bocarmé keuchte und war völlig außer Atem. Seine Hände waren voller blutiger Kratzer. Bocarmé befahl Emmerance, den Kutscher Gilles zu holen.

Als Gilles erschien, trug ihm der Graf auf, aus dem Keller eine Flasche Weinessig zu holen. Dann mußte Gilles den Toten nackt ausziehen und ihm Weinessig in den Mund gießen. Schließlich sollte er über den ganzen Körper Essig schütten. Emmerances Entsetzen wuchs, als Gilles auf Anordnung des Grafen Gustavs Leiche in ihr Zimmer schaffte und auf ihr Bett legte. Aber sie wagte nicht zu widersprechen. Die Anwesenheit des Toten in ihrer Kammer und der Anblick seines zerfressenen Gesichts trieben Emmerance hinaus. Sie beobachtete, was nun weiter geschah.

Die ganze Nacht über waren der Graf und seine Frau damit beschäftigt, Spuren im Speisesaal zu beseitigen. Sie scheuerten die Holzdielen und kratzten mit dem Messer breite Späne ab. Die Gräfin trug Gustavs Kleidung in die Waschküche und warf sie in kochendes Seifenwasser.

Am nächsten Morgen nahm Emmerance all ihren Mut zusammen und ging zum Pfarrer. Sie berichtete, was sie gesehen hatte, und fragte, was sie nun tun solle. In diesem Augenblick kam ein Bote aus Tournai und teilte dem Pfarrer mit, der Untersuchungsrichter werde am nächsten Tag nach Schloß Bitremont kommen, er habe gehört, dort hätten sich merkwürdige Dinge ereignet.

Untersuchungsrichter Heughebaert erschien am 22. November mit mehreren Gendarmen und drei Ärzten im Ort. Er begab sich zuerst allein ins Schloß. Aber der Graf war nicht zu sprechen. Heughebaert ließ sich von der Gräfin den Toten zeigen. Als er Gustavs entstelltes Gesicht sah, wurde ihm klar, daß ein Verbrechen geschehen war. Der Verdacht verstärkte sich noch, als der Graf schließlich erschien und Heughebaert seine verletzten Hände sah. Er ließ die Ärzte ins Schloß kommen und den Toten untersuchen.

Die Ärzte überzeugten sich davon, daß Gustav keines natürlichen Todes gestorben war. Sie fanden Gesicht, Mund, Speiseröhre und Magen so stark verätzt, daß sie eine Vergiftung durch Schwefelsäure vermuteten. Heughebaert hielt es für notwendig, eine toxikologische Untersuchung vornehmen zu lassen. In seiner Anwesenheit wurden die entsprechenden Organe, vor allem die verätzten, entnommen.

Heughebaert brachte noch am gleichen Abend das Material nach Brüssel. Er hatte sich erinnert, daß an der Militärschule ein Chemiker namens Jean Servais Stas arbeitete, der durch wissenschaftliche Abhandlungen bekannt geworden war. Stas hatte, vom Dichter Dumas finanziell unterstützt, bei Orfila und anderen Kapazitäten in Paris studiert und einige beachtliche Beiträge zur theoretischen Chemie veröffentlicht. In unermüdlicher Kleinarbeit hatte er sich ein eigenes Laboratorium eingerichtet.

Hierhin brachte der Untersuchungsrichter die entnommenen Organe zur toxikologischen Untersuchung. Er teilte Stas mit, daß die Ärzte eine Vergiftung durch Schwefelsäure vermuteten.

Stas hat später selbst über seine Untersuchung der asservierten Organe berichtet. Deshalb wissen wir heute genau, in welchen Stufen Stas dieses raffinierte Verbrechen aufdeckte. Dabei gelang ihm eine Entdeckung, die bis dahin für unmöglich gehalten wurde.

Zuerst einmal wies Stas nach, daß nicht Schwefelsäure die Verätzungen erzeugt hatte.

Ihm fiel der Essiggeruch an den Organen auf. Heughebaert erklärte Stas, große Mengen von Weinessig seien dem Toten in den Mund gegossen worden. Stas meinte, auch Essigsäure könne das Gewebe nicht so tief zerstören. Vielleicht sollte der aufdringliche Essiggeruch nur ein anderes Gift verdecken? Mit dieser unbestimmten Vermutung ging Stas nun an die eigentliche Arbeit.

Aus dem Inhalt von Magen und Darm stellte er durch Destillieren und Filtern einen dicken Extrakt her, der seinen Essiggeruch beibehielt. Einer Probe des Extrakts setzte er Kalilösung zu. Dabei veränderte sich der Geruch. Es war, wie Stas sagte, der Geruch von Mäuseharn. Dieser Geruch tritt beispielsweise auch bei Koniin, dem giftigen Alkaloid des Schierlings, auf. Stas mußte in diesem Augenblick betroffen innegehalten haben. Wenn er soeben tatsächlich auf ein Alkaloid gestoßen sein sollte, hatte er damit eine bedeutsame Entdeckung gemacht: nämlich ein organisches Gift, ein Pflanzengift, in einem Leichnam nachzuweisen. Das war bisher noch niemandem gelungen.

Alkaloide sind stickstoffhaltige Substanzen, die in bestimmten, meist tropischen oder subtropischen Pflanzen enthalten sind. Sie sind basischer Natur, häufig kristallin und in Wasser meist schwer löslich. Morphin, Kokain, Strichnin, Koniin gehören zu diesen Alkaloiden. In geringster Menge haben manche von ihnen eine heilsame Wirkung und sind Bestandteil von Arzneimitteln oder Arzneimittel selbst. In größerer Menge wirken sie tödlich – wobei diese »größere« Menge oft nur Milligramme, höchstens Zehntelgramme beträgt.

Stas wiederholte seinen Versuch. Er setzte einer Probe des Extrakts nochmals Wasser und Alkohol zu, filtrierte, gab Kalilösung hinein, verdampfte, versetzte mit reinem Äther, bis eine Emulsion entstand. Dann füllte er den Äther, nachdem er sich von der übrigen Flüssigkeit wieder getrennt hatte, in eine Schale. Als der Äther verdunstet war, blieb ein brauner Bodensatz zurück. Sein stechender Geruch erinnerte an Tabak. Eine winzige Spur davon machte Stas' Zunge für einige Stunden taub. Stas wiederholte die Prozedur sechsmal. Er kam immer wieder auf den gleichen Bodensatz mit dem typischen Tabakgeruch zurück. Er vermutete, daß er Nikotin gefunden hatte.

Nun führte er alle bekannten Nikotinnachweise durch. Danach war er sich völlig sicher, daß er im Körper des Toten Nikotin nachgewiesen und damit ein Verfahren zur Feststellung organischer Gifte im menschlichen Körper entdeckt hatte.

Stas begründete seine Entdeckung später theoretisch. Er erkannte, daß sich dabei der Zufall mit dem systematischen Vorgehen des Chemikers verbunden hatte. Für diesen Nachweis war nämlich nicht nur reiner Äther, sondern auch das Vorhandensein einer Säure notwendig. Das war die Essigsäure gewesen, die den Organen des Ermordeten anhaftete. Es lag eine besondere Ironie darin, daß der Mörder mit der Essigsäure die Nikotinvergiftung tarnen wollte und damit den Beweis seines Verbrechens ermöglichte.

So konnte Stas wenige Tage später dem Untersuchungsrichter Heughebaert beweisen, daß Gustav Fougnies mit Nikotin vergiftet worden war. Bereits fünfzig Milligramm reiner Nikotinbase genügen, um einen Menschen zu töten. Fougnies war das Vielfache dieser Menge eingeflößt worden.

Nun konnte die kriminalistische Ermittlung auf den Erkenntnissen von Stas aufbauen. Heughebaert erbrachte Schritt für Schritt die Beweise für den Giftmord. Als er vom Gärtner Deblicqui erfuhr, daß dieser dem Grafen bei der Herstellung eines »Eau de Cologne« geholfen und Bocarmé dazu große Mengen von Tabakblättern verwendet hatte, wußte er, daß er nun auf der richtigen Spur war.

Bocarmé, so stellte Heughebaert fest, hatte im Frühjahr in Gent einen Chemiker aufgesucht. Der Graf hatte ihm erzählt, seine in Amerika lebenden Verwandten wären Angriffen von Indianern ausgesetzt, die pflanzliche Pfeilgifte, u. a. auch Nikotin, verwendeten. Er wolle ein Gegengift herstellen. Nachdem Bocarmé von dem Chemiker erfahren hatte, daß sich organische Gifte wie Nikotin im Körper nicht nachweisen ließen, hatte er sich die Herstellung von Nikotin aus Tabakblättern genau beschreiben lassen. Er beschaffte sich dann die notwendigen Apparaturen und stellte in seinem Waschküchenlabor das Nikotin her. Den Gärtner aber ließ er glauben, es handele sich dabei um Eau de Cologne.

Bei einer äußerst gründlichen Hausdurchsuchung entdeckte Heughebaert die Apparate und einen Rest des Giftes in einem Versteck in der Deckentäfelung.

Im Mai 1851 begann der Prozeß gegen das Mörderehepaar vor dem Schwurgericht in Mons. Die Mörder versuchten zu leugnen und sich gegenseitig zu beschuldigen. Die Beweise waren unwiderlegbar. Die Geschworenen sprachen Bocarmé des Mordes schuldig. Er wurde zum Tode verurteilt und hingerichtet. Da in Frankreich die Geschworenen damals eine Frau, zudem eine Dame der Gesellschaft, ungern aufs Schafott schickten, sprachen sie Lydie – obwohl sie schließlich zugegeben hatte, am Mord beteiligt gewesen zu sein – frei.

Bocarmés Einfall, Nikotin für einen Giftmord zu verwenden, erschien damals neuartig und sensationell. In unserem Jahrhundert dagegen sind eine größere Anzahl vorsätzlicher Vergiftungen mit Nikotin bekannt geworden. Bereits Anfang der dreißiger Jahre, als immer mehr nikotinhaltige Schädlingsbekämpfungsmittel verwendet wurden, hörte man immer öfter von tödlichen Nikotinvergiftungen. In manchen Pflanzenschutzmitteln befindet sich Nikotin in einer Konzentration von 95 bis 100 Prozent, und zwar in Form von Nikotinbase. Davon wirken, wie schon Stas feststellte, bereits fünfzig Milligramm tödlich. Das sind nur wenige Tropfen. Die Nikotinbase wird rasch von den Schleimhäuten absorbiert.

Bocarmé hatte damals aber wahrscheinlich nicht Nikotinbase benutzt, sondern Tabaksud. Tabak wird mit Wasser übergossen. Die dann filtrierte Lösung enthält geringer konzentriertes Nikotin. Obwohl es deshalb nicht so stark ist, hat es ebenfalls eine Reihe von Todesfällen verursacht.

Da Nikotin, ob als Base oder als Sud, widerlich und heizend schmeckt, ist es als Mordgift ungeeignet. Wenn trotzdem Mordversuche mit Nikotin unternommen werden, so geschehen sie meist zugleich mit einem gewaltsamen tätlichen Angriff auf das Opfer. Schon Bocarmé und seine Frau hatten Gustav zu Boden geworfen und ihm das Gift gewaltsam in den Mund geschüttet.

Des Landesinstitut für gerichtliche Chemie in Budapest berichtete über einige Fälle, in denen die Täter ähnlich vorgingen. Der eine Fall ereignete sich 1968. Ein älterer Mann geriet mit seinem Sohn in Streit. Dabei griff der Vater nach einer Flasche und schüttete dem Sohn die darin enthaltene Flüssigkeit auf Gesicht und Kleidung. Verätzungen im Gesicht zwangen den Sohn, eine Klinik aufzusuchen. Dort traten Lähmungserscheinungen in den Beinen auf. Heftiges Erbrechen folgte. Dann stellten sich Bewußtseinsstörungen ein. Im Erbrochenen fand sich Nikotin. Es gelang, den Patienten am Leben zu erhalten. Bei seiner Vernehmung erklärte der Vater, er habe aus etwa zwanzig Zigarettenstummeln einen Nikotinsud hergestellt. Daraufhin wurde auch der Pullover des Sohnes untersucht. Bereits der beizende Geruch des Pullovers deutete daraufhin, daß für den Anschlag nicht Tabaksud, sondern Nikotinbase verwendet worden war. Es wurde dann auch spektroskopisch und chemisch Nikotin nachgewiesen, und zwar am Pullover in einer Gesamtmenge von 2,55 Gramm. Es war tatsächlich Nikotinbase und stammte in hochkonzentrierter Form von einem Pflanzenschutzmittel.

Ein anderer Fall zeigte die gleichen Merkmale eines tätlichen Angriffs. Ein Ehepaar war wegen zerrütteter Ehe geschieden worden. Der Mann wollte sich nicht mit der Scheidung abfinden und bewog seine Frau, zu ihm zurückzukehren. Aber es änderte sich nichts, die Spannungen eskalierten. Eines Nachts, als beide im Bett lagen, kam es erneut zu Auseinandersetzungen. Die Frau nahm ein Flacon und spritzte ihrem Mann eine Flüssigkeit ins Gesicht. Er schrie auf und wollte sich auf die Frau stürzen, aber sie entkam. Es gelang ihm, sie einzuholen. Er schlug sie, und sie spritzte ihm nochmals Flüssigkeit aus dem Flacon in die Augen. Der Mann brach zusammen und starb.

Bei der Obduktion fanden sich Verätzungen im Gesicht. Die Schleimhaut des linken Auges und die Lippen hingen in Fetzen. Die Zunge war rotbraun verschorft. In der Schleimhaut des Magens wurden Blutungen festgestellt. Die Untersuchung der Restflüssigkeit im Flacon ergab, daß es Nikotinbase war, in einer Konzentration von 84 Prozent. Ihre Menge betrug noch 1,42 Gramm.

Hier stellt sich die Frage, wieso diese scheinbar nur äußeren Verletzungen tödlich waren. Aber in Wirklichkeit handelte es sich nicht um äußere Verletzungen. Die Schleimhäute absorbieren Nikotin sehr rasch. In diesem Fall war also das Nikotin durch die Schleimhäute des Mundes und durch das Auge in den Körper gelangt. So fand man bei der Obduktion im linken Auge drei, in der Speiseröhre und auf der Zunge fast drei und im Magen noch mehr als drei Milligramm Nikotin. Über 50 Milligramm waren bereits ins Blut übergegangen, so daß der Tod durch eine akute Nikotinvergiftung eingetreten war.

Im Unterschied zu Bocarmés Giftmord war in diesen beiden Fällen nicht erwiesen, ob die Täter ihre Opfer ermorden oder bloß bestrafen wollten. Auch benutzten die Täter das Gift in einer Streitsituation, also im Affekt.

Eindeutige Nikotinmorde sind weit seltener, weil, wie schon gesagt, der beizende Geruch und Geschmack das Opfer warnen würden. Das Institut für gerichtliche Medizin in Szeged berichtete von drei Mordtaten durch Nikotin. In allen drei Fällen versetzten die Mörder ein Getränk mit Nikotinbase. Das Opfer starb jeweils nach ein oder zwei Schluck innerhalb weniger Sekunden. Die durch das Gift verursachten charakteristischen Verätzungen und der scharfe Nikotingeruch verrieten jedoch sofort, daß eine Nikotinvergiftung vorlag.

Wenn also ein Nikotinmord nicht zu vertuschen ist, fragt es sich, warum die Täter trotzdem dieses Risiko auf sich nahmen. Die Vorgeschichte dieser drei Mordfälle gibt die Antwort darauf. Im ersten Fall tötete eine Ehefrau ihren Mann. Sie hatte ein Liebesverhältnis mit einem anderen und wollte sich ihres Mannes entledigen. Im zweiten Fall brachte ebenfalls eine Ehefrau ihren Mann um, weil die Ehe zerrüttet war. Im dritten Fall ermordete ein Landarbeiter seine Geliebte, die ein Kind von ihm erwartete. Er hatte sich inzwischen in ein anderes Mädchen verliebt.

Die Gerichtsmediziner von Szeged zogen daraus die Schlußfolgerung, »daß die Täter deshalb bei der Wahl des Giftes weniger Vorsicht ... verrieten. Es scheint, als ob der vom Sexualtrieb beherrschte Mordentschluß mit solch einer Kraft auftritt und der Wunsch der Befreiung vom unerwünschten Partner so groß ist, daß die Täter das rasch und bestimmt wirkende Nikotin wählen und die Vorsichtsbedenken in den Hintergrund treten. Mit anderen Worten: Die Furcht vor den Folgen der Tat wird vollkommen unterdrückt durch den Wunsch nach Befreiung, der wieder hervorgerufen wird durch den Wunsch der Fortsetzung bzw. des Ausbaus neuer sexueller Verbindungen.«

Anzeige gegen Unbekannt

Am Mittag des 15. Juli 1956 fuhr der achtundsechzigjährige Robert Leisegang wie jeden Tag mit dem Fahrrad in seinen Schrebergarten. Leisegang war gesund und rüstig, er hielt nichts von einem Rentnerdasein und arbeitete noch halbtags in einem Materiallager. Nach Arbeitsschluß begab er sich in den Sommermonaten meistens gleich in den nahe gelegenen Garten. Zu Hause wäre es ihm um diese Zeit zu einsam gewesen, denn seine Frau ging auch noch zur Arbeit. Sie war gelernte Krankenwärterin und pflegte bettlägrige alte Menschen, die allein waren.

Für den Garten hatte Margret Leisegang nie viel übrig gehabt, so daß Leisegang alle Gartenarbeiten selbst erledigte. Der Weg in die Gartenkolonie führte ihn zuerst an Elsa Horns Garten vorbei. Er sah Elsa am Zaun stehen und Wicken festbinden. Elsa war eine Arbeitskollegin von ihm, jetzt hatte sie gerade Urlaub. Leisegang stieg vom Fahrrad und begrüßte Elsa. Er nahm vom Zaun aus die Blumen in Augenschein, lobte den Ertrag der Monatserdbeeren und warnte Elsa, heute noch zu gießen, es käme bestimmt noch ein Gewitter.

Dann fuhr er zu seinem Garten, der nur wenige Parzellen weiter entfernt lag. Er zog das Tor hinter sich ins Schloß. Das Fahrrad neben sich herschiebend, ging er auf die Laube zu. In diesem Augenblick entdeckte er die ersten Spuren eines Attentates. Die Rosenstöcke am Weg waren abgesäbelt. Leisegang fühlte einen Stich im Herzen. Dann sah er, daß die Weinreben, die am Spalier der Laube emporrankten, dicht über der Wurzel abgehauen waren. Leisegang ließ sein Fahrrad auf den Weg fallen und lief kreuz und quer durch den Garten. Zerstörung überall: Dill und Petersilie niedergetrampelt, der Phlox zerstampft, die Dahlien geköpft, die jungen Johannisbeersträucher entwurzelt. Selbst die Fensterscheiben der Laube waren zertrümmert.

Fassungslos lief der alte Mann zu Elsa und erzählte, was geschehen war. Elsa warf Bast und Schere hin und kam gleich mit, um sich das Unheil anzusehen. Auch sie war entsetzt. Wenn einer Leisegangs Schmerz verstand, dann war sie es, sie hing mit gleicher Liebe an ihren Blumen, Pflanzen und Sträuchern. Zu trösten war hier allerdings nichts mehr, wohl aber zu handeln.

»Du fährst sofort zur Polizei«, sagte Elsa entschlossen, »und erstattest Anzeige.«

»Anzeige? Gegen wen denn?«

»Anzeige gegen Unbekannt! Die können ja den Verbrecher erst finden, wenn du eine Anzeige gemacht hast. Also fahr schon, ich mache hier inzwischen ein bißchen Ordnung. Ist sowieso besser, wenn du das nicht selbst tun mußt.«

Leisegang fuhr also zum Polizeirevier und erstattete Anzeige. Auf die Frage, ob er jemanden verdächtige, antwortete er, er habe niemanden in Verdacht. Als er dann wieder zu seinem Garten zurückfuhr, überlegte er, warum gerade sein Garten verwüstet worden war und kein anderer. War das Zufall oder Absicht? Ihn wollte der Täter treffen, ihn allein, es war ein Attentat auf Robert Leisegang. Der Täter mußte wissen, wie sehr er an dem Garten hing und wie sehr ihn die Zerstörung traf. Wieviel Haß war da ausgebrochen! Leisegang blickte unwillkürlich auf seine Hand. Über den Handrücken zog sich quer eine blutunterlaufene Strieme.

Am gleichen Abend saß Leisegang im Ecklokal ZUR LETZTEN STATION. Es ging schon auf halb neun zu. Seit drei Stunden hockte er hier, trank Bier und starrte vor sich hin. Schließlich setzte sich Frau Teller, die Wirtin, zu ihm. Sie war fast in seinem Alter und eine mitfühlende Seele. Sie hatte gemerkt, daß Leisegang Kummer hatte, und versuchte vorsichtig, ihn zum Sprechen zu bringen. Und da sich die beiden jahrelang kannten, war das auch nicht so schwer.

So erfuhr Frau Teller von der Zerstörung des Gartens. Und schließlich erfuhr sie auch, daß sich Leisegang des Täters ziemlich sicher war: es war seine eigene Frau.

»Aber Herr Leisegang!« sagte Frau Teller ungläubig.

»Doch, doch. Margret war's und sonst niemand.« Seine Stimme bekam etwas Verschwörerisches. »Sie wissen ja nicht, wie eifersüchtig Margret ist!«

»Kein Wunder bei so einem Mann. Sie haben doch überall Chancen, Herr Leisegang!«

Aber Leisegang war nicht nach Witzeleien zumute. »Eifersüchtig ist sie – auf alle und alles! Auch auf den Garten! Und auf Elsa! Die Elsa hat ihren Garten neben meinem und kommt manchmal herüber, oder ich gehe mal eine Viertelstunde zu ihr, wie das eben so ist, man spricht über dies und das und das Wetter und die Rosen. Aber meine Frau! Die sieht gleich sonstwas dahinter und macht mir die Hölle heiß.«

Er hielt Frau Teller seine Hand entgegen und zeigte auf die Strieme. »Sehen Sie das? Das war auch meine Frau!«

Frau Teller hatte den stillen Herrn Leisegang gern. Aber sie hatte auch die kleinen Sensationen des Alltags gern. Und so bohrte sie weiter: »Ist doch nicht möglich! Ihre Frau? Ihre Frau hat Sie geschlagen?«

»Mit einem Lineal. Aus Eifersucht. Dabei hat sie doch gar keinen Grund dazu.«

Plötzlich stand Leisegang auf. »Ich möchte zahlen, Frau Teller, ich muß heim. Sonst denkt meine Frau noch, ich wäre bis jetzt bei Elsa gewesen.«

Als Leisegang dann heimkam, sah er nur zu bald seine Befürchtung bestätigt. Margret fragte ihn höhnisch, warum er überhaupt noch heimkomme und nicht gleich lieber zu Elsa ziehe. Vergeblich wies Leisegang darauf hin, daß er in der LETZTEN STATION gesessen und ein Bier getrunken habe. »Natürlich mit Elsa!« schrie Margret. Leisegang schwieg, das war die beste Methode, Margrets Tiraden allmählich zum Verstummen zu bringen. Doch dann begann Leisegang plötzlich von dem verwüsteten Garten zu sprechen. Aber weil er im Denken etwas schwerfällig und auch nicht sehr wortgewandt war, gelang es ihm nicht, was er eigentlich beabsichtigt hatte: Margret zum Eingeständnis ihres Terrors zu bewegen. So blieb ihm nur ein letzter Trumpf, und den spielte er jetzt aus: »Ich bin auf dem Revier gewesen. Ich habe Anzeige erstattet.«

Margret horchte auf. »Du hast Anzeige erstattet?«
»Ja. Gegen Unbekannt. Oder kennst du den Täter?«
Margret zog es vor zu schweigen. Und nun fügte Leisegang trotz innerer Warnung hinzu: »Ich weiß, wer es war, ich weiß es verdammt genau. Und die Polizei hat gesagt, sie kriegen den Täter, da soll ich mal ganz ruhig sein, den kriegen sie ran. Das wird den ganz schön was kosten.«

Er mußte plötzlich lachen, als er ihr Gesicht sah. Nun hatte er doch noch seinen kleinen Triumph, denn es war selten genug, daß ihm Margret eine Erwiderung schuldig blieb.

Er merkte jetzt, daß ihm der Kopf weh tat. Kein Wunder, dachte er, die ganze Aufregung heute, erst im Garten und jetzt hier. »Ich habe Kopfschmerzen«, sagte er, »ich geh jetzt ins Bett.«

»Wenn du Kopfschmerzen hast, wirst du nicht einschlafen können«, sagte Margret besorgt.

Die ungewohnte Anteilnahme tat ihm wohl. Er wußte den Grund. Er ging ins Schlafzimmer.

Als er schon im Bett lag, kam Margret herein. »Ich gebe dir was gegen die Kopfschmerzen.«

Soviel Fürsorge erfreute ihn. Vielleicht gibt sie ihre verdammte Eifersucht und ihre Sticheleien doch noch mal auf, dachte er ...

Der Arzt setzte sich an den Tisch und nahm einen Totenschein aus der Tasche. Zuerst füllte er das Datum aus: 16. Juli 1956. Dann übertrug er aus dem Personalausweis die Daten aufs Formular: Robert Leisegang, geb. am 5. März 1888.

»Welche Krankheiten hat Ihr Mann gehabt?«

»Er hatte es schon immer mit'm Kreislauf, Herr Doktor. Und in letzter Zeit klagte er über Schwindel und Übelkeit.«

»Soso.« Der Arzt nickte. »Und gestern abend?«

Gestern hätte er große Aufregung gehabt, sagte Margret, und erzählte von der Zerstörung des Gartens. »Das war bestimmt alles viel zu viel für ihn, das hat ihm den Rest gegeben.«

»So war es sicher«, bestätigte der Arzt. In die Rubrik ›Todesursache‹ schrieb er ›akutes Herzversagen‹.

Noch am gleichen Tag erschien Frau Teller auf dem Polizeirevier und erklärte, ihrer Meinung nach sei Herr Leisegang nicht an einem Herzversagen gestorben, Leisegang habe nie etwas mit dem Herzen gehabt. Dann berichtete sie von ihrem Gespräch gestern abend. Und es möchte doch bitte nachgeprüft werden, ob vielleicht Frau Leisegang etwas mit dem plötzlichen Tod ihres Mannes zu tun habe.

So übernahm Dr. Walthari auf Antrag der Staatsanwaltschaft die gerichtliche Obduktion des Toten. Bei der äußeren Besichtigung des Leichnams entdeckten Walthari und sein Mitarbeiter an der Außenseite des rechten Oberschenkels drei frische Einstiche. Sie rührten wahrscheinlich von einer Injektionsnadel her.

Die Sektion ergab keinen Anhaltspunkt für einen Herztod. Das Herz besaß zwar altersbedingte Veränderungen, aber sie waren zu unbeträchtlich, um einen Herzstillstand zu verursachen. Die Luftröhre und der rechte Hauptbronchus waren mit einer bröckligen weißen Masse ausgefüllt. Aus den größeren Teilchen dieser Masse ließ sich erkennen, daß es Tablettenreste waren. Selbst die mittleren und feinen Verzweigungen der Atemwege waren damit verstopft.

»Wie ausgemauert«, sagte Dr. Walthari zu seinem Mitarbeiter.

Nachdem die Tablettenmasse entfernt worden war, zeigte sich die Schleimhaut des Kehlkopfes stark angeschwollen und der übrige Atemweg gerötet. Dagegen gab es in Speiseröhre und Magen nur Spuren der Tabletten.

Die Lunge war auffallend gebläht. Dr. Walthari präparierte das Gewebe um die Einstichstellen am Oberschenkel heraus. Sie ergaben schließlich den Beweis, daß Leisegang Morphium injiziert worden war. Auch in den betreffenden inneren Organen ergab sich ein, wenn auch nicht beträchtlicher, Gehalt von Morphin.

Die Tablettenkrümel wurden chemisch untersucht. Es waren Schlaftabletten. Dr. Walthari schätzte, daß die Masse aus etwa zehn bis fünfzehn Tabletten bestand. Da sich nur Spuren der Schlaftabletten in Magen und Leber gefunden hatten, konnte ihre Wirkung nicht tödlich gewesen sein. Leisegang war nicht an Schlafmittelvergiftung gestorben. Die Tabletten hatten die Atemwege verstopft, der Tod war durch Ersticken eingetreten.

Dr. Walthari faßte seine Schlußfolgerungen zusammen: »Daß sich Leisegang verschluckt hat und dadurch nun die Tabletten in die Luftröhre gelangt sind, ist bei der aufgefundenen Menge der Tabletten ganz ausgeschlossen. Eine weitere Möglichkeit, daß Leisegang die Tabletten in Selbstmordabsicht eingenommen hätte, schied ebenfalls aus, da sich ja im Magen kaum Schlafmittel vorfanden. Aus der massiven Verstopfung der Luftröhre mußte vielmehr geschlossen werden, daß die Tabletten von einer anderen Person in den Rachen geschoben worden sind ...«

Da Mund- und Rachenschleimhaut unverletzt waren, hatte sich Leisegang nicht dagegen gewehrt. Das erklärt sich daraus, daß er zuvor zwei Morphiuminjektionen erhalten hatte – wozu er sicher seine Einwilligung gegeben hatte, denn es fanden sich keine Abwehrverletzungen bei ihm. Während Leisegang durch die Morphiuminjektionen in einen wehrlosen Zustand bzw. tiefen Schlaf versetzt worden war, wurden ihm die Schlaftabletten zur Vortäuschung eines Selbstmordes in den Rachen geschoben. Sie gerieten dabei in die Luftröhre und führten zum Erstickungstod.

Soweit die gerichtsmedizinische Rekonstruktion des Mordes. Margret Leisegang wurde verhaftet. Sie versuchte anfangs, ihre Tat zu leugnen. Im Verlauf vieler Vernehmungen gab sie schließlich zu, ihrem Mann mehrere Schlaftabletten gegeben zu haben. Später gestand sie, als ihr Mann schlief, habe sie wieder an Elsa gedacht und beschlossen, ihn zu töten. »Wenn ich meinen Mann schon nicht haben sollte, Elsa sollte ihn auch nicht haben.«

Sie berichtete, sie habe etwa zehn Schlaftabletten, jede einzeln, mit dem Finger tief in den Rachen des Schlafenden geschoben. Es sollte, wenn Verdacht aufkäme, wie Selbstmord aussehen. Bis zum Schluß aber bestritt sie, zuvor ihren Mann mit Morphium wehrlos gemacht zu haben. Sie erhielt wegen Mordes eine lebenslängliche Freiheitsstrafe.

Der »schöne Schlaf«

Es ist eine Herbstnacht im Jahre 1964. Stille liegt über der sächsischen Kleinstadt, nur hinter wenigen Fenstern brennt noch Licht. Es ist gleich Mitternacht.

Ein Wartburg fährt durch die menschenleeren Straßen, biegt ins Neubauviertel ein und hält vor einem Reihenhaus. Ein Mann steigt aus dem Wagen und geht ins Haus. Es ist Dr. Veith, der von seinen Krankenbesuchen zurückkommt. Bald werden zwei Fenster im ersten Stock hell, gleich darauf zwei andere nebenan.

Wenig später läutet im Nachbarhaus ein Telefon. Aus dem Schlaf geschreckt, greift Dr. Winter nach dem Hörer und murmelt mechanisch: »Winter.«

»Hier ist Veith«, sagt die andere Stimme.

Winter richtet sich auf. »Ja, was ist denn?«

»Können Sie bitte zu mir herüberkommen, Herr Kollege?«

Winter kommt Veiths Stimme erregt vor. »Was ist denn passiert?«

»Meiner Frau ist etwas zugestoßen, kommen Sie bitte sofort.«

Dr. Winter kleidet sich rasch an. Unten an der Haustür erwartet ihn schon sein Kollege. Stumm eilen beide zu Veiths Wohnung empor. Veith führt Winter ins Schlafzimmer. Im Ehebett liegt Gisela Veith. Ihre Augen sind geschlossen. Das Gesicht kommt Dr. Winter gedunsen vor. Er fordert helles Licht und untersucht die Frau im Pyjama. Es gibt keinen Zweifel, sie ist tot.

Winter richtet sich auf. Die Blicke der Männer begegnen sich. »Es tut mir sehr leid«, sagt Dr. Winter.

Scheinbar ruhig nickt Veith. »Ich wollte nur noch Ihre Bestätigung.«

Winter drückt seinem Kollegen stumm die Hand. Veith murmelt einen Dank. »Es ist noch unvorstellbar für mich«, fügt er hinzu.

Die zwei Ärzte verlassen das Schlafzimmer. Dr. Winter reinigt sich im Bad die Hände. Dann setzt er sich an den Couchtisch im Wohnzimmer, um den Totenschein auszufüllen. »Ja«, sagt er, »sie war doch chronisch herzkrank?«

»Herzversagen, natürlich, daran ist nicht zu zweifeln«, bestätigt Veith.

Winter antwortet nicht. Nachdenklich klopft er mit dem Stift auf die Tischplatte. Dann blickt er Veith an und fragt: »Ist Ihnen nichts aufgefallen?«

»Aufgefallen?« fragt Veith überrascht. »Nein. Was denn?«

Winter steht auf und geht hinaus. Bald kommt er mit einem Wasserglas und einem Buch in der Hand zurück. Er hält Veith das Glas entgegen. Es ist leer. Aber auf dem Boden befindet sich ein weißlicher Belag. Dann stellt Winter das Glas auf den Tisch, benutzt den Zeigefinger, entnimmt dem Bodensatz eine Probe und kostet sie. Veith beobachtet ihn gespannt. Winter zieht aus dem Buch, das er mitgebracht hat, einen Zettel, der zwischen den Seiten hervorsah, und überreicht ihn Veith. Veith überfliegt die wenigen Zeilen und läßt die Hand sinken. »Mein Gott«, flüstert er und setzt sich schwerfällig.

Dr. Winter blickt Veith lange stumm an. Dann fragt er: »Aber warum hat sie es getan? Ich kannte sie als einen so lebensfrohen Menschen.«

»Äußerlich, nur äußerlich«, erwidert Veith. »Sie war nervös, labil. Litt seit langem an Schlaflosigkeit. Deshalb hatte ich ihr auch dieses Schlafmittel verordnet. Wenn ich gewußt hätte, daß sie es dazu verwenden wollte ...« Er bricht ab und starrt vor sich hin. Dann sieht er, wie Winter entschlossen nach seinem Stift greift.

»Aber das können Sie doch nicht hineinschreiben, Herr Kollege«, sagt er bestürzt. »Wenn das publik würde – Selbstmord einer Arztfrau!«

Dr. Winter antwortet nicht. Reglos wartet Veith, bis der Totenschein fertig ausgestellt ist und Dr. Winter sich erhebt. Dann blickt Veith auf den Totenschein. Als Todesursache ist vermerkt: »Herzversagen bei chronischer Herzschwäche.« Dankbar reicht er Winter die Hand und begleitet ihn hinaus.

Am nächsten Morgen ruft Kreisarzt Dr. Winter den Bezirksarzt an und teilt ihm mit, daß er möglicherweise einen Totenschein unrichtig ausgefüllt habe. Die Frau eines Kollegen, Gisela Veith, habe wahrscheinlich mit Schlaftabletten

Suizid verübt. Der Bezirksarzt fordert den Kreisarzt auf, eine Verwaltungssektion der Toten zu veranlassen.

Dr. Winter setzt sich mit dem Prosektor des Pathologischen Instituts in Verbindung und erteilt ihm den Auftrag für eine Verwaltungssektion. Aber der Prosektor übergibt den Auftrag ans Gerichtsmedizinische Institut. Vermutlich liege Selbstmord vor. Die Kriminalpolizei sei noch nicht benachrichtigt worden.

Mit einem Assistenten fährt Dr. Walthari zur Prosektur. Dort erwarten ihn schon Kreisarzt Dr. Winter und Dr. Veith. Dr. Veith will berichten, was geschehen ist, aber Dr. Walthari fordert ihn auf, damit bis nach der Obduktion zu warten. Während er sich in den Sektionssaal begibt, begleitet ihn Dr. Winter: »Sie müssen bitte Dr. Veith verstehen. Er macht sich schwere Vorwürfe, weil er seiner Frau das Betäubungsmittel verordnet hatte. Er sagte, er hätte vorsichtiger sein müssen, seine Frau war hochgradig labil und nicht umsonst zweimal zur Entziehung.«

Dr. Walthari bleibt stehen. »Zur Entziehung?«

»Alkohol- und Betäubungsmittel-Mißbrauch, wie Dr. Veith sagte.«

Dann betreten die drei Ärzte und die Protokollantin den Sektionssaal.

Bei der äußeren Besichtigung des Leichnams entdeckt Walthari am Gesäß zehn rote Pünktchen – fast symmetrisch angeordnet: fünf auf der linken und fünf auf der rechten Gesäßhacke. Er wendet sich an Dr. Winter: »Hatten Sie bei der Leichenschau diese Injektionsstichverletzungen bemerkt?«

Winter schüttelt betroffen den Kopf. »Und wie wollen Sie das mit Ihrer Diagnose auf dem Totenschein in Einklang bringen?«

Winter schweigt bestürzt.

Die Obduktion selbst ergibt keine morphologisch faßbare Todesursache. Dr. Walthari entnimmt der Leiche alle Organe, die für eine Giftanalyse notwendig sind. Außerdem präpariert er das Gewebe in der Umgebung der Einstiche heraus. Es muß ebenfalls toxikologisch untersucht werden.

Wenige Tage später liegt das Ergebnis vor: Diäthylbarbitursäure in tödlicher Menge. Also Selbstmord durch Veronal, ein starkes Schlafmittel.

Selbstmord – so scheint es jedenfalls.

Aber in seinem Bericht weist Dr. Walthari noch auf eine andere Möglichkeit hin ...

Hauptmann Birnbaum, der ermittelnde Offizier der Kriminalpolizei, sucht Dr. Walthari auf. Die beiden kennen sich seit langem. »In Ihrem Bericht, Doktor, deuteten Sie an, daß Frau Veith das Gift möglicherweise von fremder Hand verabreicht worden sei.«

»Man darf in solchen dubiosen Fällen diese Möglichkeit nicht ausschließen, Herr Birnbaum.«

»Was ist dubios an diesem Fall? Ihr Bericht macht dazu nur vage Andeutungen.«

»Ich habe keine Beweise für meinen Verdacht.«

»Also eher ein berufsbedingtes Mißtrauen, wie?«

»So könnte man es nennen.«

»Spinnen wir doch Ihren Verdacht einfach mal weiter. Sie sagen, möglicherweise habe jemand Frau Veith vergiftet. Meine Frage: Läßt sich bei Schlafmitteln das Gift dem Opfer unbemerkt beibringen?«

»Eigentlich nicht. Ich würde eher meinen, es ist besonders schwierig – für einen Laien zumindest. Schlafmittel sind im allgemeinen ziemlich bitter. Sie lösen sich auch schwer in Wasser auf. Für eine Vergiftung sind viele Tabletten notwendig. Nein, das Opfer würde es auf jeden Fall merken, wenn man ihm eine solche Menge ins Getränk mischt.«

Birnbaum denkt nach. Dann fragt er: »Sie betonten soeben, für einen Laien wäre es schwierig. Das hieße, für einen Arzt nicht?«

»Ich frage mich immer wieder, was diese zehn Einstichstellen bedeuten.«

»Vielleicht wurde ihr ein anderes Gift eingespritzt?«

»Ein anderes Gift wurde nicht nachgewiesen.«

»Ein unbekanntes Gift vielleicht?«

»Das wäre die einzige Möglichkeit.«

»Und die tödliche Dosis Veronal – kann die injiziert worden sein?«

»Das kann ich mir nicht vorstellen, Herr Birnbaum.«

Eine Pause entsteht. Jeder hängt seinen Gedanken nach. Die

Gedanken lassen sich schwer in Worte fassen. Vielleicht, weil es keine logisch-rationalen Schlüsse sind, sondern eher ein vages Gefühl, ein unbestimmter Verdacht. Birnbaum beginnt sich erneut an das Problem heranzutasten. »Wenn also Frau Veith an einer tödlichen Menge Veronal gestorben ist ...«

Er blickt Dr. Walthari an. Dr. Walthari nickt.

»... und ihr das Veronal nicht gespritzt worden ist, muß sie es, in einer Flüssigkeit gelöst, getrunken haben.«

Wieder nickt Dr. Walthari.

»Da man aber Ihrer Meinung nach niemandem das Gift unbemerkt verabreichen kann, bleibt uns nichts weiter übrig, als ... Nun?«

Walthari nickt erneut. »Als einen Selbstmord anzunehmen. Wofür ja vor allem auch Gisela Veiths Abschiedsbrief spricht.«

Birnbaum erhebt sich. »Ja, das wär's dann wohl.«

»Vor einigen Jahren«, sagt Dr. Walthari, als sei man noch mitten im Gespräch, »gab ein Mörder seinem Opfer das Gift unter dem Vorwand, es sei eine harmlose Arznei.«

Birnbaum erwidert: »Eine interessante Hypothese. Sie verdächtigen also direkt Dr. Veith?«

»Wie gesagt, ich habe keine Beweise. Und deshalb fürchte ich, Sie werden diesen Fall abschließen.«

Birnbaum zögert mit der Antwort. »Es bleibt mir wohl nichts anderes übrig, solange ich keine anderen Beweise habe als eine Hypothese. Aber ich werde sie im Gedächtnis behalten. Und sollte ich noch irgend etwas herausfinden, melde ich mich wieder bei Ihnen.«

Tatsächlich hat Dr. Walthari erreicht, was er wollte: Hauptmann Birnbaum legt den Fall noch nicht zu den Akten.

Eines Tages erhält Birnbaum Besuch von Frau Martin, einer Tochter Gisela Veiths aus erster Ehe. Sie wohnt in einem anderen Ort. Sie erklärt rundheraus, daß sie ihren Stiefvater nicht möge. Und daß sie einen Selbstmord ihrer Mutter bezweifele. Birnbaum zeigt Ihr den Abschiedsbrief. Er lautet: Du weißt gar nicht, wie lieb ich dich habe, sonst würdest du nicht immer wieder all diese Dummheiten machen. Ich halte es einfach nicht mehr aus.«

Frau Martin betrachtet lange diese letzte Botschaft ihrer

Mutter. »Wir haben einen Schriftvergleich gemacht«, sagt Birnbaum, »es ist die Handschrift Ihrer Mutter.«

»Es ist ihre Handschrift, ja. Aber dieser Text stammt aus einem alten Brief.«

Frau Martin berichtet, ihre Mutter hätte diesen Brief schon vor einem Jahr geschrieben, als Dr. Veith ein Verhältnis mit einer jüngeren Frau begann. Damals hatte ihre Mutter gedroht, sich das Leben zu nehmen – in der Hoffnung, sie könnte ihren Mann zurückgewinnen. Frau Martin fügt hinzu: »Ich weiß genau, daß diese Worte aus jenem Brief stammen. Meine Mutter gab ihn mir zu lesen. Obwohl ich ihr sagte, ein solcher Brief wäre sinnlos, hat sie ihn damals doch Dr. Veith auf den Nachttisch gelegt. Allerdings war der Brief länger.«

Birnbaum betrachtet den Brief sorgfältig. Er trägt kein Datum, die Schrift berührt oben und unten fast den Rand des Papiers. Nun, im Licht der Aussage von Frau Martin bekommt dieses Papier, das eher einem Zettel als einem Brief gleicht, einen anderen Sinn. Es könnte durchaus der herausgeschnittene Teil jenes älteren Briefes sein.

Birnbaum fragt, ob sie wisse, wer die Geliebte des Doktors sei. Er erhält Namen und Adresse.

Birnbaum läßt Dr. Veith und seine Freundin beobachten. Wenige Monate nach dem Tod von Frau Veith heiraten die beiden. So erscheint eines Tages Hauptmann Birnbaum wieder bei Dr. Walthari. »Nun haben wir zwar ein Motiv, aber keine Beweise«, schließt er seinen Bericht.

»Anscheinend verstanden sich Mutter und Tochter gut. Sprechen Sie doch noch einmal mit der Tochter und fragen Sie sie, ob ihre Mutter kurz vor ihrem Tode Medikamente von ihrem Mann bekommen hat.«

»Ich sehe den Sinn dieser Frage nicht, Doktor. Veith hatte ja zugegeben, daß er seiner Frau das Veronal verordnet hatte.«

»Fragen Sie sie. Nach Medikamenten und Krankheiten.«

Birnbaum bestellt Frau Martin zu sich. Auf seine Frage berichtet sie: »Im letzten Jahr ging es meiner Mutter nicht gut. Deshalb bin ich auch einige Wochen zu ihr gezogen. Veith war fast nie zu Hause. Medikamente hat sie schon genommen, aber ich weiß nicht, was.«

»Wofür bekam sie die Medikamente?«
»Sie hatte oft Kopfschmerzen und konnte nicht schlafen. Dann nahm sie Tabletten. Trank leider oft dazu harte Sachen. Sie war wirklich schlimm dran. Dazu die Schmerzen in den Beinen durch ihre Krampfadern. Die Krampfaderkur hatte überhaupt nicht angeschlagen.«
»Eine Krampfaderkur?«
»Ja, die hat Dr. Veit durchgeführt.«
Birnbaum notiert sich jedes Wort. »Worin bestand diese Kur?«
»Meine Mutter sagte, es wäre eine Penizillinkur gegen die Entzündlichkeit der Krampfadern. Aber sie war völlig ergebnislos. Meine Mutter hat lediglich vier Tage geschlafen, ohne aufzuwachen.«
»Vier Tage?« fragt Birnbaum ungläubig.
»Weil sie zuvor wieder Alkohol getrunken hatte. Alkohol und Penizillin vertragen sich nicht miteinander, sagte Dr. Veith.«
Am nächsten Tag berichtet Birnbaum Dr. Walthari, was er von Frau Martin erfahren hatte.
»Penizillin für eine Krampfaderkur?« Walthari lacht. »Das ist ja völliger Unsinn! Entweder hat sich eine der beiden Frauen verhört oder...«
In das plötzliche Schweigen hinein sagt Birnbaum bedächtig: »Nehmen wir einmal an, Veith hat wirklich von Penizillin gesprochen. Medizinisch wäre es also ausgeschlossen, daß eine Kombination von Alkohol und Penizillin einen mehrtägigen tiefen Schlaf hervorruft?«
»Vollkommen ausgeschlossen. Es gibt nur eine Erklärung. Veith hatte seiner Frau ein starkes Schlafmittel gegeben und behauptet, es wäre Penizillin gegen ihre Krampfadern. Aber die Dosis reichte nicht aus, um sie umzubringen. Nach vier Tagen wachte sich wieder auf. Also hat er den Anschlag wiederholt, diesmal mit Erfolg.«
»Das wäre teuflisch«, murmelt Birnbaum. »Und wie können wir ihm das beweisen?«
»Diese zehn Einstichstellen, für die es keine Erklärung gab. Nach dem ersten Anschlag war Frau Veith wieder erwacht.

Wenn nun Veith diesmal das Erwachen verhindern wollte? Er brauchte seinem Opfer nur etwas zu injizieren, was die unerwünschten Nebenwirkungen der Schlafmittelvergiftung milderte.«

»Welche Nebenwirkung?«

»Brechreiz und Blasendruck beispielsweise, die ein vorzeitiges Erwachen bewirken könnten.«

»Und was müßte er injiziert haben?«

»Das eben müßten wir herausfinden.«

Das war der Anfang vom Ende eines scheinbar perfekten Mordes. Es dauerte insgesamt ein ganzes Jahr, bis die kriminalistischen Ermittlungen und die gerichtsmedizinischen Befunde als Beweislast ausreichten, Dr. Veith zu verhaften. Er leugnete tagelang. Während einer erneuten Vernehmung, die durch ein schweres Gewitter begleitet wurde, brach sein Widerstand zusammen. Er legte ein umfassendes Geständnis ab.

Dr. Walthari berichtete später selbst, auf welche Weise der Mörder vorgegangen war: »Doktor Veith stellte bei seiner Frau entzündliche Krampfadern fest, schlug ihr eine Penizillinkur vor und füllte heimlich Tablettenröhrchen für Oralpenizillin mit Kalypnontabletten. In Gegenwart seiner Frau entnahm er hieraus Kalypnon in einer Gesamtmenge von 4,5 Gramm. Vor ihren Augen zerdrückte und verrührte er die Tabletten in einem Glas Wasser, das Frau Veith leer trank. Als sie nach vier Tagen wieder völlig bei Bewußtsein war, erzählte er ihr, sie sei in einen tiefen Schlaf verfallen, weil sie vor Einnahme des ›Penizillins‹ Alkohol getrunken hatte. Nach einem Vierteljahr wiederholte er die Kur auf gleiche Weise, aber diesmal mit 9 Gramm Veronal, nachdem er sich eingehend toxikologisch belesen hatte. Der Schlafenden injizierte er Prothazin, insgesamt zehnmal, um die Schlafmittelwirkung zu verstärken und eine spontane Magenentleerung zu verhüten. In Sprechstunden- und Hausbesuchspausen überzeugte er sich durch Injektionen und regelmäßige Kontrolle der Atmung, des Pulses, des Blutdruckes und der Pupillen vom Fortgang der Vergiftung ... Am dritten Tag nach Einnahme des Veronals starb Frau Veith ...«

Der Fall dieses Barbitalmörders ist ein charakteristisches Beispiel für einen als Selbstmord getarnten Mord. Dieses Verbrechen ist in mehrerer Hinsicht erwähnenswert.

Es zeigt erstens einen Mörder, der seine Tat sorgfältig vorbereitete und dabei mit pedantischer Akribie zu Werke ging. Er mißbrauchte die Wissenschaft für ein Verbrechen. Die Entdeckung des Mörders, die Nebenwirkungen des Giftes durch Injektion von Prothazin zu dämpfen und dabei zugleich die erstrebte Hauptwirkung zu verstärken, nannte der gerichtsmedizinische Sachverständige eine »geradezu schöpferische Idee«.

Zweitens mißbrauchte der Täter nicht nur die Wissenschaft, sondern auch seine Stellung als Arzt, um sich in das Vertrauen seines Opfers einzuschleichen. Mit Recht zitierte deshalb der Staatsanwalt in seinem Plädoyer jenen Eid, der der Arbeit des Arztes ihre ethische Grundlage gibt: »Mein Handeln geschehe zum Nutzen des Kranken. Ich werde keinem, und sei es auf Bitten, ein tödliches Mittel verabreichen ... Ausgetilgt will ich sein, wenn ich meinen Eid nicht halte ...«

Drittens erhebt sich die Frage nach dem Motiv dieses heimtückischen Verbrechens. Es hat wohl zwei Wurzeln. Die eine liegt im sexuellen Bereich, den die ungarischen Sachverständigen im Fall der drei Nikotinmörder als Haupttriebkraft bezeichneten. Veith trachtete nach einer neuen Verbindung, und zwar mit seiner jüngeren Geliebten. Die andere Wurzel hängt mit dieser zusammen. Veith sagte, eine Scheidung von seiner Frau wäre für ihn nicht in Frage gekommen, das hätte seinem Ansehen als Arzt geschadet.

Viertens hat dieser Mord seine Bedeutung durch das Mittel, mit dem er begangen wurde. Veronal, Arzneimittelname für Diäthylbarbitursäure, ist ebenso wie die Äthylkrotylbarbitursäure Kalypnon (d.h. »schöner Schlaf«) ein sogenanntes Barbiturat, also ein Abkömmling der Barbitursäure, von der sich zahlreiche andere Beruhigungs- und Schlafmittel ableiten. Diese Schlafmittel werden rasch vom Körper aufgenommen und entfalten daher eine schnelle Wirkung.

Professor Adolf von Baeyer, der die Barbitursäure 1865 entdeckte, benannte sie nach seiner Jugendfreundin Barbara. Joseph v. Mering, der vier Jahrzehnte später die schlafbringende Wirkung der Diäthylbarbitursäure erkannte, kam während einer Eisenbahnfahrt nach Verona auf den Gedanken, diese chemische Verbindung Veronal zu nennen, weil Shakespeare seine Tragödie von Romeo und Julia in Verona spielen ließ und Julia einem Schlaftrunk zum Opfer fiel.

Das Veronal sollte nicht nur in der Medizin, sondern auch für die Kriminalistik bedeutungsvoll werden. Unter den Giften, die zum Selbstmord benutzt werden, stehen die Schlafmittel an erster Stelle.

In den letzten Jahrzehnten ist das Bedürfnis nach beruhigenden und einschläfernden Mitteln sprunghaft gestiegen. Kein Jahrhundert war so reich an gesellschaftlichen und sozialen Erschütterungen wie das unsere. Wirtschaftskrisen und Kriege, der explosive Beginn des Atomzeitalters, der Verfall der natürlichen Umwelt, die soziale Unsicherheit von Millionen Menschen, Existenzangst und die sichtbar gewordene Unfähigkeit der Politiker, eine gerechtere und friedliche Weltordnung zu schaffen, führen zu einer in der Menschheitsgeschichte beispiellosen physischen und psychischen Belastung, zu Frustration und Aggression. So nimmt es nicht Wunder, daß der Bedarf an Beruhigungsmitteln weiterhin wächst.

Da die äußeren Merkmale einer Schlafmittelvergiftung oft nicht eindeutig sind, wurde der toxikologische Nachweis um so wichtiger. Heute kann das Barbiturat mühelos isoliert und bestimmt werden. 1951 entdeckte man, daß Barbitursäureverbindungen auch im Schweiß ausgeschieden werden. Deshalb kann man das Gift bei tödlich verlaufenden Fällen unter Umständen auch dann noch nachweisen, wenn nur noch Bettwäsche oder Kleidung des Verstorbenen vorhanden sind.

Tödliches Dreieck

An einem Junimorgen, kurz nach sechs Uhr, bereitet sich Oberarzt Dr. Hans Wittig sein Frühstück. Er gießt den Tee auf und läßt ihn noch etwas ziehen. Er kann sich Zeit lassen, sein Dienst beginnt heute erst um acht Uhr.

Dr. Wittig arbeitet als Chirurg in einem Kreiskrankenhaus

des Erzgebirges. Ein halbes Jahr zuvor, am 1. Januar 1955, hatte er diese Stelle angetreten. Eigentlich könnte er sich hier wohl fühlen. Die anmutige Landschaft, eine angenehme Arbeitsatmosphäre, ein wohlwollender Chef, dazu Gerdis Liebe – alles war dazu angetan, hier heimisch zu werden nach den zermürbenden Kriegsjahren als Truppenarzt und dem Jahrzehnt der Unselbständigkeit als Assistenzarzt. Mit vierzig beginnt er schließlich an ein geordnetes Leben zu denken. Daß sich das erfüllt, verdankt er Gerdi, der sechsundzwanzigjährigen Stationsschwester. Ihre Liebe läßt ihn auf ein Zuhause, eine wirkliche Bleibe hoffen. Dennoch lähmt ihn seit Wochen ein dumpfes Gefühl, das ihn auch heute nicht verläßt.

Dr. Wittig gießt den Tee ab und setzt sich an den Tisch. Er beginnt lustlos zu essen. Zuerst hielt er es für eine Depression, wie sie jeden sensiblen Menschen mal überfällt. Aber er hatte sich selber analysiert und wußte, was es wirklich war: ein Verlust an Sicherheit, Ruhe und Selbstvertrauen. Und er mußte sich eingestehen, es gab keine andere Bezeichnung für seinen Zustand als Angst. Angst vor dem endgültigen Scheitern als Arzt.

Wenn einem Chirurgen innerhalb weniger Wochen drei Frischoperierte wegsterben, dann ist das ein Schock, von dem man sich nicht so bald wieder erholt. Da hilft es auch nicht, wenn der Chef höchstpersönlich durch eine Obduktion feststellt, daß die Operation ordnungsgemäß ausgeführt wurde und kein Kunstfehler unterlaufen war. Es hilft einem gar nichts, drei Tote sind drei Tote, und es ist mir passiert, hämmert es in Wittig, und ich weiß nicht warum, und der Chef weiß es auch nicht. Dieses Nichtwissen ist schlimmer, als wenn feststünde, daß ich einen Fehler gemacht hätte. Gerade diese Ungewißheit ist der Nährboden für böse Gerüchte. Dr. Wittigs Gedanken kreisen immer wieder um das eine Wort: versagt. Ich habe versagt.

Und dann beruhigt er sich wieder. Dramatisiere doch die Sache nicht so. Vielleicht war es wirklich Zufall. Aber gerade, weil er bisher so zufrieden, ja glücklich hier gewesen war, traf es ihn um so schwerer. Sein Ansehen, seine Autorität mußten ihm durch sein Pech allmählich verlorengehen.

Und vielleicht sogar eines Tages Gerdis Liebe.

Wittig gießt sich eine zweite Tasse Tee ein. In diesem Augenblick läutet das Telefon. Es ist kurz vor halb sieben. Er erkennt die Stimme sofort, es ist Gerdi. »Hans«, sagt sie, »komm bitte so schnell wie möglich in die Klinik.«

Ihre Stimme war nur ein Flüstern. Wittig weiß sofort, daß ihn wieder etwas Schreckliches erwartet. »Was ist denn los?« fragt er in sinnloser Hoffnung, daß nichts Schlimmes geschehen sei.

»Weber ist in der Nacht gestorben. Und heute früh Marschalk. Komm bitte bald!«

Vor drei Tagen hatte Wittig Weber und Marschalk operiert. Eine teilweise Magenresektion bei Weber, eine Gallenoperation bei Marschalk. Glatter Verlauf beider Operationen. Gestern nachmittag allerdings hatte sich bei beiden der Allgemeinzustand verschlechtert. Durchfall und Erbrechen kamen hinzu, wofür es keine Erklärung gab. Er hatte bei der Abendvisite aber keinen Anlaß zur Beunruhigung gesehen und die nötigen Anweisungen erteilt.

Und jetzt wußte er, warum er heute morgen wieder mit Angstgefühl erwacht war. Ein unbewußtes Signal, daß sich etwas wiederholte. Plötzlich verschlechtertes Allgemeinbefinden, Erbrechen – so hatte es auch bei den drei anderen angefangen.

Die gleichen Symptome jetzt also fünfmal! Das konnte kein Zufall sein! Das war auch kein Kunstfehler! Das war überhaupt nicht seine Schuld!

Diese Erkenntnis kam wie ein Blitz, der das Dunkel seiner Selbstvorwürfe erhellte. Er konnte nichts Genaues erkennen, aber er sah so viel, daß sich Vorgänge abspielten, an denen er gar nicht beteiligt war.

Er trinkt den Tee aus, eilt hinunter zum Wagen und fährt zur Klinik. Trotz des neuen Erschreckens fühlt er sich erleichtert. Er ist schuldlos. Aber wer trägt dann die Schuld? Eine fahrlässige Krankenschwester? Nein. Man kann wohl einmal etwas übersehen, nicht fünfmal hintereinander dasselbe. Denn es zeigten sich fünfmal die gleichen Folgen, die gleichen Symptome. Hier hatte jemand mit Absicht gehandelt, in vollem Bewußtsein dieser Folgen. Aber aus welchem Grund? Fünf Frischoperierte sterben in kurzer Zeit in derselben Klinik – richtete sich der Anschlag gegen die Klinik, gegen ihren guten Ruf?

Als Wittig die Klinik betritt, erwartet ihn Gerdi Mühlner bereits in seinem Zimmer. Sie steht mitten im Raum, die Hände ineinander verkrampft. Ihre ganze Haltung wie erstarrt. Das Gesicht blaß wie der weiße Kittel. Nun hat auch sie Angst. Es ist Angst um den Mann, den sie liebt.

Wittig sieht das alles mit einem Blick, er geht auf sie zu, der Kuß ist flüchtig in dieser Situation. Fast fröhlich sagt er: »Hab keine Angst, Gerdi. Es wird alles gut. Es war nicht meine Schuld. Der Chef muß so schnell wie möglich her.«

Der Chef hat Urlaub. Glücklicherweise ist der Ärztliche Direktor nicht verreist. Wittig erreicht ihn telefonisch und teilt ihm die Sachlage mit. Und sagt, das sei ein Kriminalfall, ein politischer dazu, der Chef müsse dementsprechend handeln. Wenn nicht sofort etwas geschehe, müßten noch mehr sterben.

Zwei Stunden später versammeln sich im Arbeitszimmer des Ärztlichen Direktors Staatsanwalt Schuricht, Hauptmann Birnbaum von der Abteilung K, der Ärztliche Direktor Dr. Frieders, Oberarzt Dr. Wittig, der Gerichtsmediziner Dr. Walthari und sein Kollege Dr. Moskopf.

Wittig faßt die Ereignisse der letzten Wochen zusammen und hält auch mit seinem Verdacht auf Sabotage nicht zurück. Staatsanwalt Schuricht beauftragt Walthari und Moskopf, die Obduktion der beiden Verstorbenen vorzunehmen.

Die Gerichtsmediziner stellen bei den Toten eine trübe Schwellung von Leber und Nieren fest, ferner ein leichtes Hirnödem. Bei Marschalk gibt es Anzeichen für eine beginnende Lungenentzündung, die jedoch nicht als Todesursache in Frage kommt. Herzmuskelveränderungen bei beiden Toten verstärken den Verdacht auf eine schwere allgemeine Vergiftung.

Dieser Verdacht wird fast zur Gewißheit, als im gesamten Darmtrakt grünlicher dünnflüssiger Kot gefunden wird.

Die bei der Sektion entnommenen Organe werden später untersucht. Der Marshtest weist Arsenvergiftung nach.

Als man sich danach zur Auswertung zusammenfindet, erinnert Direktor Dr. Frieders noch einmal daran, daß auch die drei anderen kürzlich verstorbenen Patienten ähnliche Krankheitszeichen gezeigt hätten.

»Tatsächlich?« fragt Hauptmann Birnbaum erstaunt. »Aber Sie selber hatten doch die Toten obduziert. Warum haben Sie da nicht gleich die Vergiftung bemerkt?«

»Die Symptome sind vieldeutig, Herr Birnbaum. Den endgültigen Beweis bringen erst Obduktion und chemische Analyse.«

»Aber Sie waren es doch, der die drei obduziert hatte!« sagt Birnbaum leicht verwirrt.

»Das schon, Herr Birnbaum.« Dr. Frieders räuspert sich verlegen. »Wie soll ich Ihnen das erklären – es war nur eine Teilsektion, im Bereich des Operationsgebietes. Ich wollte mich lediglich vergewissern, daß Dr. Wittig kein Kunstfehler unterlaufen war. Was ich dann auch ausschließen konnte.«

Birnbaum wendet sich an Dr. Walthari. »Bei den drei zuerst Verstorbenen sollen also ähnliche Symptome aufgetreten sein. Wäre es möglich, daß sie ebenfalls mit Arsenik vergiftet wurden?«

»Die Symptome sind wirklich vieldeutig. Aber auszuschließen ist dieser Verdacht keinesfalls.«

»Dr. Wittig glaubt, es handele sich um Sabotage«, wirft der Ärztliche Direktor ein. »Wie denken die Herren darüber?«

Staatsanwalt Schuricht und Hauptmann Birnbaum wechseln einen Blick. Schuricht zieht es vor, sich nicht zu äußern. Birnbaum übernimmt die nichtssagende Antwort: »Wir stehen erst am Anfang unserer Ermittlungen.« Er fügt hinzu: »Was uns jetzt interessiert, ist die Frage, wieso es in Ihrer Klinik möglich ist, Patienten mit Arsenik zu vergiften?«

Dr. Frieders zuckt zusammen. Der Vorwurf in Birnbaums Frage ist ihm nicht entgangen. Er weiß, daß alle Verantwortung auf ihm lastet. Er weiß keine Antwort.

Birnbaum fährt fort: »Gibt es in Ihrer Klinik Arsenik? Falls ja, wie und wo wird es aufbewahrt, wer hat Zugang?«

»Arsenik in meiner Klinik?« fragt Dr. Frieders aufgebracht. »Undenkbar!«

Birnbaum fragt ungerührt weiter: »Wer vom Pflegepersonal hatte unmittelbar mit den Opfern zu tun? Also: Wer hatte die Möglichkeit, sich das Gift zu beschaffen und es den Opfern unbemerkt zu geben?«

»Wir werden nachforschen.«

»Nicht Sie. Wir zusammen. Die Todesfälle ereigneten sich doch alle auf derselben Station?«

»Auf meiner Station«, erwidert Dr. Wittig. »Also konzentrieren wir die Ermittlung vorerst auf diese Station.«

Drei Tage später hat Hauptmann Birnbaum noch keinen Anhaltspunkt für die Aufklärung der mysteriösen Todesfälle gefunden. Oberpfleger Schultheiß, der auch die Klinikapotheke verwaltet, weiß mit Sicherheit, daß es in der Klinik kein Arsenik gibt, daß auch niemand danach gefragt habe. Die Überprüfung der Krankenschwestern der Station B ergab auch keinen Hinweis, daß eine von ihnen Arsenik zur Verfügung gehabt oder verabreicht hätte.

So hält Birnbaum es zwar für möglich, daß das Gift von außerhalb der Klinik stammen könnte. Aber den Kranken verabreicht haben kann es nur jemand vom Klinikpersonal.

Auch das Motiv für die Morde blieb bisher unerklärlich.

Einen Tag später ereignet sich auf Station B ein weiterer Todesfall.

Drei Tage zuvor, am selben Tag, als Birnbaum mit seinen Ermittlungen begonnen hatte, hatte Oberarzt Dr. Wittig den Reichsbahnangestellten Schütz wegen einer akuten Blinddarmentzündung operiert. Bei der Operation hatte es keine Komplikationen gegeben. Aber dann hatte sich der Zustand des Patienten plötzlich verschlechtert. Erbrechen und starke Blähungen führten zur Annahme eines Darmverschlusses. Dr. Wittig operierte erneut. Der Dünndarm war stark gebläht. Der Ärztliche Direktor ließ eine Probe des Darminhaltes entnehmen.

Dr. Walthari stellte wiederum Arsenik fest. Die Vergiftung war aber schon so weit fortgeschritten, daß Schütz verstarb.

Hauptmann Birnbaum empfand den Tod von Schütz wie eine persönliche Niederlage. Der Mörder hatte sozusagen unter den Augen der Kripo einen neuen Mord begangen. Wäre er mit seinen Ermittlungen vorangekommen, sagte sich Birnbaum, könnte Schütz vielleicht noch leben.

Er beginnt mit neuen Vernehmungen des Pflegepersonals

der Station B. Er erfährt nichts, was ihn weitergebracht hätte. Er kommt sich vor wie in einem dunklen Labyrinth.

Am nächsten Tag stirbt auf Station A ein älterer Mann namens Wiegand. Er war an einem Leistenbruch operiert worden, und zwar auch von Dr. Wittig. Birnbaum empfindet rasenden Zorn. Warum hatte niemand die Symptome ernst genommen, die einen Tag zuvor aufgetreten waren, Leibschmerzen, Durchfälle, Erbrechen? Wittig hatte eine Darmthrombose vermutet. Für Birnbaum ist eine solche Diagnose unbegreiflich.

Bei der Obduktion findet Dr. Walthari wiederum Arsenik.

Nun schlägt der Mörder auch auf einer anderen Station zu. Also weitet Birnbaum die Vernehmungen auf Station A aus. Er vernimmt den Bettnachbarn des Toten und erfährt, daß Oberpfleger Schultheiß Wiegand, bevor sich dessen Zustand verschlechtert hatte, ein Bruchband angemessen hatte. Der Bettnachbar will sich auch daran erinnern, daß Wiegand über Magenschmerzen geklagt und von Schultheiß ein Medikament erhalten hatte. Danach sei es ihm dann schlechter gegangen.

Bevor Birnbaum den Oberpfleger erneut vernimmt, verschafft er sich Informationen über Schultheiß. Dieser gilt als zuverlässiger und gewissenhafter Pfleger. Er übt diesen Beruf seit dreiundzwanzig Jahren aus. Die Patienten nennen ihn fürsorglich und hilfsbereit. Schließlich erfährt Birnbaum, daß der Fünfundvierzigjährige, obwohl verheiratet, ein Liebesverhältnis mit Stationsschwester Gerdi Mühlner hatte.

Birnbaum lädt Gerdi Mühlner vor. Sie gibt zu, intime Beziehungen zu Schultheiß gehabt, sie aber vor einigen Monaten abgebrochen zu haben.

»Aus welchem Grund?«

»Das möchte ich nicht sagen.«

»Schwester, es geht hier um eine Morduntersuchung.«

Stockend erklärt Gerdi Mühlner, es gäbe da jetzt eine Beziehung zu Oberarzt Dr. Wittig. Birnbaum läßt sich nicht anmerken, wie sehr ihn diese Mitteilung überrascht. »Was sagte denn da Herr Schultheiß dazu?«

»Er merkte allmählich, daß zwischen uns beiden nichts mehr lief.«

»Haben Sie ihm nicht offen gesagt, daß es aus ist?«
»Anfangs nicht. Aber meine Beziehung zu Dr. Wittig war ja auf Dauer nicht geheimzuhalten. Herr Schultheiß ist sehr eifersüchtig. Deshalb hatte ich Angst, ihm direkt zu sagen, daß es zwischen uns vorbei ist.«
»Von wem hat er es dann erfahren?«
»Keine Ahnung. Irgend jemand hat es ihm eben gesteckt. Vielleicht hat er es auch selber gemerkt. Jedenfalls machte er mir schreckliche Szenen.«
»Genauer bitte. Was sagte er?«
»Es ging immer nur um ihn. Ich wäre sein einziger Halt. Seine Arbeit würde von den Ärzten nicht anerkannt, seine Frau verstehe ihn nicht, und ich ließe ihn nun auch fallen. Alle hätten ihn verraten. Er liebt solche hochtrabenden Worte. Aber dann hat er schließlich doch aufgegeben.«
»Was heißt aufgegeben?«
»Er hat schließlich aufgehört, mich zu belästigen. Er wurde ruhig und ging mir aus dem Wege. Ich war natürlich froh, daß nun alles geklärt war.«

Daß nun alles geklärt war – davon war Birnbaum nicht überzeugt.

Birnbaum sucht Schultheiß auf. Schultheiß befindet sich gerade in der Klinikapotheke und trägt Neueingänge von Medikamenten ein.

»Sie haben bei Ihrer damaligen Befragung erklärt, Herr Schultheiß, daß Sie in Ihren Beständen kein Arsenik geführt haben.«
»Das stimmt.«
»Und daß Sie auch niemandem Arsenik gegeben hätten.«
»Ich hatte keins und konnte deshalb auch niemandem welches geben.«
»Sie kennen die Wirkung von Arsenik?«
»Nein, kenne ich nicht.«

Diese Antwort alarmiert Birnbaum. Schultheiß ist dreiundzwanzig Jahre als Pfleger tätig, ist dafür ausgebildet worden. Und er will die Wirkung von Arsenik nicht kennen!

Birnbaum fragt erneut: »Sie wissen nicht, daß Arsenik ein Gift ist?«

»Na ja, ein Rattengift.«

Wieder weicht er aus, denkt Birnbaum. Er ist sich plötzlich sicher, auf der richtigen Spur zu sein. Mit seiner unglaubwürdigen Antwort hat der Täter seinen ersten Fehler begangen. Birnbaums erster Verdacht, die Mordfälle müßten irgendeine Beziehung zu Dr. Wittig haben, scheint sich zu bestätigen. Eine Dreieckssituation – und Dr. Wittig ist eine Seite des Dreiecks. Auch wenn das Dreieck längst zerfallen ist und nur noch in der Fantasie von Schultheiß besteht. Er will sich nicht damit abfinden, daß Gerdi Mühlner sich von ihm getrennt hat.

Noch fehlt Birnbaum manches Detail, aber Staatsanwalt Schuricht hält es ebenfalls für notwendig, Schultheiß zu verhaften, um weitere Morde zu verhindern.

Im Verlauf der Untersuchung legt Schultheiß ein Geständnis ab. Der Verlust von Gerdi Mühlner habe den Wunsch in ihm geweckt, sie zurückzugewinnen, indem er den verhaßten Nebenbuhler entfernte. Er hoffte Wittig dadurch zu entfernen, daß er ihn beruflich kompromittierte. Schultheiß drückte es in verharmlosender Amtssprache so aus: »Ich habe seine Patienten vergiftet, um seine Operationsstatistik zu verschlechtern.«

Damit hatte Schultheiß zugegeben, mehrere von Dr. Wittig operierte Patienten ermordet zu haben.

Er schilderte auch, wie er im einzelnen dabei vorgegangen war. Er besaß aus früherer Zeit Arsenik und gab es den Kranken unter dem Vorwand einer Arznei. Als sich der Verdacht gegen das Personal seiner Station B verdichtete, begab er sich zu dem an einem Leistenbruch operierten Wiegand auf Station A. Angeblich wollte er ihm ein Bruchband anmessen. Er verabreichte ihm in gesüßtem Tee 0,5 Gramm Arsenik als Schmerzmittel.

Ursprünglich bestand keinerlei Verdacht gegen Schultheiß. Er war als gewissenhafter Pfleger angesehen. Seinen Haß gegen die Ärzte hatte er durch besonders freundliches Verhalten getarnt. Das Gericht verurteilte dieses Verbrechen als besonders heimtückischen Mord. Schultheiß hatte seine Vertrauensstellung als Oberpfleger mißbraucht. Völlig unschuldige Menschen, die in keiner Beziehung zu ihm und seinem Konflikt standen, wurden Opfer seiner egoistischen Rache. Er wurde wegen mehrfachen Mordes zum Tode verurteilt.

»Plötzlich und unerwartet«

Das ist ein verwirrender tragischer Fall, der sich 1967 in einer Kleinstadt ereignet hat.

Gertraud Fleming ist zweiunddreißig Jahre alt. Sie arbeitet als Verkäuferin in einem Textilgeschäft, ihr Mann als Meister in einer Gießerei. Die Flemings haben zwei Kinder – eine siebenjährige Tochter und einen vierjährigen Sohn.

An diesem Märzabend kommt Frau Fleming vorzeitig gegen halb sechs heim. Die Kinder sind schon aus Kindergarten und Hort zurück. Während Frau Fleming ihre Jacke ablegt, kommt Margit angelaufen, um die Mutter zu begrüßen. Sie hält ein Heft in der Hand und ruft: »Heut' habe ich alles ganz allein gerechnet! Sieh mal!«

Frau Fleming wehrt ab: »Jetzt nicht, Margit. Ich sehe mir's später an. Ich muß mich erst einen Augenblick hinlegen.« Sie sieht die Enttäuschung in den Augen des Kindes und fügt hinzu: »Nur eine' Viertelstunde. Ich fühle mich nicht ganz wohl.«

»Bist du krank, Mutti?«

»Nein, nein. Ich bin mit dem Fahrrad gestürzt und wäre beinahe unter ein Auto gekommen.« Sie stützt ihre Hand auf die Stuhllehne. Diese plötzliche Leere im Kopf. Ihr wird schwarz vor den Augen. Sie versucht ganz tief zu atmen. Dann schleppt sie sich ins Schlafzimmer und legt sich aufs Bett.

Als Herbert Fleming gegen neunzehn Uhr heimkommt, sitzen die Kinder vor dem Fernseher. »Guten Abend«, sagt er, »ist Mutti noch nicht zurück?«

»Sie liegt im Bett. Ihr ist nicht gut.«

Fleming geht ins Schlafzimmer. Er bleibt auf der Türschwelle stehen und blickt ins Dunkel. Leise fragt er: »Schläfst du?«

Gertraud antwortet nicht. Schläft sie denn so tief? denkt er und tritt ans Bett. Er hört keinen Atemzug. Beunruhigt nimmt er ihren Arm, der merkwürdig leblos in seiner Hand liegt. Er rüttelt seine Frau an den Schultern. »Gertraud!« Entsetzt läßt er los. Ohne den Kindern etwas zu sagen, eilt er ins Treppenhaus und läutet an der gegenüberliegenden Tür.

Frau Grosser öffnet. Sie ist Rentnerin. Nur mühsam versteht sie den Sinn von Flemings zusammenhanglosen Sätzen. Sie spürt, etwas Schlimmes ist geschehen. Sie ruft ihren Mann und folgt Fleming ins Schlafzimmer.

Fleming schaltet das Licht an. Frau Grosser nimmt das Handgelenk der leblosen Frau. Sie sucht nach dem Puls. Dann murmelt sie: »Ich glaube, sie ist tot.«

»Unmöglich!« stammelt Fleming. Schwerfällig läßt er sich auf dem Bettrand nieder. Er starrt auf seine Frau. Anscheinend ist er unfähig, irgendeinen Entschluß zu fassen. Frau Grosser erklärt, sie werde sich um die Kinder kümmern. Ihren Mann beauftragt sie, einen Arzt zu holen. Fleming bleibt allein im Schlafzimmer zurück, mit einer kleinen sinnlosen Hoffnung ...

Als eine halbe Stunde später die Ärztin Dr. Faber eintrifft, kann sie nur noch Frau Flemings Tod bestätigen. Fleming nimmt es ohne sichtbare Erschütterung auf, der Schock sitzt zu tief. »Wie ist das bloß möglich«, murmelt er, »wie ist das bloß möglich. So plötzlich. Heute morgen war sie doch noch völlig in Ordnung.«

»Was sind das eigentlich für Verletzungen?« fragt Dr. Faber und deutet auf einige Hautabschürfungen im Gesicht. Fleming weiß es nicht. Frau Grosser erinnert sich, daß Margit etwas von einem Unfall erzählt hat.

Frau Dr. Faber horcht auf. »Ein Unfall?«

»Sie soll auf dem Heimweg mit dem Fahrrad gestürzt sein.«

»Vielleicht haben wir da die Ursache eines tödlichen Unfalls.«

»Tödlicher Unfall?« fragt Fleming ungläubig.

»Möglicherweise Schädelbruch. Gehirnblutung.«

»Aber sie konnte doch noch heimfahren, mit den Kindern sprechen und – nein, nein, das ist ausgeschlossen, Frau Doktor!«

»Selbst bei tödlichen Verletzungen wie einer Gehirnblutung

kann der Verletzte bisweilen noch einige Zeit auf den Beinen sein und vernünftig und zielgerichtet handeln.«

Fleming erwidert nichts. Er schüttelt den Kopf, wendet sich plötzlich um und murmelt: »Entschuldigen Sie.« Rasch verläßt er das Zimmer. Dr. Faber wäscht sich im Badezimmer die Hände. Als sie ins Wohnzimmer tritt, um den Totenschein auszufüllen, sieht sie Fleming vor der Hausbar stehen und eine gehörige Portion Korn in ein Wasserglas gießen. Fleming zuckt zusammen und lächelt krampfhaft: »Ich muß erst mal einen Schluck trinken.«

Dr. Faber nickt. Während sie das Formular ausfüllt, sagt sie, daß die Todesursache durch eine Obduktion festgestellt werden müsse.

Am nächsten Morgen setzt sich der Behördenapparat in Bewegung ... Der Kreisarzt ordnet eine Verwaltungssektion an. Leutnant Merkel von der Abteilung K stellt fest, daß Frau Flemings Unfall von der Verkehrspolizei aufgenommen worden war. Sie selbst hatte das nicht gewollt, es wäre ja nichts weiter passiert, aber der Fahrer des Kraftwagens hatte darauf bestanden, den Unfall aufzunehmen.

Dabei hatte sich folgendes herausgestellt: Der Berufskraftfahrer Tanndorf sah eine Radfahrerin vor sich, die vorschriftsmäßig am rechten Straßenrand fuhr. Als er sie überholen wollte, schlug das Fahrrad plötzlich nach links aus. Tanndorf vollzog eine Notbremsung. Er streifte das Fahrrad aber doch noch, wenn auch mit geringer Wucht. Die Fahrradfahrerin stürzte aufs Pflaster.

Die Fahrradfahrerin, Frau Fleming, hatte ausgesagt, sie wisse nicht, wie es zu diesem Unfall gekommen sei. Ihr sei plötzlich schwindlig geworden, sie habe sogar das Gefühl gehabt, ohnmächtig zu werden. »Schwarz vor den Augen, völlige Leere im Kopf«, hatte sie wörtlich gesagt. Dabei sei sie wohl zu weit nach links geraten und von dem Auto gestreift worden.

Da sich beide Aussagen nicht widersprachen, war die Sachlage klar. Den Kraftfahrer traf keine Schuld. Die Verkehrspolizisten hatten Frau Fleming geraten, sich ärztlich untersuchen zu lassen, aber sie hatte erwidert, sie habe keinerlei Schmerzen.

Leutnant Merkel weiß jetzt, daß Frau Fleming bereits vor

dem Unfall Krankheitszeichen aufwies, die sie fahruntüchtig machten. Von Frau Flemings Arbeitsstelle erfährt er, daß sich Frau Fleming schon den ganzen Tag nicht wohl gefühlt und über Schwindel und Übelkeit geklagt habe.

Für Merkel steht nun fest, daß Frau Fleming durch ihr Unwohlsein ihren Unfall selbst verschuldet hat. Die Leichenschauärztin hat wahrscheinlich richtig diagnostiziert. Sturz aufs Pflaster, Gehirnblutung.

Aber Dr. Waltharis Obduktionsbefund widerlegt diese Vermutung Dr. Fabers gründlich. Immer wieder überliest Leutnant Merkel die entscheidenden Sätze des Sektionsprotokolls, die seine abschließende Untersuchung in eine ganz andere Richtung drängen.

Merkel sucht Fleming auf. Er spricht ihm sein Mitgefühl aus und hat den Eindruck, daß Fleming kaum eines zusammenhängenden Gesprächs fähig sein dürfte.

»Herr Fleming, auch wenn es Ihnen jetzt nicht danach zumute ist, mit mir zu reden – es sind da noch einige Fragen offen, Fragen nach der Ursache des plötzlichen Todes Ihrer Frau.«

»Wenn ich Ihre Fragen beantworten kann – gern. Aber von dem Verkehrsunfall weiß ich doch noch weniger als Sie.«

»Es geht nicht um den Verkehrsunfall.«

Fleming blickt Merkel fragend an. »Aber worum dann?«

»Wie lange waren Sie eigentlich verheiratet, Herr Fleming?«

»Fast neun Jahre«, erwidert der Mann leise.

»Verstanden Sie sich gut mit Ihrer Frau?«

»Ich weiß nicht, was diese Frage soll.«

»Wollten Sie sich vielleicht von Ihrer Frau trennen?«

Fleming will heftig entgegnen, sagt aber so ruhig wie möglich: »Wie kommen Sie bloß darauf? Wir haben uns gut verstanden, da können Sie fragen, wen Sie wollen.«

»Empfanden Sie Ihre Kinder als Last?«

»Sie sollten mir jetzt lieber offen sagen, was Sie von mir wollen. Meine Frau ist noch nicht unter der Erde, ich weiß nicht, wo mir der Kopf steht, und Sie ...«

Er ist zu erregt, um weitersprechen zu können. Heftig atmend sitzt er vor Merkel. Merkel blickt ihn nicht an, als er die nächste Frage stellt: »Wußten Sie, daß Ihre Frau schwanger war?«

Fleming springt abrupt auf, geht zum Fenster, blickt hinaus. »Ja, natürlich«, sagt er schließlich. »Wir hatten uns sehr auf das dritte Kind gefreut.«

»Warum hat Ihre Frau dann eine Abtreibung vorgenommen?«

Fleming kehrt zurück, setzt sich, murmelt: »Das ist doch jetzt wohl völlig nebensächlich. Meine Frau ist tot!«

»Infolge der versuchten Abtreibung!« vollendet Merkel.

Fleming scheint das Atmen zu vergessen. In einer sinnlosen Bewegung fährt er sich durchs Haar. Sein Gesicht verzerrt sich. »Sie wollen doch nicht behaupten ... Das ist doch unmöglich! Diese, diese Einspritzung, die liegt doch Tage zurück!«

Merkel nimmt das Sektionsprotokoll und liest Fleming die entscheidenden Sätze daraus vor: »Schwangerschaft im zweiten Monat ... Abhebung der Plazenta durch Einspritzen einer Flüssigkeit ... Gasblasen in den Gehirnkapillaren, Ischämie ... so daß zusammenfassend gesagt werden kann, der Tod der F. ist durch protrahierte Luftembolie als Folge eines Abtreibungsversuches eingetreten.«

Drückendes Schweigen zwischen den beiden Männern. Merkel beginnt als erster wieder zu sprechen. »Ich muß Sie das noch fragen, Herr Fleming. Haben Sie Ihre Frau dazu überredet?«

»Wir hatten uns gemeinsam dazu entschlossen. Sehen Sie, wir waren aus dem Gröbsten heraus. Das älteste Kind ist sieben, meine Frau und ich, wir verdienten ganz gut. Dann kam das Pech mit dem dritten Kind. Drei Kinder – meine Frau hätte bestimmt erst mal ihre Arbeit aufgeben müssen. Aber vor uns standen allerhand Zahlungen – für den neuen Wagen, die Waschmaschine, den Ausbau der Datsche ...«

»Vorhaltungen stehen mir nicht zu, Herr Fleming. Aber haben Sie beide nie daran gedacht, daß eine solche Abtreibung oft ein Spiel mit dem Leben ist?«

Wenige Jahre später wurde in der ehemaligen DDR die Fristenlösung für Schwangerschaftsabbruch eingeführt und damit eine Ursache für eigenhändigen oder unsachgemäßen Schwangerschaftsabbruch mit seinen nicht selten tödlichen Folgen beseitigt.

Frau Flemings Tod, der, wie es oft heißt, »plötzlich und unerwartet« kam, war letztlich ein Unfalltod – freilich aus einer ganz anderen Ursache, als die Leichenschauärztin vermutet hatte. Zwei Unfälle hatten sich hier gekreuzt, der Zufall hatte sich sozusagen potenziert. Er wiederholte sich in einem zweiten Unfall, der keine Beziehung zum vorangegangenen hatte.

Wiederum zeigte sich hier, wie notwendig die Obduktion war. Möglicherweise wäre der am Unfall völlig unschuldige Kraftfahrer in ein Verfahren verwickelt worden.

Nach statistischen Feststellungen aus jener Zeit stirbt jede fünfte aller Frauen, bei denen eine Abtreibung tödlich endet, an Luftembolie. Eine Luftembolie entsteht dann, wenn der Abortus durch Einspritzen einer Flüssigkeit in die Gebärmutter erzielt werden soll. Mit der Flüssigkeit kann Luft in die Gebärmutter gelangen. Dagegen hilft auch keine Vorsicht, weil die dabei entstehenden Druckverhältnisse eine Eigengesetzlichkeit entfalten und sich jeder Kontrolle entziehen. Über den venösen Blutkreislauf dringt die Luft bis in die rechte Herzkammer vor und vermischt sich mit dem Blut zu Schaum. Das Herz steht plötzlich still. Die Luft kann aber auch über die Lungenschlagader in die Lunge geraten und die Haargefäße verstopfen. Die linke Herzkammer wird dann nicht mehr ausreichend mit Blut versorgt. In selteneren Fällen kommt es auch zu einer Embolie in den Hirngefäßen. Vorboten des Todes sind Krämpfe, Lähmungen, Bewußtlosigkeit.

Diese Formen einer blitzartig verlaufenden Luftembolie überraschen ihre Opfer meist noch während der Abtreibungshandlung. In diesen Fällen ist die Diagnose nicht schwierig. Lage und Zustand der Toten, aber auch die benutzten Geräte weisen deutlich auf den Tathergang hin. Neben dieser plötzlichen gibt es noch eine verzögerte Luftembolie. Um eine solche protrahierte Luftembolie ging es im Fall der Frau Fleming. Sie tritt immer dann ein, wenn sich die in den Uterus gepreßte Luft zuerst in Form eines Luftdepots sammelt und erst nach Stunden oder sogar Tagen über die Hohlvenen ins Herz gelangt. Da das Opfer dann plötzlich auf der Straße, im Autobus, am Arbeitsplatz umfällt, liegt für den Leichenschauarzt die Verlegenheitsdiagnose »Herzschlag« nahe.

III
DUELL DER EXPERTEN

Im Bereich der materiellen Tatsachen, Vorgänge und Beziehungen gibt es nur eine Wahrheit. Darüber sind sich die naturwissenschaftlichen Sachverständigen wohl einig. Aber was die Wahrheit ist, darüber gehen die Urteile manchmal weit auseinander. Auch die gerichtsmedizinischen Experten haben unterschiedliche praktische Erfahrungen, die leicht vorschnell verallgemeinert werden können. Oder sie hängen Theorien an, die gestern noch gültig waren, heute aber überholt sind.

Die Auseinandersetzung der Gutachter im Gerichtssaal gleicht zuweilen einem Duell, einem geistigen. Es geht dabei zwar nicht um Tod und Leben des Gutachters, aber doch auch um sein Überleben als Autorität. Die unvoreingenommene Suche nach der Wahrheit ist die ethische Grundlage für die Arbeit des Rechtsmediziners. Schleichen sich in das Urteil des Experten aber Starrsinn, wissenschaftliche Rückständigkeit, autoritäre Unfehlbarkeitshaltung ein, können solche Gutachter mitschuldig an Justizirrtümern werden.

Die Geschichte der Gerichtsmedizin ist, wie die Geschichte jeder Wissenschaft, eine Geschichte von Wahrheitsfindung und Irrtum. Manchmal lassen sich Wahrheit und Irrtum sauber voneinander trennen und unterscheiden. Manchmal ist die Wahrheit auch, wie Kurfürst Friedrich der Weise sagte, ein Kind der Gegensätze. Und manchmal läßt sich die Wahrheit überhaupt nicht finden.

Der Fall Marie Lafarge

Im März 1845 schrieb Jenny v. Westphalen ihrem Verlobten Karl Marx, sie würde ihm sobald wie möglich »die Lafarge« zuschicken. Sie meinte damit eines der aufsehenerregendsten Bücher des Jahres, Marie Lafarges Memoiren. Heute würde man diese Autobiographie einen Bestseller nennen. Die wegen Giftmordes an ihrem Mann zum Tode verurteilte Marie Lafarge versuchte in diesem Buch, den Schuldspruch der Geschworenen als Irrtum darzustellen.

Der Fall der Lafarge wurde zum »Jahrhundertfall« nicht so sehr wegen der Tat selbst. Sie war ein simpler Giftmord tief in der französischen Provinz. Auch nicht wegen der Täterin, einer zu melodramatischen Ausbrüchen neigenden Kleinbürgerin. Eher könnte man schon in dem halbverfallenen Kloster Le Glandier, wo sich die Vorgänge abspielten, den Hintergrund eines in jener Zeit bereits beliebten romantischen Schauerdramas erblicken. Was diesen Fall damals zum sensationellsten Kriminalereignis in Europa machte, waren die neuartigen Umstände seiner Aufklärung: Die moderne Chemie hielt Einzug in den Gerichtssaal.

Vielleicht faszinierte diese Tatsache den jungen Marx. Später begründete er, warum auch das Verbrechen die Wissenschaft fördere. Manche Erfindung sei nur gemacht worden, um das Verbrechen besser bekämpfen zu können. Das Verbrechen sei eine Art Produktivkraft. Im Fall der Marie Lafarge war es der gerade entwickelte Arsennachweis von Marsh, der hier seine erste Feuerprobe bestand.

Wie alle neuen wissenschaftlichen Erkenntnisse und Methoden erregte auch der Marshtest damals heftiges Für und Wider. Es bildeten sich zwei Parteien: die eine, die Lafargisten, hielt Marie Lafarge für unschuldig, für ein »Opfer der Chemie«, die andere, die Antilafargisten, hielt die neue Methode für unfehlbar und war von der Schuld der Lafarge überzeugt.

Selbst nach dem Schuldspruch der Geschworenen gab die Auseinandersetzung zwischen Lafargisten und Antilafargisten den Journalen noch jahrelang Stoff. Liest man heute nach anderthalb Jahrhunderten die Protokolle des Prozesses, die

Pamphlete und Verteidigungsschriften, vergleicht man das Pro und Contra, steht die Schuld der Marie Lafarge mit ziemlicher Wahrscheinlichkeit fest. Die Indizien sind erdrückend und auch von der Verteidigung nicht angezweifelt worden.

Marie Cappelle, Tochter eines pensionierten Offiziers, lebte mit ihrem Vater in bescheidenen Verhältnissen in Paris. Das geringe Vermögen des Vaters wurde nicht angegriffen; es sollte als Mitgift für eine spätere Heirat dienen. 1859 lernte Marie durch eine Heiratsvermittlerin Charles Lafarge kennen. Der Fabrikant Lafarge war nach Meinung der Heiratsvermittlerin eine »gute Partie«. Er besaß Ländereien, das Schloß Le Glandier und eine Eisengießerei. Lafarge seinerseits war ebenfalls überzeugt, sich gut zu verheiraten. Nach Auskunft der Vermittlerin sollte Marie ein beträchtliches Vermögen und wertvollen Diamantschmuck besitzen.

Der Heiratskontrakt wurde aufgesetzt und die Ehe einige Wochen später geschlossen. Noch ahnte keiner von beiden, daß diese Ehe schon brüchig war, als sie begann. Von beiden Seiten war sie auf Lüge und Betrug aufgebaut. Marie war längst nicht so vermögend, wie sie behauptet hatte. Charles war tief verschuldet. Jeder hoffte, sich mit dem Geld des Partners aus seiner trostlosen Lage befreien zu können.

Marie wurde als erste aus ihren Träumen von einem sorglosen Leben herausgerissen. Als sie mit ihrem Mann in Le Glandier eintraf, erwies sich das »Schloß« als eine notdürftig zum Wohnen hergerichtete Klosterruine. Die Eisengießerei war stillgelegt. Ohne ein größeres Darlehen, erklärte Lafarge geradeheraus, sei der Betrieb nicht wieder produktionsfähig. Dieses Darlehen sollte auf Maries Vermögen aufgenommen werden.

Die triste Atmosphäre und die Enttäuschung, die Marie bei ihrer Ankunft in Le Glandier empfand, mußten ihr einen tiefen Schock versetzt haben. Gleich in der ersten Nacht schloß sie sich in ihre salpeterglitzernde Kammer ein und sann nach einem Mittel, um sich von ihrem Mann zu befreien. Es konnte nur ein ungewöhnliches Mittel sein, denn die katholische Kirche verbot die Scheidung.

Der Brief, den Marie in dieser Nacht schrieb, ist erhalten geblieben. Er wurde später im Prozeß gegen sie verwendet, denn in diesem Brief erwähnte sie zum ersten Mal Arsenik. Es hieß da: »Ich habe Dich betrogen. Ich liebe Dich nicht. Ich liebe einen anderen. Ich liebe ihn mehr als mein Leben. Deine Zärtlichkeiten jedoch widern mich an. Aber wenn Du willst, werde ich Arsenik nehmen, ich besitze welches. Ich werde Dir nicht gehören, ich werde aber auch nicht ihm gehören. Ich werde tot für die Liebe sein.«

Abgesehen davon, daß auch dieser Brief eine Lüge war – Marie hatte keinen Liebhaber –, blieb doch das Spiel mit dem Arsenik, die Selbstmorddrohung, bezeichnend für die ausweglose Situation der jungen Frau.

Vorerst reagierte Lafarge nicht auf den Brief. Der plumpe und ungebildete, als Liebhaber wenig anziehende Mann liebte die junge Pariserin wirklich. Und auch Lafarges Familie – seine Mutter, seine Schwestern, der Schwager, die Nichte – sahen in der »Dame de Paris« anfangs ein zauberhaftes exotisches Geschöpf, das man mit Liebe und Fürsorge umgeben mußte.

Maries Enttäuschung schien bald verflogen. Sie gab sich heiter, liebenswürdig, paßte sich der Familie an, und es sah aus, als würde alles noch gut werden.

Wenige Monate später, im Herbst 1859, veranlaßte Marie ihren Mann, ein neues Testament aufzusetzen und seinen gesamten Besitz ihr zu vermachen. Dazu gehörten nicht nur die schuldenbelastete Gießerei und das Grundstück, sondern auch einige Patente auf Erfindungen, die Lafarge vorzuweisen hatte. Von diesen Patenten versprach er sich viel für die Zukunft. Anscheinend teilte Marie darin seine Meinung, sonst wäre eine Testamentsänderung sinnlos gewesen.

Schon im Dezember stellte sich heraus, daß Lafarge und Marie richtig gerechnet hatten. Lafarge wurde zum Patentamt nach Paris bestellt, um über eine finanzielle Abfindung zu beraten. Lafarge reiste Anfang Dezember ab. Aber die Verhandlungen brachten nicht das gewünschte Ergebnis. Deshalb nahm er einen Kredit von 25 000 Francs auf und verpfändete dafür, ohne deren Wissen, Maries Vermögen.

Inzwischen war auch Marie nicht untätig gewesen. Während Lafarge nach ihrem Vermögen trachtete, trachtete sie nach seinem Leben. Am 12. Dezember schickte sie den Verwalter Denis, einen Vertrauten ihres Mannes und Komplicen seiner Wechselreiterei, nach Lubersac zum Apotheker Essartier. Dem Apotheker schrieb sie: »Monsieur, ich werde von Ratten verzehrt. Ich habe schon Gips und Krähenaugen versucht, um mich von ihnen zu befreien. Nichts hilft. Wollen oder können Sie mir ein bißchen Arsenik anvertrauen? Sie können auf meine Vorsicht rechnen. Ich wünsche außerdem noch ein Viertel süße Mandeln.«

Die süßen Mandeln übergab Marie zwei Tage später ihrer Schwiegermutter zum Backen eines Weihnachtskuchens, den sie ihrem Mann nach Paris schicken wollte.

Das Arsenik übergab sie Denis. Der sollte daraus »Rattenkuchen« herstellen, mit Arsenik vermischte Mehlfladen. Sie sollten im Haus gegen die Rattenplage ausgelegt werden.

Marie bat ihre Schwiegermutter, dem Kuchen einen Brief beizulegen und Charles mitzuteilen, daß seine Mutter den Kuchen gebacken habe. Die alte Frau wunderte sich über dieses Ansinnen, kam aber Maries Wunsch nach und schrieb: »Marie will mit Gewalt, daß ich Dir schreibe, ich hätte Deinen Lieblingskuchen gebacken...« Marie ließ dann das Kuchenpaket von Denis zur Post bringen. Kurz vor Weihnachten besuchte Lafarge in Paris seinen Schwiegervater. Er zeigte ihm den Kuchen, den er gerade aus Le Glandier erhalten hatte, und aß ein größeres Stück davon.

Eine halbe Stunde später wand sich Lafarge vor Schmerzen. Sein Hals brannte wie Feuer, kolikartige Krämpfe nahmen ihm fast das Bewußtsein. Der Schwiegervater fürchtete, es könnte die Cholera sein. Er kannte die Symptome vom Ägyptenfeldzug. Aber Lafarge erholte sich in den nächsten Tagen wieder.

Am 3. Januar kehrte er nach Le Glandier zurück. Abends setzte ihm Marie Trüffeln vor. Kurz nach dem Essen mußte er heftig erbrechen. Es ging ihm so schlecht, daß er sich zu Bett legte. Am nächsten Tage hatte sich sein Zustand nicht gebessert. Die Mutter wollte nach dem Arzt Dr. Bardon schicken. Marie hatte Einwände: »Charles soll krank sein? Er will sich nur etwas bedauern lassen.« Sie wandte sich an Charles: »Nicht wahr, mein Lieber, du bist ja sooo krank, du mußt so schrecklich leiden.« Triumphierend rief sie der Schwiegermutter zu:

»Sehen Sie, jetzt ist er zufrieden. Er will nur ein wenig bedauert werden.«

Am nächsten Tag ließ Mutter Lafarge Dr. Bardou kommen, den alten Hausarzt der Familie. Er kannte Lafarge von Kindheit an. Er untersuchte ihn und diagnostizierte eine Magenüberreizung. Ein Minerallaugensalz würde ihn bald wieder auf die Beine bringen. Als sich Bardou verabschiedete, nahm ihn Marie beiseite und bat ihn, ihr gegen die Rattenplage ein Rezept für Arsenik zu schreiben. Am 8. Januar löste Denis das Rezept ein und brachte 4 Gramm aus der Apotheke.

Lafarges Zustand verschlimmerte sich. Am meisten quälten ihn brennende Hitze im Hals und reißende Koliken.

Am 10. Januar schickte Marie den Verwalter Denis erneut nach Arsenik, diesmal jedoch in eine andere Apotheke. Denis erhielt für 20 Sous etwa 64 Gran Arsenik. Bald lag Lafarge in tiefer Apathie, die nur durch die schmerzhaften Anfälle unterbrochen wurde. Marie veranlaßte ihn trotz seines Widerstands und Ekels, etwas Kräftigendes zu sich zu nehmen. Sie bereitete ihm Hühnermilch, ein Getränk aus Milch, Zucker und verquirltem Ei. Dabei sah die in Le Glandier wohnende Malerin Anna Brun, wie Marie aus einer Dose ein Pulver in die Hühnermilch schüttete. Auf ihre Frage, was Marie ins Glas getan habe, antwortete sie, es seien Orangenblüten.

Einmal fragte Lafarge Dr. Bardou, was da Weißes auf der Hühnermilch schwimme. Dr. Bardou meinte, es sei sicher etwas Kalk von der Decke darauf gefallen.

Als Mutter Lafarge an einem Tag Mitte Januar in die Küche kam, sah sie, wie Marie eine Brotsuppe für ihren Mann bereitete und bei ihrem Hinzutreten hastig eine kleine Malachitdose in die Tasche steckte. Dann rührte Marie in der Suppe und erklärte, sie habe etwas Gummi arabicum hineingetan, das sei ein altbewährtes Mittel gegen Brechdurchfall.

Als Lafarge von dieser Suppe aß, empfand er wieder brennenden Schmerz im Hals. Die Mutter stellte die Suppe in den Schrank. Sie war durch die mehrfachen Arsenikkäufe, von denen Denis berichtet hatte, mißtrauisch geworden. Sie erzählte Anna von ihrer Sorge. Die Brun teilte ihr daraufhin den Vorfall mit den Orangenblüten mit. Daraufhin schickte die Mutter ihren Schwiegersohn mit dem Rest der Brotsuppe und eines Glases Hühnermilch zu Apotheker Essartier. Essartier untersuchte die Materialien und stellte Arsenik fest.

In der Familie brach eine Panik aus. Charles rief: »Verlaßt mich nicht! Umgebt wie eine Mauer mein Bett!«

Nun wachten ständig mehrere Familienmitglieder an Lafarges Bett und verhinderten, daß er eine von Marie gekochte Speise erhielt.

Trotzdem verfiel Lafarge zusehends. Ein zweiter Arzt wurde hinzugezogen, Dr. Lespinasse. Lespinasse untersuchte Lafarge und stellte fest: starrer Blick, Hitze und Schmerz im Hals. Der Leib nur gering druckempfindlich, fortwährendes Erbrechen, Arme und Beine kalt, der Puls schwach und unregelmäßig. Ferner starke innere Unruhe und Ohnmachtsanfälle.

Dr. Lespinasse verschaffte sich ein Lehrbuch für gerichtliche Medizin und verglich seine Beobachtungen mit den Symptomen einer Arsenikvergiftung. Er fand eine starke Übereinstimmung und verordnete als Gegenmittel Eisenoxid.

Aber Lafarge war nicht mehr zu retten. Er weigerte sich, seine Frau noch einmal zu sehen. Ohne daß sie es erfuhr, änderte er erneut sein Testament. Er enterbte Marie und setzte als Haupterbin seine Mutter ein. Als er starb, flüsterte er Unverständliches. Die Mutter glaubte die Worte zu hören: »Geht, geht, sucht.«

Der Untersuchungsrichter, den Dr. Lespinasse von seinem Verdacht informiert hatte, ordnete eine Obduktion des Toten an.

Mit dieser Obduktion begann eine Reihe von Untersuchungen, deren Ergebnisse sich gegenseitig aufhoben. Lafarges Tod wurde immer rätselhafter. Von Anfang an hemmten provinzielle Rückständigkeit, mangelnde Sorgfalt und wissenschaftliche Unerfahrenheit die gerichtsmedizinische Aufklärung des Todesfalles. Eine Analyse widersprach der anderen und erforderte neue Expertisen. So entstand in der Öffentlichkeit bald der Eindruck, die Sachverständigen seien unfähig, die Wahrheit zu finden, die Wissenschaft überhaupt habe versagt. Spekulationen verdrängten ein unvoreingenommenes Forschen. Nicht mehr die Tat interessierte, sondern die Täterin. Den einen erschien sie ein Engel, den anderen ein Teufel.

Bereits die Obduktion legte den Keim für diese verhängnisvolle Entwicklung des Falles. Dr. Bardou sollte die Sektion vornehmen. Aber er fühlte sich, da er dem Toten nahe stand, nicht in der Lage dazu. Ein zufällig vorbeikommender Arzt erklärte sich zu der Obduktion bereit. Dr. Bardou und Dr. Lespinasse unterschrieben seinen Befund und schufen damit einen juristisch anfechtbaren Tatbestand: ein nicht vom Gericht beauftragter Arzt obduzierte, und zwei Ärzte, die nicht an der Obduktion teilgenommen hatten, fertigten das amtliche Protokoll aus.

Im Obduktionsbefund hieß es: stark gerötete Lungen, ausgedehnte Entzündungen in Rachen und Schlund, im Magen vier brandige Verätzungen, desgleichen schwarze Verfärbung des Zwölffingerdarmes.

Der Untersuchungsrichter nahm den Befund zur Kenntnis, stellte aber zugleich fest, daß aus diesen Symptomen unterschiedliche Todesursachen abgeleitet wurden. Bardou vermutete Cholera, Lespinasse Arsenikvergiftung. Da also eine Arsenikvergiftung nicht auszuschließen war, setzte der Untersuchungsrichter die Staatsanwaltschaft in Kenntnis. Generalprokurator Decoux veranlaßte eine chemisch-toxikologische Untersuchung.

Die bei der Obduktion asservierten Materialien – Magen, Zwölffingerdarm, Mageninhalt –, dazu Reste von Erbrochenem, von Brotsuppe und Hühnermilch, wurden an den Gerichtsort nach Brives gebracht. Wiederum traten dabei unverständliche Nachlässigkeiten auf, die später der Verteidigung Anlaß gaben, die Exaktheit der Voruntersuchung in Frage zu stellen. Die giftverdächtigen Flüssigkeiten befanden sich im gleichen Korb wie die Organe des Toten. Die Gefäße, in denen sich die Materialien befanden, waren lediglich mit Papier zugedeckt. Ein Gefäß zerbrach auf dem Transport. Und der Magen des Toten lag tagelang in der Schublade des Gerichtsdieners.

Vom 19. bis 22. Januar 1840 fand die erste chemisch-toxikologische Untersuchung statt. Zur Kommission gehörten die Ärzte Bardou und Lespinasse, außerdem ein Apotheker. Es heißt im Protokoll über die Analyse der Asservate: »Wir haben einen Teil der Hühnermilch abgeklärt, sie mit Schwefelwasserstoff behandelt und zu derselben einige Tropfen Salzsäure gegossen. Wir erhielten auf diese Weise einen hellgelben flockigen Niederschlag, welcher vollkommen in reinem Ammoniak lösbar war. Bei Erhitzung des Niederschlags setzten sich graue glänzende Körnchen ab, welche wir dem Vorhandensein von metallischem Arsenik zuschreiben.«

Bei der Untersuchung des Magens explodierte die erhitzte Glasröhre, so daß kein Resultat erlangt werden konnte.

Insgesamt stellte die erste Analyse fest, daß sich in der Hühnermilch »reichlich arsenige Säure« befand und daß Magen und Mageninhalt ebenfalls Gift enthielten, was der gelbe flockige Niederschlag beweise. Auch wenn die Reaktion nicht mehr bis zum Ende, bis zur Reduktion metallischen Arsens, durchgeführt werden konnte, sei bewiesen, »daß der Tod Lafarges das Resultat einer Vergiftung durch arsenige Säure war.«

Diese Schlußfolgerung war allerdings nicht exakt, aber damals üblich. Denn nicht immer gelang es, in der erhitzten Glasröhre metallisches Arsen sichtbar zu machen, besonders wenn es sich um kleinste Mengen handelte. Deshalb begnügte man sich oft bereits mit dem gelben flockigen Niederschlag und nahm ihn als Arseniknachweis.

Auf Grund dieses Befundes erhob Generalprokurator Decoux Anklage gegen Marie Lafarge wegen Giftmordes. Marie wurde verhaftet und ins Untersuchungsgefängnis von Brives eingeliefert. Die Recherchen der Anklage erbrachten nicht nur, daß sich die Lafarge dreimal Arsenik verschafft hatte, sondern ein weiteres ebenso überraschendes wie belastendes Indiz. Die sogenannten Rattenkuchen, die Denis aus dem ihm von Marie übergebenen Gift gebacken hatte, enthielten kein Arsenik, sondern Ammoniak. Damit brach eine wichtige Schutzbehauptung Maries zusammen, sie habe kein Gift besessen, weil es für die Rattenkuchen verwendet worden wäre. Ferner nutzte Decoux alle die Indizien, die sich aus den einzelnen Stadien des Krankheitsverlaufes ergaben. Schließlich stellte sich auch noch heraus, daß Marie einer Freundin einen kostbaren Juwelenschmuck gestohlen hatte. Aus alledem ergab sich für den Generalprokurator das Mordmotiv: der Haß einer getäuschten Frau und Habgier nach Lafarges Besitz.

Als Verteidiger der Angeklagten trat Maître Paillet auf, ein bekannter Pariser Strafverteidiger. Einer seiner Mitarbeiter allerdings sagte später nach dem Prozeß: »Denken Sie so schlecht wie möglich von dieser Frau, und Sie denken immer noch nicht schlecht genug von ihr.«

Paillet dagegen schien von Maries Unschuld völlig überzeugt zu sein. Mit seiner leidenschaftlichen gefühlsmäßigen Bindung an die Angeklagte und seiner juristischen Klugheit wurde Paillet zum erbittertsten Widersacher des Anklägers. Paillet stützte sich dabei nicht nur auf die nachlässige und fehlerhafte Voruntersuchung. Er glaubte auch, das Gutachten der Ärzte vom Tisch fegen zu können. Dabei sollte ihm Professor Orfila helfen, zu seiner Zeit eine europäische Kapazität und Autorität auf dem Gebiet der Chemie. Paillet sah seine Chance darin, daß Orfila bereits erfolgreich mit dem von James Marsh erfundenen Arsennachweis gearbeitet hatte.

Der englische Chemiker James Marsh sollte 1852 in einem Giftmordfall Arsenik nachweisen. Er wies das Gift in der Form nach, die bis dahin als ausreichend galt, nämlich in Form jenes gelben Niederschlages, der sich in Ammoniak löst. Aber die Geschworenen wollten sich mit einem gelben Niederschlag nicht zufrieden geben. Sie wollten metallisches Arsen »sehen«. Marsh begann darüber nachzudenken, ob es nicht möglich sei, selbst geringste Mengen arsenige Säure durch ein Reduktionsverfahren auf metallisches Arsen zurückzuführen, so daß es dann als schwärzliches Metall »sichtbar« wird. In jahrelanger Arbeit entwickelte er dann den nach ihm benannten Marshtest, der auch heute noch gebräuchlich ist. Am Ende des Verfahrens erscheint Arsen als schwärzlicher Niederschlag, als »Arsenspiegel«.

Professor Orfila in Paris hatte den Marshtest weiterentwickelt und galt damals als erfahrener Spezialist. Maître Paillet war mit Orfila gut bekannt, er erhoffte deshalb seinen Beistand. Er war sicher, Orfila würde das Gutachten von Bardou, Lespinasse und dem Apotheker und ihren angeblichen Arsennachweis widerlegen. Paillet fuhr nach Paris und legte ihm das

Gutachten vor. Orfila lachte: »Dieses Gutachten ist reiner Dilettantismus. Legte mir das ein Student im ersten Semester vor, ich schlüge es ihm um die Ohren! Völlig veraltete Methoden! Fordern Sie ein Gutachten nach dem Marshtest, lieber Paillet, und Sie haben gewonnen.«

Das Gericht gab dem Antrag Paillets statt, eine neue Analyse nach dem Marshtest vorzunehmen. Die Apotheker Dubois, Vater und Sohn, und der Chemiker Dupuitren wurden beauftragt, sich mit dem Marshtest theoretisch vertraut zu machen, die entsprechenden Apparaturen anzufertigen und den Rest der Asservate danach zu analysieren. Bis dahin wurde der Prozeß vertagt.

Man kann sich vorstellen, mit welcher Spannung Gericht und Publikum nach Wiederaufnahme des Prozesses das Gutachten erwarteten. Der ältere Dubois trug das Ergebnis selber vor: »Wir haben uns den Untersuchungen mit der größten Sorgfalt unterzogen. Zunächst haben wir uns mit der Prüfung des Magens beschäftigt. Wir haben hierbei mehrere Verfahren angewendet, und zwar zunächst diejenigen, welche bei den Arbeiten des Monsieur Orfila, die sich eines so ausgezeichneten Rufes erfreuen, von diesem im Marshschen Apparat beobachtet worden sind. So groß indessen auch unsere Aufmerksamkeit war, und obgleich sich unsere Untersuchungen bis in die geringsten Details erstreckt haben, so haben wir doch kein Resultat erhalten.«

Atemlose Stille schien sich über dem Saal auszubreiten. Paillet triumphierte, er ahnte die Schlußfolgerung voraus.

»Wir haben ferner die im Magen enthaltene Flüssigkeit analysiert und im Marshschen Apparat mehr als eine Stunde behandelt und nicht den geringsten metallischen Fleck hervorgebracht. Auch bei der erbrochenen Flüssigkeit ist nach der Behandlung im Marshapparat nicht das geringste Atom eines arsenigen Präparates hervorgebracht worden.«

Im Gerichtssaal brach ein Sturm los. Die Lafargisten tobten vor Begeisterung und brachen in Hochrufe für die unschuldige Marie aus. Die Antilafargisten, zuerst wie gelähmt, übertönten mit Schmährufen auf die Gutachter das Geschrei ihrer Gegner.

Paillet hatte gesiegt. Theatralisch umarmte er seine Mandantin und rief Decoux zu: »Herr Generalprokurator, geben Sie endlich unseren unschuldigen Engel frei!« Als sich der Lärm gelegt hatte, stand Decoux auf und entgegnete ruhig: »Sie sollten Monsieur Dubois erst einmal zu Ende hören.«

»Nun«, fuhr Dubois fort, »ich bin unterbrochen worden, ich verlese den zweiten Teil unseres Gutachtens. Die Tasse mit Hühnermilch enthielt eine beträchtliche Menge arseniger Säure. Diese war in solcher Menge darin enthalten, daß man mit dem Bodensatz mindestens zehn Personen hätte vergiften können.«

Wieder brach ein Tumult aus, diesmal mit vertauschten Rollen. Die Antilafargisten triumphierten. Decoux bat erneut ums Wort. »Wir stehen also vor folgender Tatsache: Das Erstgutachten bewies eine Arsenikvergiftung. Das zweite Gutachten stellt zumindest in den Organen des Toten kein Arsenik fest, jedoch in der Hühnermilch ...«

»Die Hühnermilch interessiert überhaupt nicht!« rief Paillet dazwischen. »Weiß der Himmel, weiß der Teufel, wer Arsenik in die Hühnermilch geschüttet hat, um unsere Marie zu belasten. Entscheidend ist doch, daß die Organe giftfrei sind! Also ist Marie unschuldig!«

»Der Herr Generalprokurator hat das Wort. Ich bitte, ihn nicht zu unterbrechen!« rief der Vorsitzende.

»Wir haben zwei sich widersprechende Gutachten«, fuhr Decoux fort. »Was ist in einem solchen Fall zu tun? Wir brauchen ein drittes ...«

»... das kein anderes Ergebnis bringen wird als das zweite!« warf Paillet unter dem Jubel der Lafargisten ein. »Der Marshtest ist kein Glücksspiel. Er ist ein unwiderlegbares wissenschaftliches Verfahren!«

Decoux lächelte. »Nun, wenn der Marshtest so unwiderlegbar ist, dann schlage ich vor, das dritte Gutachten von Monsieur Orfila anfertigen zu lassen!«

Dieser Vorschlag wurde natürlich die größte Sensation dieses Verhandlungstages. In das Schweigen des Auditoriums hinein sagte Paillet: »Wenn die Anklage Selbstmord begehen will – ich bin einverstanden!«

Nun begann dieser Fall auch Orfila zu interessieren. Er erklärte sich bereit, das Obergutachten anzufertigen. Er stellte einige Bedingungen zur Vorbereitung der Analyse, die dem Gericht zeigten, daß der Pariser Professor entschlossen war, äußerst gewissenhaft zu arbeiten.

Der Tote wurde exhumiert und seine Identität unter Wahrung aller Sicherheiten festgestellt. Dem Leichnam wurden Leber, Herz, Eingeweide und Muskelgewebe entnommen. Teile des Leichentuches wurden sichergestellt und Erdproben oberhalb und unterhalb des Sarges aufbewahrt. Mit der beabsichtigten Untersuchung von Erdproben bewies Orfila, daß er überprüfen wollte, ob etwa Sickerwasser möglicherweise arsenhaltige Erde in der Leiche abgelagert hatte. Außerdem konnte Orfila noch Reste des Magens und der Hühnermilch verwenden.

Orfilas Auftritt in Brives war teils eine erregende wissenschaftliche Demonstration, teils eine glänzende Show. Als der Gelehrte in Frack und Zylinder, mit sämtlichen Orden behängt, die Treppen zum Gerichtsgebäude emporschritt, umsäumte ihn eine ehrfürchtig schweigende Menge. Er selber war sich seiner Rolle durchaus bewußt. Nachdem er das Gebäude betreten hatte, riegelte eine Schwadron Kavallerie den Ort des Spektakulums ab.

Im Gerichtssaal erwarteten den berühmten Gast der Vorsitzende des Gerichts, der Generalprokurator, Maître Paillet, Bürgermeister und Kirchenvorsteher sowie die Geschworenen. Vier Leichenträger hielten sich im Hintergrund.

Auf dem Tisch befand sich der Marshapparat, daneben standen die sorgfältig etikettierten Glasgefäße mit den Asservaten. Orfila hatte sich ausbedungen, die gleichen chemischen Reagenzien zu benutzen, mit denen die früheren Gutachter gearbeitet hatten. Er untersuchte die Reagenzien auf ihre Reinheit, d. h., er stellte fest, daß sie selbst nicht arsenhaltig waren. Er ließ auch den Marshapparat erst eine Weile in Tätigkeit setzen, um dessen Reinheit zu beweisen. Über all dem verging eine Stunde. Erst dann begann Orfila in Anwesenheit der Zeugen mit der eigentlichen Analyse. Und so rätselhaft den Zeugen wohl auch die chemischen Vorgänge erscheinen mochten, so wußte doch wohl jeder, daß sie Maries Schicksal entscheiden würden ...

Der Prozeß am nächsten Tage fand in einer fieberhaft erregten Atmosphäre statt. Immer wieder wandten sich die Blicke der Zuschauer auf die Angeklagte. Auch sie wußte um die Bedeutung dieses Tages. Aber sie kannte das Ergebnis des nächtlichen Experimentes nicht. Blaß und mit niedergeschlagenen Augen saß Marie auf der Anklagebank. Dann betraten Richter, Geschworene und Generalprokurator den Saal. Paillet begab sich zu seiner Mandantin.

Der Vorsitzende eröffnete die Verhandlung und bat Professor Orfila, sein Gutachten zu verlesen. Der elegante hochgewachsene Professor trat in den Zeugenstand und entfaltete sein Manuskript: »Meine Herren Geschworenen, Hohes Gericht! Wir gingen daran, das letzte Viertel des Magens, die ausgebrochenen Stoffe und die im Magen enthaltene Flüssigkeit zu behandeln.«

Gespannt verfolgten die Zuhörer die in eintönig gehaltener Stimmlage vorgetragene Einleitung. »Nachdem alle diese Stoffe durch Salpetersäure verkohlt und die Kohle in destilliertem Wasser erweicht worden war, brachten wir die erhaltene Flüssigkeit in den Marshapparat.«

Mit weit ausholender Geste wies er auf die Apparatur, die noch immer demonstrativ auf dem Tisch stand. Orfilas Stimme hob sich und gewann rasch an Tempo und Stärke. »Ich werde beweisen, erstens, daß im Körper Arsenik ist, zweitens ...«

Der Tumult, der nun ausbrach, hinderte Orfila weiterzusprechen. Lafargisten und Antilafargisten überschrien sich gegenseitig. Mehrere Reporter, die am Ausgang des Gerichtssaales standen, eilten hinaus, rannten die Außentreppen hinab und riefen der dort wartenden Menge zu, es sei doch Giftmord. Sie sprangen auf die bereitgestellten Pferde, um die Telegrafenstation zu erreichen und die sensationelle Nachricht weiterzugeben.

Im Gerichtssaal dauerte es Minuten, bis Orfila endlich weitersprechen konnte. »Ich kann also beweisen, daß erstens im Körper Arsenik ist, zweitens, daß dieses Arsenik weder von den Reagenzien noch von der Erde herrührt, die den Sarg umgab. Drittens werde ich zeigen, daß das von uns gefundene Arsenik auch nicht das Arsenik ist, das sich normalerweise in jedem menschlichen Körper befindet. Viertens endlich werde ich zeigen, daß es nicht unmöglich ist, die Resultate der früheren Untersuchungen mit den unsrigen zu vereinen.«

Es war, als sei Marie Lafarge nicht mehr da. Alle Blicke hingen an Orfila. Orfila beschrieb eingehend den Weg der Untersuchungen, die das Vorhandensein von Arsen nachgewiesen hatten. Er beschrieb die Gegenproben, die einen Irrtum ausschlossen. Besondere Aufmerksamkeit widmete er der Frage, warum beim zweiten Gutachten, das auch nach dem Marshtest vorgenommen worden war, kein Arsen festgestellt wurde. Er verwies auf die Empfindlichkeit der Apparatur und wie sehr das Ergebnis von der richtigen Temperatur abhängig sei. Ist die Temperatur zu niedrig, bricht der Reduktionsprozeß ab, ist sie zu hoch, verflüchtigt sich das Arsen. »Zweifellos haben die Herren, deren Talent und Geschicklichkeit ich alle Gerechtigkeit widerfahren lasse, den Marshapparat bei einer zu starken Flamme gebraucht, so daß sich das gewonnene Arsenik verflüchtigte.«

Orfila hatte sein Manuskript beiseite gelegt. Er sprach jetzt frei. »Es ist also nicht schwer, die Verschiedenheit der von uns erzielten Resultate mit denen zu erklären, welche die früher mit der Prüfung beauftragten Sachverständigen zutage gefördert haben.« Die Vergiftung Lafarges durch Arsenik war bewiesen. Die Geschworenen lauschten den mit besonderem Nachdruck gesprochenen Schlußworten Orfilas: »Meine Herren Geschworenen, bedenken Sie, ich habe nichts weiter geliefert als chemische Fakten. Sie müssen diese Fakten mit den in der gerichtlichen Untersuchung zutage geförderten Indizien in Zusammenhang bringen. Gott stehe Ihnen bei.«

Orfila deutete mit dem Oberkörper eine Verbeugung an und setzte sich. Unter dem atemlosen Schweigen des Auditoriums verließen die Geschworenen den Saal.

Die Geschworenen erklärten Marie des Giftmordes für schuldig. Das Gericht verurteilte sie zum Tode. Ein Gnadenerlaß wandelte die Todesstrafe in Zwangsarbeit um. Einige Jahre später starb Marie an Lungentuberkulose. Zuvor hatte sie ihre Memoiren geschrieben und bis zuletzt ihre Unschuld beteuert.

Auch Heinrich Heine zweifelte damals an ihrer Schuld. Am

1. Oktober 1840 schrieb er, der berüchtigte Scharlatan Orfila sollte lieber an ihrer Statt an den Pranger gestellt werden. Heine räumte dann aber doch die Möglichkeit ein, Marie könnte den Mord aus Notwehr begangen haben: Lafarge habe, um sich durch Maries Heiratsgut vom Bankrott zu retten, das edle Weib mit betrügerischen Versprechungen in seine Diebeshöhle verschleppt, wo die verzärtelte, an tausend geistige Bedürfnisse gewöhnte Pariserin wie ein Vogel unter Fledermäusen, wie eine Blume unter Bestien dahinsterben und vermodern mußte. »Da griff sie«, so schrieb Heine weiter, »zu purem Arsenik. Rattengift für eine Ratte! Die Männer der Jury scheinen ähnliches gefühlt zu haben, denn sonst wäre es nicht zu begreifen, weshalb sie in ihrem Verdikt von Milderungsgründen sprachen. Soviel ist aber gewiß, daß der Prozeß der Dame von Le Glandier ein wichtiges Aktenstück ist, wenn man sich mit der großen Frauenfrage beschäftigt, von deren Lösung das ganze gesellschaftliche Leben Frankreichs abhängt...«

Schriftsteller, Naturwissenschaftler und Juristen lieferten sich noch jahrelang erbitterte Wortgefechte über Schuld und Unschuld von Marie Lafarge. Emotionale Vorurteile lieferten den Verteidigern Maries ihre Argumente gegen die Chemie. Aber der mit Hilfe des neuen Arsennachweises von Marsh erbrachte Giftnachweis setzte sich durch.

Trotzdem gab die Arsenikvergiftung auch noch hundert Jahre später den Gerichtsmedizinern und Toxikologen Rätsel auf, die zu unterschiedlichen, ja entgegengesetzten Schlußfolgerungen führten. Das zeigt der Fall Besnard.

Der Fall Marie Besnard

1949 wurde die dreiundfünfzigjährige Witwe Besnard wegen des Verdachts verhaftet, ihren Ehemann vergiftet zu haben. Marie Besnard war eine wohlhabende Bäuerin aus dem französischen Städtchen Loudun.

Dieses Gerücht war aufgekommen, weil die Besnard kurz vor dem plötzlichen Tod ihres Mannes ein Liebesverhältnis mit einem viel jüngeren deutschen Kriegsgefangenen eingegangen war. Ihr Mann hatte davon gewußt, es war zu schweren Zerwürfnissen gekommen. Eheliche Untreue, und dazu noch mit einem Boche. Das war zuviel für Besnard. Dann starb er plötzlich. Auch Maries Mutter hatte das Liebesverhältnis ihrer Tochter mißbilligt. Und sie starb ebenso plötzlich wie der Schwiegersohn.

Die Kriminalpolizei ordnete die Exhumierung der Leichen an. Dr. Beroud aus dem Labor von Marseille wies in beiden Körpern eine absolut tödliche Menge von Arsen nach. Bereits der zehnte Teil davon hätte genügt, einen Menschen zu töten.

So begann eine gerichtliche Voruntersuchung. Neue verdächtige Todesfälle in der Familie kamen zum Vorschein. Erst jetzt fiel auf, daß die Großeltern, die Eltern, die Schwiegereltern und fünf andere Verwandte plötzlich verstorben oder angeblich durch Selbstmord ums Leben gekommen waren. Sie wurden alle exhumiert. In allen Leichen fanden sich große Mengen Arsen. Der Staatsanwalt erhob Anklage gegen Marie Besnard wegen Giftmordes in elf Fällen.

Er glaubte, seine Anklage stehe auf sicheren Füßen, denn er stützte sie auf die Obduktionsbefunde. Bald mußte er seinen Irrtum erkennen. Marie Besnard hatte sich einen der berühmtesten und geschicktesten Anwälte Frankreichs zum Verteidiger genommen: Rechtsanwalt Gautrat. Dieser Advokat betrachtete den Gerichtssaal etwa wie eine Stierkampf-Arena.

So entwickelte sich der erste Prozeß zu einem heftigen Duell zwischen Gautrat und dem Sachverständigen der Anklage, dem Gerichtsmediziner Dr. Berond. Dieser Kampf endete mit einer Niederlage des Mediziners und damit auch des Staatsanwaltes. Dr. Beroud hatte dem Gericht das Verfahren und das Ergebnis seiner toxikologischen Untersuchung dargelegt. Er hatte absolut tödlichen Arsengehalt nachgewiesen. Die Angeklagte schien keine Chance mehr zu haben.

Gautrat gelang das Unglaubliche. Er konnte belegen, daß es in Dr. Berouds Analysen Unstimmigkeiten und Ungenauigkeiten gab. So lag zum Beispiel eine quantitative Arsenbestimmung aus den Kopfhaaren eines Toten namens Rivet vor.

»Aber alle erinnern sich, daß Rivet eine Glatze hatte!« rief Gautrat unter dem Gelächter des Publikums. Natürlich konnte er mit solchen kleinen Triumphen den Arsengehalt in den Körpern der elf Toten nicht wegzaubern. Aber er zwang das Gericht, den Prozeß zu vertagen, denn die Anklage mußte nach neuen Beweisen suchen. Der Staatsanwalt ordnete eine zweite Obduktion an und sicherte sich diesmal durch bekannte Experten ab. Zu ihnen gehörte Henri Griffon aus Paris. Griffon bestätigte den Giftnachweis von Dr. Beroud in vollem Umfang. Es gab keinerlei Zweifel. In den Körpern der elf Toten befand sich jeweils eine tödliche Menge Arsen. Aber die Sachverständigen der Anklage sahen voraus, daß Gautrat diesen Beweis nicht anerkennen, sondern daß er die alte Streitfrage ins Spiel bringen würde, ob das Arsen nicht erst nach dem Tode in die Körper gelangt sein könnte.

Das Gericht bereitete sich auf diese Auseinandersetzung vor. Die Sachverständigen der Anklage vergruben Haarbüschel in der Friedhofserde von Londun. Nach einem Jahr holten sie die Haare wieder heraus und fanden darin keine größeren Mengen von Arsen, als gewöhnlich im Boden enthalten ist – winzigste Spuren, die in keinem Verhältnis zu den großen Arsenmengen in den Haaren der Opfer standen. Nun erst war sich die Staatsanwaltschaft sicher, daß ihre Mordanklage beweiskräftig war.

So begann 1954 der zweite Prozeß gegen Marie Besnard. Der Staatsanwalt glaubte alle Trümpfe in der Hand zu haben. Denn Dr. Griffon aus Paris, der bereits im ersten Prozeß die Vergiftung bestätigt hatte, sollte nun mit einem neuen Beweis aufwarten. Er hatte nämlich nochmals das Gift mengenmäßig bestimmt – diesmal aber mit dem seinerzeit modernsten Mittel, mit Hilfe radioaktiver Bestrahlung.

Henri Griffon gebührt das Verdienst, als erster diese Methode erfolgreich entwickelt zu haben. Griffon hatte damit kurz zuvor den Giftmörder Duflos überführt. Dr. Duflos war angeklagt gewesen, seine Frau vergiftet zu haben. Unter dem Vorwand einer Schlankheitskur hatte er ihr Arsen gegeben. Als seine Frau bereits im Krankenhaus lag, überreichte er ihr Pralinen. Sie erwiesen sich später ebenfalls als vergiftet. Griffon konnte nachweisen, daß Duflos über einen längeren Zeitraum seiner Frau kleinere Mengen des Giftes verabreicht hatte. Er untersuchte das Kopfhaar der Toten, denn Arsen speichert sich auch im Haar. Welche Probleme sich ergaben, als Griffon zum erstenmal durch radioaktive Bestrahlung von Totenhaaren das Gift mengenmäßig zu bestimmen suchte, zeigt das Gutachten, das wir auszugsweise wiedergeben. Es zeigt die Bedeutung dieser Methode auch für den Fall Besnard.

Griffon sagte im Fall Dr. Duflos: »Noch fehlt der hundertprozentige wissenschaftliche Beweis. Dieser bestünde darin, Dr. Duflos nachzuweisen, daß mit der Arsenzuführung bereits begonnen wurde, als der Arzt mit der Verstorbenen noch in häuslicher Gemeinschaft lebte. Einen solchen Beweis – und das wußte Duflos sicher auch – kann man mit Mitteln der herkömmlichen Toxikologie nicht einwandfrei führen. Ich habe mich mit diesem Mangel schon mehrfach befaßt und versucht, ihn mit anderen wissenschaftlichen Hilfsmitteln zu beheben. Vor kurzem kam mir beim Lesen einer Abhandlung über radioaktive Isotope der Gedanke, ob sich hier nicht eine neue wissenschaftliche Möglichkeit zur Untersuchung solcher Grenzfälle anbietet. Bekanntlich werden die verschiedenen chemischen Elemente durch die Elektronenbeschießung in einem Atommeiler radioaktiv, das heißt, sie erhalten die Eigenschaft, selbst eine radioaktive Strahlung auszusenden. In der Medizin nutzt man seit einiger Zeit diese Möglichkeit, um gewisse Erkrankungen menschlicher Organe mit Hilfe solcher Markierungsstoffe zu erkennen. Man nutzt dabei die Eigenart bestimmter Elemente und die Aufnahmefähigkeit vor allem erkrankter Zellen aus. So haben beispielsweise an Krebs erkrankte Zellen eine besondere Affinität für Phosphor, das heißt, sie nehmen diesen in größeren Mengen auf. Macht man den Phosphor nun vorher radioaktiv, dann kann man mit dem Geigerzähler diese erhöhte radioaktive Ablagerung im Gewebe erkennen und somit die Lage des Tumors genau feststellen.

Von dieser Methode ausgehend, möchte ich einen anderen Weg vorschlagen. Wenn ich nämlich das in einigen Teilen des menschlichen Körpers durch die Vergiftung abgelagerte Arsen nachträglich radioaktiv mache, und das geht, so müßte ich auch feststellen können, wie weit und wo es in den Haaren der Vergifteten abgelagert ist. Da wir wissen, daß das Kopfhaar des Menschen im Monat durchschnittlich 18 Millimeter wächst, könnte man mit Hilfe der Radioaktivität feststellen, wie weit das Haar gewachsen ist, seitdem die erste Arsenvergiftung erfolgte. Dieses Datum ließe sich mit einer gewissen Genauigkeit ermitteln ...«

Griffon hatte dann die Kopfhaare im Atommeiler bei Châtillon nach dieser Methode behandelt und festgestellt, daß die erste Arsenablagerung 62 Millimeter von der Haarwurzel entfernt war. Also war das Gift vor etwa dreieinhalb Monaten in den Körper des Opfers gelangt.

Mit einem solchen Sachverständigen glaubte sich die Anklage nun stark genug, allen Winkelzügen der Verteidigung begegnen zu können. Aber wiederum bereitete Rechtsanwald Gautrat Griffon eine Niederlage. Er entlockte ihm das Zugeständnis, daß er die Haare nur halb so lange radioaktiv bestrahlt habe, wie für diese Analyse notwendig war. Das Ergebnis sei deshalb wertlos.

Nun holte das Gericht ein Gutachten von Professor Joliot Curie ein. Joliot Curie hatte zusammen mit seiner Frau Irene die künstlich radioaktiven Isotope entdeckt, war also die bedeutendste Autorität auf diesem Gebiet. Er bestätigte Griffons Gutachten. Vergeblich – Gautrat hatte bereits Griffons Glaubwürdigkeit erschüttert und konnte sich nun einer neuen Frage zuwenden: Woher stammt das Arsen in den Körpern der Toten? Gautrat rief: »Wer kann mir beweisen, daß es nicht aus der Friedhofserde stammt?«

Und nun spielte er seinen größten Trumpf aus. Denn auch er hatte die Zeit genutzt und eine Reihe wissenschaftlicher Werke über Bodenanalysen gelesen. Dabei war er auf eine wichtige Entdeckung gestoßen. Einige französische Wissenschaftler hatten die Tätigkeit der Bodenmikroben untersucht und dabei festgestellt, daß Bodenmikroben die Löslichkeit des Arsens in Wasser beeinflussen können. Zu diesen Wissenschaftlern gehörte auch Professor Truffert, Direktor einer Pariser Klinik.

Noch wußte niemand, was Rechtsanwalt Gautrat vorhatte, als er sich erhob und ums Wort bat. »Die Sachverständigen der

Anklage behaupten, das Gift könne nur durch fremde Hand in die Körper der Toten gelangt sein. Aber seit mehr als hundert Jahren beschäftigen sich die Toxikologen mit der Frage, ob Arsen, das in jeder Erde vorhanden ist, nicht auch durch Wasser gelöst werden und in die Körper Verstorbener geraten könne. Seit mehr als einem Jahrhundert leugnen sie diese Möglichkeit. Damit aber mißachten die Experten die Erkenntnisse der neueren Wissenschaften. Ich meine die Erforschung der Lebensvorgänge im Erdboden.«

Gautrat beantragte, das Gericht möge seine Sachverständigen hören. Das Gericht stimmte zu. Im Namen seiner Mitarbeiter sprach Professor Truffert über ihre Forschungen. Es gäbe Bodenbakterien, die zu ihrem Stoffwechsel keinen Sauerstoff brauchen. Sie siedelten sich mit Vorliebe dort an, wo Gärung und Fäulnis vorhanden sind. Man habe beobachtet, daß sich in der Umgebung solcher anaerober Bodenbakterien Arsen in hohen Mengen aus der Erde löse und mit Wasser verbinde. Zum Schluß faßte er zusammen: »Es läßt sich nicht mehr bestreiten, daß Bodenmikroben einen unberechenbaren Einfluß auf die Lösung von Arsen und dessen unterirdische Einwanderung in Tote haben. Dieses Ergebnis neuester Forschungen widerspricht den bisherigen Grundlehren der Giftkunde. Ebenso lassen diese neuesten Erkenntnisse die Möglichkeit zu, daß die großen Arsenmengen in den Toten von Loudun tatsächlich aus der Friedhofserde stammen und nicht von fremder Hand.«

Trufferts Ausführungen hatten die Sachverständigen der Anklage so stark beeindruckt, daß sie sich außerstande erklärten, jetzt dazu Stellung nehmen zu können. Sie wollten Trufferts Darlegungen erst sorgfältig prüfen. Der Prozeß mußte wiederum vertagt werden. Neue Untersuchungen begannen, die sich über sieben weitere Jahre ausdehnten. 1961 begann der dritte Prozeß.

Als Sachverständiger der Anklage trat Professor Truffaut auf, der schon im früheren Prozeß als Gutachter mitgewirkt hatte. Truffaut erklärte zu Beginn seines Berichts, nach sieben Jahren Untersuchung habe sich nichts ergeben, was den Verdacht gegen die Angeklagte entkräftet hätte. »Wir haben auch«, fuhr er dann fort, »Tote in Loudun untersucht, die gar nichts mit dem Giftmordfall zu tun hatten. Sie waren lediglich in der gleichen Erde bestattet worden wie die Vergifteten, und zwar in deren unmittelbarer Nähe. Wäre also Arsen aus der Erde in die Körper gelangt, so hätten auch sie Arsen enthalten müssen. Aber sie besaßen nicht eine Spur von Arsen! Andererseits waren drei der vermutlichen Opfer der Marie Besnard in derselben Gruft bestattet worden. Alle drei haben rund elf Jahre darin gelegen. Wenn Arsen von außen her in sie eingedrungen wäre, dann hätten sie einigermaßen gleich große Giftmengen enthalten müssen. Dem ist aber nicht so – wir fanden verschiedene Mengen Arsen. Kurz und gut, alle unsere Untersuchungen verneinen das Eindringen des Giftes von außen.«

Professor Truffert und seine Kollegen widersprachen. Sie hatten ebenfalls auf dem Friedhof von Loudun experimentiert. In einigen Abschnitten des Friedhofes hatten sie anaerobe Bakterien entdeckt, die das angeblich wasserunlösliche Arsen freigemacht hätten.

»An einigen Stellen!« rief Truffaut.

»Gewiß«, erwiderte Truffert ruhig, »an einigen Stellen. An anderen dagegen nicht. Können Sie, Monsieur Truffaut, mit absoluter Gewißheit sagen, daß die elf Toten nicht in der Nähe anaerober Bakterien gelegen haben?«

Truffaut schwieg. Er konnte auf diese rhetorische Frage nicht antworten. Denn jener Beweis war nicht zu erbringen. So kam Truffert schließlich unwidersprochen zu folgender fragwürdigen Zusammenfassung: »Unsere Experimente haben auch bestätigt, daß Haare nicht nur Arsen aus dem Körper, sondern auch Arsen aus der Umgebung so speichern können, daß es in einzelnen, voneinander getrennten Abschnitten zu finden ist, ganz besonders in der Nähe der Haarwurzeln. Dabei spielt wahrscheinlich die Mikrobenbesiedlung auf der Kopfhaut eine Rolle. Also: Der Irrtum der bisherigen Vorstellung beruht darauf, daß die ungeheure Vielfalt der Natur nicht genügend berücksichtigt wurde. Die Mikrobiologie ist jetzt in der Lage, dieser Vielfalt gerechter zu werden, auch wenn sie noch immer einer Reihe scheinbarer Widersprüche gegenübersteht. Diese zu erklären ist eine Aufgabe der Zukunft.«

Dann trat Professor Lemoigne in den Zeugenstand. Ihn hatte der Staatsanwalt beauftragt, Trufferts Theorien nachzuprüfen. Würde der Sachverständige der Anklage jetzt die endgültige Entscheidung im Streit der Experten bringen?

Er brachte sie nicht. Er mußte eingestehen, das derzeitige Wissen über die Rolle der anaeroben Bodenbakterien bei der Löslichkeit des Arsens ist noch zu gering. »Man muß generell sagen, daß die bakterielle Fäulnis der Pflanzen- und Tierreste die Lösbarkeit des Arsens fördert. Aber es ist unmöglich zu beurteilen, ob in einer Erde Auflösung oder Nichtauflösung von Arsen stattfindet. Die Beurteilung dieser Frage hängt von zu vielen Faktoren ab, die sich noch unserem Einblick entziehen.«

Das war sozusagen das Schlußwort in einem neun Jahre dauernden Giftmordprozeß. Marie Besnard wurde mangels Beweisen freigesprochen.

Der Freispruch war vor allem ein Sieg Trufferts. Die Zweifel der Mikrobiologen mochten, für sich genommen, berechtigt sein. Im Gesamtzusammenhang vermögen sie weniger zu überzeugen als die Beweise der Anklage. In den elf Toten, von deren Tod die Besnard jedesmal profitiert hatte, waren tödliche Mengen von Arsen enthalten. Andere Tote dagegen, die in ihrer Nähe gelegen hatten, wiesen nur wenige Spuren von Arsen auf, die niemals zum Tode geführt hätten. Diese Tatsache konnte auch keine neue Erkenntnis der Mikrobiologie aus der Welt schaffen.

Der Fall Besnard zeigt, daß das jahrhundertalte Problem der Lösbarkeit von Arsen in Bodenfeuchtigkeit noch immer nicht eindeutig geklärt ist. Er zeigt aber auch, mit welch modernen Mitteln die Wissenschaft daran arbeitet. So birgt also der sozusagen »klassische Giftmord«, der Mord mit Arsen, zuweilen noch Rätsel, auch wenn ihm Gerichtsmediziner, Toxikologen, Physiker und Mikrobiologen bereits mit Hilfe der Atomwissenschaft zu Leibe rücken.

Der Rasiermesser-Fall

Es war ein naßkalter Novembervormittag im Jahre 1926. Über dem ostpreußischen Dorf lag leichter Nebel.

Emilie Jähnichen, die sechzehnjährige Schwägerin des Gutsbesitzers Baldauf, stieg die Bodentreppe empor. Sie trug eine Schüssel mit Würsten, die sie in die Räucherkammer bringen wollte. Die Räucherkammer grenzte an den Hausboden. Als Emilie die Kammertür öffnen wollte, hörte sie ein merkwürdiges Geräusch. Sie lauschte. Sicherlich hatte sich ein Tier in einen dämmrigen Winkel verkrochen, denn es klang wie schnarchend-rasselndes Atmen. Emilie stampfte mehrmals mit dem Fuß auf den Bretterfußboden, um das Tier zu verscheuchen. Nichts geschah. Die Stille blieb, aber in der Stille auch dieser knarrende Rhythmus. Emilie ging in die Räucherkammer und hängte die Würste in den Rauchfang. Sie machte Lärm dabei, in der Hoffnung, das Tier würde verschwinden. Als sie die Räucherkammer wieder verließ, hörte sie das Atmen noch immer.

Sie überlegte, ob sie dem Geräusch nachgehen sollte. Der Boden war einsam, hoch und abgelegen. Ich wage es, dachte sie. Sie suchte zu orten, woher das Geräusch kam. Der Boden hatte viele dunkle Winkel, die voller Gerümpel waren. Sie ging einige Schritte, als sie unter dem Geäst schräger Balken eine Bewegung wahrzunehmen glaubte. Zögernd ging sie darauf zu und blieb jäh stehen. Auf dem Fußboden sah sie ihren Vater.

Er lag auf dem Rücken, den halb erhobenen Oberkörper auf die angewinkelten Arme gestützt. Er war es, der so pfeifend atmete.

Sie rief ihn an, er gab keine Antwort, er rührte sich nicht. Sein Kopf hing vornüber auf die Brust. Trotz des Zwielichtes sah Emilie, daß sein Gesicht sehr bleich war. Emilie wollte zu ihm treten, aber die erstarrte Haltung des Vaters war ihr unheimlich. Sie eilte hinunter und erzählte ihrer Schwester von ihrem Schrecken. Die Schwester, die Ehefrau des Gutsbesitzers Baldauf, hatte aber auch Angst, auf den Boden zu gehen. Sie suchte ihren Mann und fand ihn schließlich in der Scheune. Sie teilte ihm mit, ihr Vater liege oben auf dem Boden, vermutlich sei ihm etwas passiert.

»Auf dem Boden?« fragte Baldauf. »Ich war doch vorhin noch oben, zweimal sogar, als ich leere Kornsäcke holte.«

»Und da hast du ihn nicht gesehen?«

»Wahrscheinlich konnte ich ihn nicht sehen, ich bin nur bis zum Bodeneingang gekommen.« Er wandte sich ab und band einen Getreidesack zu. »Willst du denn nicht hinaufgehen und nach Vater sehen!« rief seine Frau.

»Ich?« fragte Baldauf gedehnt, »ich soll gehen? Das kannst du wohl nicht von mir verlangen!«

Dann band er noch zwei Säcke zu und verließ wortlos die Scheune. Die Frauen folgten ihm. Er ging ins Wohnzimmer und holte eine Flasche Korn aus der Vitrine, goß sich ein Wasserglas bis zur Hälfte voll und trank es in einem Zug leer. Dann sagte er: »Na, schön. Ich gehe mal hinauf. Aber nicht allein.«

Baldauf holte den Altsitzer Fischer, der ebenfalls auf dem Gut wohnte. Fischer war bereit, mit Baldauf hinaufzugehen. Sie stiegen die Treppen empor. Oben, am Ende der Treppe, blieb Baldauf plötzlich stehen und weigerte sich, weiter mitzugehen. Fischer ging allein weiter. Er gelangte in die Tiefe des Bodens, bis er schließlich Jähnichen liegen sah. Er trat zu ihm und sprach ihn an. Im gleichen Augenblick sah er, daß die Hand und die Jacke des alten Mannes blutig waren. Er beugte sich herab. Nun erblickte er auch die Verletzung, die sich quer über den Hals zog: eine weit klaffende Schnittwunde.

Fischer eilte zu Baldauf zurück, der auf der Treppe saß, und forderte ihn auf, mitzukommen.

»Was ist denn eigentlich los?« fragte Baldauf.

»Jemand hat ihm den Hals durchgeschnitten! Aber er lebt noch!«

Nun erst ging Baldauf mit auf den Boden. Während er noch seinen Schwiegervater betrachtete, fragte Fischer: »Haben Sie eine Trage? Wir müssen ihn hinunterbringen.«

»Er bleibt, wo er ist. Hier wird nichts verändert, bis die Polizei eintrifft.«

Statt endlich einen Arzt zu rufen, ließ Baldauf lediglich den Landjäger kommen. Der Polizist untersuchte flüchtig den Bodenraum. Dabei stellte er fest, daß sich unterm Dachfirst eine blutbefleckte Pferdedecke und Jähnichens Mütze befanden. Das war aber an einer ganz anderen Stelle als die, wo Jähnichen jetzt lag. Der Polizist machte sich eine Notiz, daß die rechte Hand des Verwundeten sehr stark mit Blut verschmiert war, die linke dagegen kaum.

Dann fuhr der Landjäger mit seinem Fahrrad zum Gasthaus, um das Kreisgericht anzurufen.

Zu seinem Erstaunen fand er Baldauf in der Gaststube sitzen. Er unterhielt sich, laut lachend, mit Wirt und Gästen.

Später erschien der Untersuchungsrichter mit einigen Beamten und einem Arzt. Von Anfang an lag die Untersuchung in der Kompetenz des Gerichts. Die Kriminalpolizei wurde weder am Anfang noch zu irgendeinem anderen Zeitpunkt hinzugezogen.

Als Richter und Arzt den Bodenraum betraten, lag Jähnichen noch immer bewußtlos da, nun aber nicht mehr auf dem Rücken, sondern auf dem Bauch, den Kopf zur Seite gedreht. Der Richter beugte sich herab und wollte fragen, was denn passiert sei. Aber er merkte, da war keine Antwort zu erwarten. Der Arzt drehte den Verletzten auf den Rücken. Er betrachtete die Wunde. »Die Luftröhre ist durchschnitten. Er erstickt. Ich muß ihm eine Kanüle einsetzen, damit er wieder Luft bekommt.«

»Hat das noch Zweck?« fragte der Richter.

»Ich hoffe«, erwiderte der Arzt.

Nachdem Jähnichen nach unten gebracht worden war, setzte ihm der Arzt eine Kanüle in die Luftröhre ein. Jähnichens Atem wurde ruhiger.

Inzwischen begann der Untersuchungsrichter mit den ersten Vernehmungen. Das Ergebnis war mager. Fest stand, daß Jähnichen am Tage vorher, und zwar schon am zeitigen Vormittag, das Gut verlassen hatte. Wohin er gegangen war, wußte niemand. Da er manchmal seinen Bruder im Nachbarort besuchte und dort einige Tage blieb, war seine Abwesenheit niemandem aufgefallen. Zwischen Jähnichen und seinem Schwiegersohn Baldauf bestand ein sehr gespanntes Verhältnis. Es ging um Vermögensstreitigkeiten. Der Konflikt hatte sich so zugespitzt, daß beide einen Prozeß gegeneinander führten. Zu direkten tätlichen Auseinandersetzungen soll es aber nie gekommen sein.

Baldauf bestritt, den Bodenraum betreten zu haben, als er die Säcke holte. Ein Hütejunge, der in einer Bodenkammer wohnte, sagte aus, am Morgen sei Jähnichen noch nicht auf dem Boden gewesen. Die Tat mußte also begangen worden sein, nachdem der Hütejunge den Boden verlassen und bevor Emilie ihn betreten hatte. Aber es war unmöglich, für alle Personen ein lückenloses Alibi aufzustellen.

Der Untersuchungsrichter befragte nacheinander Emilie, Fischer und den Landjäger, schließlich auch Baldauf, ob sie das Messer, das zur Tat benutzt worden war, gesehen oder an sich genommen hätten. Keiner konnte sich an ein Messer erinnern.

In diesem Augenblick kam der Arzt herein und teilte mit, der Verletzte sei wieder bei Bewußtsein. Vielleicht könne er jetzt Fragen beantworten.

Die Gerichtsbeamten und der Arzt gingen in das Zimmer, in dem der Verletzte lag. Baldauf folgte ihnen mit seiner Frau. Jähnichens Hals war mit einem Notverband umwickelt. Als Jähnichen seinen Schwiegersohn erblickte, geriet er in große Erregung. Der Richter bat Baldauf, den Raum zu verlassen.

Der Arzt wies darauf hin, daß Jähnichen nicht sprechen, aber Fragen durch Zeichen beantworten könne. »Nickt er mit dem Kopf, bedeutet es ja, schüttelt er den Kopf, bedeutet es nein.«

So begann die Vernehmung des schwerverletzten Mannes, der sich in einem Schockzustand bei sicherlich nicht völlig klarem Bewußtsein befand. Ein Mensch mit durchschnittener Kehle war aufgefordert, seine Antworten durch Kopfnicken kundzutun! Die Aussagen eines so behinderten Mannes hätten mit äußerster Vorsicht aufgenommen werden müssen. Der Richter glaubte dem Kopfnicken des Schwerverletzten entnehmen zu können, daß ihm sein Schwiegersohn diese schreckliche Verwundung zugefügt habe. Er glaubte ferner, Jähnichen habe ausgesagt, er sei heute morgen aufgestanden und auf den Boden gestiegen. Dabei wäre ihm Baldauf gefolgt und hätte sich oben mit offenem Rasiermesser auf ihn gestürzt und ihm, trotz heftiger Gegenwehr, den Hals durchschnitten. Dann habe er das Bewußtsein verloren.

Diese Aussage wurde zu Protokoll genommen und Baldauf verhaftet. Einige Tage später starb Jähnichen an den Folgen seiner Verletzung und einer doppelseitigen Lungenentzündung. Hätte man ihn ärztlich versorgt, statt ihn einer fragwürdigen Vernehmung zu unterwerfen, wäre er vielleicht zu retten gewesen.

Die Anklage gegen Baldauf stützte sich auf die Aussage des verstorbenen Schwiegervaters und auf die zwei medizinischen Befunde, die Jähnichens Aussage Glaubwürdigkeit verliehen. Das erste Gutachten stammte von dem Arzt, der als erster Jähnichen versorgt und auch den Tatort gesehen hatte. Dieser Arzt meinte, es sei eine außerordentliche Kraft nötig gewesen, um dem Opfer eine solche Wunde beizubringen. Sie war acht Zentimeter lang und fünf Zentimeter breit und erstreckte sich unterhalb des Kehlkopf-Ringknorpels. Haut, Zungenbein- und Kehlkopfmuskulatur sowie die Luftröhre waren durchtrennt. Der Arzt wies ferner daraufhin, daß Jähnichen niemals selber das Rasiermesser unter dem Dach versteckt haben konnte. (Inzwischen war das Rasiermesser unter der Dachverschalung gefunden worden.) Zu einer derart überlegten und zielgerichteten Handlung sei der Verletzte nach seiner Verwundung nicht mehr fähig gewesen. Man müsse also annehmen, die Verwundung sei ihm von fremder Hand zugefügt worden. Das zweite medizinische Gutachten, das im Prozeß eine Rolle spielte, war das Obduktionsprotokoll. Darin heißt es u. a.: »Ob die Wunde am Hals von eigener Hand oder durch die Hand eines Dritten gesetzt wurde, läßt sich mit absoluter Sicherheit nicht entscheiden. Die weitaus größere Wahrscheinlichkeit hat die Annahme, daß die Verletzung von einer dritten Person verursacht worden ist. Dafür spricht die Lage der Wunde im unteren Teil des Halses, demgegenüber Selbstmörder meist den oberen Teil bevorzugen. Ebenso spricht der stark zerlappte Wundrand dafür, daß eine fremde Person durch mehrere Schnitte die Verletzung produzierte.«

Auf diese zwei Gutachten gestützt, erhob die Staatsanwaltschaft Anklage gegen Baldauf.

Die Voruntersuchung hatte widersprüchliche Meinungen der Dorfbewohner über das Verhältnis des mutmaßlichen Täters zu seinem Opfer ergeben. Zwar wurde der verstorbene ehemalige Gutsbesitzer Jähnichen als brutal, egoistisch und hinterlistig bezeichnet, Baldauf dagegen allgemein als ruhig und verträglich. Aber kaum jemand hielt es für möglich, daß sich der Alte selbst umgebracht haben könnte.

So kam es zum Schwurgerichtsprozeß. Die Verteidigung wies darauf hin, daß die Voruntersuchung beträchtliche Unterlassungssünden aufwies. Das Gericht hatte versäumt, das Tatmesser auf Fingerabdrücke untersuchen zu lassen. Es gab kein Foto vom Tatort, keines vom Verletzten. Es war nicht mehr festzustellen, wie die Blutspuren am Körper des Verwundeten ausgesehen hatten. Die ganze Voruntersuchung offenbarte ein unglaubliches Maß von Rückständigkeit, Dilettantismus und engstirnigem Ressortdenken. Von Anfang an hatte man die Kriminalpolizei und Gerichtsmediziner ausgeschlossen. Trotz dieser Kritik der Verteidigung an der schlampigen Voruntersuchung verurteilte das Schwurgericht Baldauf zu zehn Jahren Zuchthaus wegen Totschlages. In der Urteilsbegründung stützte sich das Gericht natürlich wiederum auf die Aussagen des Verstorbenen und die medizinischen Gutachten, die einen Selbstmord für unwahrscheinlich hielten. »Denn«, so heißt es in der Urteilsbegründung, »der Verstorbene hätte das Rasiermesser nur dann an die Stelle befördern können, wo es gefunden worden ist, wenn er sich den Schnitt dort im Liegen beigebracht hätte, wo Decke und Mütze gefunden worden sind. Nach den wissenschaftlichen Feststellungen ist nun aber bisher kein Selbstmord im Liegen begangen worden, sondern im Stehen oder Sitzen, weil der Selbstmörder nur dann genügende Armfreiheit hat. Auf der anderen Seite ist jeder Mord durch Halsabschneiden bisher an dem Opfer verübt worden, wenn es lag ...«

Baldaufs Anwälte legten Revision ein und beantragten, die Professoren Nippe, Strauch und Straßmann, führende Männer der gerichtsmedizinischen Praxis und Forschung, als Sachverständige hinzuzuziehen. Sie sollten in einem Obergutachten zum Obduktionsprotokoll und den daraus gezogenen

Schlußfolgerungen Stellung nehmen. Nachdem das Urteil aufgehoben und die Revisionsverhandlung an die erste Instanz zurückverwiesen worden war, gaben diese drei Kapazitäten der deutschen Gerichtsmedizin dem Revisionsprozeß eine völlig andere Wendung.

Den Obergutachtern standen lediglich das Obduktionsprotokoll zur Verfügung sowie das Präparat der verletzten Halspartie, das die Obduzenten nach der Sektion hergestellt hatten. Obwohl die drei Professoren in einigen Punkten voneinander abwichen, kamen sie im wesentlichen zu übereinstimmenden Ansichten. Ohne auf die geringfügigen Differenzen näher einzugehen, soll hier nur der Kern ihrer gemeinsamen Auffassungen herausgearbeitet werden, der die Vorgänge um den Tod Jähnichens in einer anderen Sicht zeigte.

Die Obduzenten hatten die Meinung vertreten, der stark zerlappte Wundrand zwinge zur Annahme, eine fremde Hand habe mehrere Schnitte vollführt. Auch die Obergutachter nahmen mehrere Schnitte an. Nippe sprach von fünf bis sechs, Straßmann von wenigstens vier, und auch Strauch akzeptierte mehrere Schnitte. Aber die große Erfahrung, die sie alle drei mit Halsschnittverletzungen hatten, führte sie zu anderen Schlußfolgerungen als damals die Obduzenten. Denn die Praxis zeigt, daß sich gerade Selbstmörder mehrere Schnitte beibringen.

So sagte Nippe: »Die Frage Mord oder Selbstmord spitzt sich zu einem beträchtlichen Teile dahin zu, wie viele Schnitte geführt wurden. Bei der Feststellung, daß kein lebenswichtiges Organ plötzlich durch die Schnittverletzung zerstört wurde und daß auch keine schnelle Bewußtlosigkeit eingetreten sein konnte, ist nämlich der wesentliche Schluß der, daß ein Mord sehr unwahrscheinlich wird, wenn eine größere Anzahl von Halsschnitten geführt worden ist, da sich jemand wohl gegen einen oder zwei unvermutet geführte Halsschnitte nicht wehren kann, während Abwehr gegen eine Reihe von Halsschnitten unbedingt erfolgt.«

Strauch wies daraufhin, daß sich mehrfache Schnittführung gerade beim Selbstmörder findet, ohne daß dieser geistesgestört sein müsse. Und auch Straßmann betonte, man begegne beim Selbstmord »sehr häufig Schnittwunden, die durch mehrere Schnitte erzeugt worden sind.«

Ein weiteres wichtiges Problem war der Verbleib des Rasiermessers. Das Gericht war der Überzeugung, das Opfer hätte nach einer so schweren Verletzung nicht mehr selbst das Messer verbergen können. Das müsse der Mörder getan haben.

Alle drei Obergutachter hielten diese Auffassung für falsch. Straßmann wies nach, der Halsschnitt habe zwar Luft- und Speiseröhre eröffnet, aber die großen Kopfnickmuskeln, die Halsarterien und -venen und die wichtigsten Nervenbahnen seien nicht verletzt worden. Es sei deshalb unwahrscheinlich, daß Jähnichen sofort nach der Verletzung bewußtlos geworden wäre. Er sei ja auch entfernt vom Fundort des Messers entdeckt worden. Da keine Schleifspuren bemerkt worden sind, müsse sich Jähnichen also selbst dorthin geschleppt haben. Erst nach dem Blutverlust und beginnender Erstickung habe sich das Bewußtsein getrübt. Straßmann hielt es für möglich, daß Jähnichen das Messer selber versteckt hatte.

Nippe war der gleichen Ansicht. Auch Strauch erklärte: »Nach diesen Feststellungen ist es jedenfalls sehr wohl möglich, daß J. nach der Halsverletzung noch allerlei Handlungen vornehmen konnte ... Kennen wir doch aus der Wissenschaft Fälle, in denen Halsverletzte, bei denen die großen Halsgefäße glatt durchtrennt waren, bei denen Speiseröhre und Kehlkopf durchschnitten waren, bei denen die Schnittwunde bis in die Wirbelsäule ging, noch imstande waren, fünfundzwanzig Schritte zu laufen..., Laute von sich zu geben, zu sprechen, zu schreien, einen Gartenzaun zu überklettern, ein Messer tief in die Erde zu stechen.«

Das Urteil der ersten Instanz hatte sich u. a. auf die Ansicht gestützt, der Verletzte könne nur dann das Messer unter der Dachschalung versteckt haben, wenn er sich den Schnitt im Liegen beigebracht hätte. Die Polizei hatte weder den Tatort noch die Lage des Verletzten fotografiert. Das erschwerte es den Obergutachtern, die Behauptung der Erstgutachter zu überprüfen. Diese hatten erklärt, noch niemals sei ein Selbstmord im Liegen begangen worden.

Professor Nippe widersprach energisch: »In jeder Lage sind

sowohl Selbstmord durch Halsschnitt wie auch Morde durch Halsschnitte schon beobachtet worden ... Ebenso ist der Selbstmord durch Halsschnitt im Liegen durchaus etwas Häufiges.«

Strauch allerdings bezweifelte dies, betonte aber, diese Meinungsverschiedenheit mit Nippe sei unerheblich, denn J. könne sich die ersten Schnitte durchaus im Stehen beigebracht haben. Straßmann meinte, der Mord durch Halsschnitt werde meist dem liegenden Opfer beigebracht, aber ihm sei auch bekannt, daß Selbstmörder mitunter ihre Tat im Knien oder Liegen ausgeführt hätten.

Im medizinischen Gutachten, auf das sich das Urteil der ersten Instanz gestützt hatte, war behauptet worden, die Richtung der Schnittwunde sei typisch für einen Mord. »Beim Selbstmörder würde der Schnitt von links unten nach rechts oben gehen, während im vorliegenden Falle der Schnitt genau waagerecht verläuft.«

Nippe wandte sich gegen diese Auffassung. Gerade das Gegenteil sei die Regel. Beim rechtshändigen Selbstmörder verlaufe der Schnitt, entsprechend der messerführenden Hand, häufiger von links oben nach rechts unten oder einfach quer über den Hals. Straßmann hatte dieselbe Erfahrung.

Die drei sehr detaillierten Obergutachten widersprachen also in allen wesentlichen Punkten entschieden der Ansicht des Gerichts, dem Opfer sei die Verletzung von fremder Hand zugefügt worden. Kein einziges Indiz spreche dafür. Mit großer Wahrscheinlichkeit habe sich Jähnichen selber die Wunde beigebracht.

Die Frage, ob der schwerverletzte Selbstmörder hätte gerettet werden können, wenn sein Schwiegersohn sofort einen Arzt gerufen hätte, wurde nicht erörtert, war auch nachträglich wohl kaum noch zu beantworten. Es kam zu einem Freispruch mangels Beweises.

Die drei Obergutachter konnten deshalb unabhängig voneinander zur Meinung kommen, es liege mit großer Wahrscheinlichkeit ein Selbstmord vor, weil sich bei gleicher Todesart auch bestimmte Symptome gleichförmig wiederholen. Solche Symptome waren im vorliegenden Fall die Schnittrichtung, die Anzahl der Schnitte, die Wunde selbst und die Lage des Opfers.

Was die Schnittrichtung betrifft, so hängt sie von der Bewegungsrichtung des Armes und der Hand ab, die das Messer führt. Beim rechtshändigen Selbstmörder findet sich als natürlichste Bewegungsrichtung ein Schnitt am Hals, der von links oben nach der vorderen Halsmitte verläuft. Meist wird die Luftröhre durchtrennt, da die irrtümliche Annahme besteht, der Tod erfolge durch Zertrennen der Luftröhre. Von der Mitte des Halses aus läuft der Schnitt beim Selbstmörder in der Regel dann abwärts, schräg nach rechts unten, weil die Schwere des Armes die Hand naturgemäß nach rechts unten zieht. Verläuft die Wunde dagegen umgekehrt, also von rechts nach links oder sogar von rechts nach links oben, so spricht das in der Regel für einen Mord.

Auch die Anzahl der Schnitte kann unter Umständen aufschlußreich für die Todesart sein. Selbstmörder »probieren« manchmal erst zaghaft einige Schnitte aus, oft dicht neben der späteren tödlichen Wunde, oft auch zuerst am Handgelenk. Erst wenn sie merken, daß der Pulsaderschnitt am Handgelenk nicht zum gewünschten Ergebnis führt, gehen sie manchmal zum Halsschnitt über. Diese »Probierschnitte« sind in der Regel oberflächlich, ritzen nur die Haut und liegen meist parallel nebeneinander. Zuweilen findet man auch bereits vernarbte Probierschnitte, die auf einen früheren Selbstmordversuch hinweisen.

Entdeckt man am Toten dagegen mehrere Schnitte, die nicht parallel, sondern unregelmäßig liegen und allesamt tief gehen, so deutet das eher auf einen Mord hin. Aber wiederum nicht jede tiefe Halswunde läßt auf einen Mord schließen. Auch Selbstmörder haben sich schon den Hals bis auf die Wirbelsäule durchtrennt.

Auch die Lage des Opfers kann auf die Todesart hinweisen. In der Regel tötet ein Mörder sein Opfer, wenn dieses auf dem Rücken liegt. Selbstmörder nehmen meist eine sitzende, kniende oder stehende Haltung ein. Es ist aber auch schon vorgekommen, daß Mörder ihren Opfern den Hals durchschnitten, als diese saßen oder standen.

Schließlich sei aus dem Erstgutachten ein Indiz erwähnt, das die Selbstmordtheorie der Obergutachter stützte. Am Opfer hatten sich keinerlei Abwehrverletzungen gefunden. Abwehrverletzungen entstehen, wenn sich das Opfer gegen den Täter wehrt und versucht, Gesicht und Hals gegen das Messer abzuschirmen. Dadurch erhält das Opfer oft zahlreiche Stich- und Schnittwunden an Fingern, Hals und Armen. Abwehrverletzungen beweisen immer eine Tötung durch fremde Hand. Da Jähnichen noch ein kräftiger Mann gewesen war, hätte er sich auf jeden Fall gegen seinen Angreifer zur Wehr gesetzt. Die fehlenden Abwehrverletzungen waren ein weiteres Indiz für einen Selbstmord.

Was für den Tod durch Halsschnitt gilt, trifft auch für andere Formen eines nicht natürlichen Todes zu, für Erdrosseln, Erhängen, Ertränken, Erschießen. Bestimmte Spuren am Leichnam gestatten es dem Gerichtsmediziner in den meisten Fällen, auch ohne genaue Kenntnis der Tatbegleitumstände Rückschlüsse auf Tathergang und Todesart zu ziehen. Diese immer wiederkehrenden Zeichen an der Leiche bilden den Erfahrungsschatz des Gerichtsmediziners. Professor Prokop weist darauf hin, daß man bei Verbrechensopfern immer wieder auf gleiche Merkmale stößt, mag das Verbrechen in Europa oder Amerika, heute oder vor hundert Jahren begangen worden sein. Er erklärt diese Tatsache aus der Gleichförmigkeit menschlichen Verhaltens während eines affektgeladenen Ausnahmezustandes. Im normalen Alltag verhalten sich die Menschen entsprechend ihren unterschiedlichen Anlagen, ihrer verschiedenen Erziehung, Bildung und Intelligenz ganz verschieden. »In dem Augenblick aber, da durch den Affekt der Intellekt getrübt wird, nivelliert der Einfluß von Affekten verschiedener Art die Handlungweise abhängig vom Grad der ›Hemmung‹.«

Ähnlich wie unter dem Einfluß von Alkohol tritt die subkortikale Schicht an die Oberfläche; die Herrschaft der Affekte, der Triebe bricht an. In diesem Zustand begeht der Täter Handlungen, sagt Prokop, die einer »früheren phylogenetischen oder ontogenetischen Periode angehören«. Das heißt mit anderen Worten, bei bestimmten Verbrechen »wird der Mensch wieder zum Tier«. Er fällt sozusagen in einen archaischen Primitivzustand zurück, den sowohl die Menschheit in ihrer historischen Entwicklung als auch das Individium in seinem persönlichen Lebenslauf überwunden hat. »Das Zertreten und Beißen des Opfers beim oder nach dem Tötungsakt im Affekt, bei Todesangst, bei Gegenwehr oder im Orgasmus zeigen deutlich das Tierische, also den Rückfall auf eine phylogenetisch ältere Stufe ... Es scheint auch, daß der Halsschnitt ein Analogon im Kehlbiß der Tiere findet.«

Professor Strauch wies darauf hin, es sei bezeichnend gewesen, daß der Selbstmörder Jähnichen vor seiner Verletzung ziellos durch Wald und Feld gelaufen sei. Eine solche scheinbar sinnlose Handlung findet man häufig bei Selbstmördern, bevor sie Hand an sich legen. Prokop schreibt über eine ähnliche »archetypische« Handlung von Selbstmördern: Das ist »das Sich-Entziehen der feindlichen Umwelt durch den Selbstmörder. Er will von der Erdoberfläche verschwinden, so wie sich ein gehetztes Tier einscharrt. Mag es ein Rückfall in die ontogenetisch frühere Periode beim Selbstmörder sein, sich tief im Wald zu töten, sich mit Steinen beschwert ins Wasser zu stürzen?«

Diese Gesetzmäßigkeit, daß Menschen im Affekt gleichförmig reagieren, läßt sich auch in der gerichtsmedizinischen Praxis anwenden. »Wer lange Zeit«, sagt Prokop, »auf dem Feld der gerichtlichen Medizin arbeitet, muß zu einem gewissen Ergebnis kommen: Die Fälle ... kehren immer wieder ... Nichts ist neu, und vieles ereignet sich fast haargenau so – vielleicht sogar zur selben Zeit an einer anderen Stelle der Welt ... Dies fällt dem jungen Gerichtsmediziner anfangs nur dann auf, wenn zwei gleichartige Befunde kurz hintereinander zu erheben sind. Da er nicht weiß, daß sich eben dieser Fall jetzt oder kurz zuvor anderswo in der Welt ebenso abspielte, spricht er von Duplizität der Ereignisse, ohne zu ahnen, daß er dabei erstmals mit der Gleichförmigkeit der Welt in Berührung gekommen ist.«

Im Licht dieser Erkenntnisse erklären sich auch die vielen anachronistisch erscheinenden Greuel, die in den nationalistischen und religiösen Kriegen dieses Jahrzehnts zu beobachten sind. Die aufgeputschten Affekte lassen den Menschen wieder zum Tier werden. Gegen die dabei massenhaft auftretenden Brutalitäten verblassen die hier geschilderten einzelnen Verbrechen.

Der Fall der »schrecklichen roten Löcher«

»Hier ist schon wieder ein Fehler im Protokoll, Herr Untersuchungsrichter! Ich hatte erklärt, als mein Vater abstürzte, hätte ich mich etwa fünfzehn Meter von der Absturzstelle entfernt befunden. Im Protokoll steht aber ...«

»Herr Halsmann«, unterbrach der Untersuchungsrichter den Häftling, »wenn Sie fortwährend das Protokoll beanstanden, schreiben Sie doch selbst einen zusammenhängenden Bericht über die Vorgänge.«

Der Student Philipp Halsmann fuhr sich durchs dichte schwarze Haar. Er rückte seine Hornbrille zurecht und sagte schließlich: »Einverstanden, Herr Untersuchungsrichter.«

Während Halsmann Schreibzeug erhielt, um die Niederschrift anzufertigen, vertiefte sich der Richter wieder in die Akten: Die erste Einvernahme Halsmanns durch die Gendarmerie, das Sektionsprotokoll, die Zeugenaussagen. Widersprüche, dachte er, nichts als Widersprüche. Die Erfahrung sagte ihm, daß sich die Voruntersuchung noch Monate hinziehen werde.

Ein fast trivialer Fall, jedoch durch die heroische Kulisse der Hochgebirgslandschaft dem Alltäglichen weit entrückt. Der Student Philipp Halsmann, an der Technischen Hochschule Dresden immatrikuliert, stammte aus Riga. Er hatte den Sommerurlaub mit seinem Vater, dem Zahnarzt Morduch Halsmann, in den Zillertaler Alpen verbracht. Der Vater war trotz seiner Herzkrankheit ein leidenschaftlicher Tourist. In der Morgenfrühe des 10. September 1928 waren Vater und Sohn zu einer langen beschwerlichen Fußwanderung aufgebrochen, die nachmittags gegen drei mit dem Tod des Vaters endete. Er war, wie sein Sohn berichtete, auf einem schmalen steinigen Pfad ausgerutscht und einen Abhang hinunter in den Zamserbach gestürzt.

In dem von Philipp Halsmann inzwischen niedergeschriebenen Bericht las der Untersuchungsrichter: »Es war gegen zwei Uhr nachmittags, als wir an der Dominikushütte vorbeikamen. Die Tage vorher hatten wir die ganze Dolomitenstraße durchwandert. Meist zogen wir früh um fünf los und marschierten bis abends um sechs. Am 10. September brachen wir morgens um halb sechs auf. Es war kalt. Wir hatten keine warme Kleidung und nichts zu essen mit. Gegen zwölf aßen wir im Furtschlagelhaus zu Mittag und marschierten dann weiter. Ich war todmüde und bat meinen Vater mehrmals, die Wanderung abzubrechen. Aber er wollte nichts davon wissen. Wenn er mit seinen fünfzig Jahren die Beschwernisse aushalte, könnte ich das wohl erst recht. Auf dem Weg zur Dominikushütte bin ich immer müder geworden. Man wird dann apathisch und stapft automatisch weiter. Gegen zwei kamen wir also an der Dominikushütte vorbei. Einige Gäste saßen draußen und aßen zu Mittag. Ich versuchte noch einmal, meinen Vater zum Bleiben zu bewegen, aber er ging einfach weiter. Ein zwölfjähriger Junge trat zu uns und bot uns Granatsteine zum Kauf an. Der Vater wies ihn ab. Eine Viertelstunde später sagte der Vater, der vor mir herging, er müsse mal austreten gehen, ich solle schon weiterlaufen, wir hätten noch einen langen Weg vor uns. Ich ging weiter, der Vater holte mich allmählich ein. Als ich nach einer Wegbiegung bergauf stieg, hörte ich hinter mir einen leisen Aufschrei. Ich wandte mich um. Ich erfaßte seltsamerweise keine Bewegung, sondern habe es als feststehendes Bild in Erinnerung: Einen Augenblick lang steht der Vater in unwahrscheinlicher, schräg nach rückwärts geneigter Stellung. Ich lief zurück und sah nun meinen Vater unten im Bach liegen, den Oberkörper im Wasser. So schnell ich konnte, stieg ich den Abhang hinab. Der Kopf befand sich im Wasser und war voll von schrecklichen roten Löchern. Der Vater bewegte noch die Finger. Ich zog ihn mit großer Mühe aus dem Wasser. Meine Hände waren voll Blut, ich wusch sie im Wasser und lief halb besinnungslos fort, um Hilfe zu holen. An der Breitlahnerhütte traf ich eine Frau. Ich rief, mein Vater sei verunglückt, ich brauche Hilfe. Die Frau lachte, das war für mich ein entsetzlicher Eindruck. Aber sie holte ihren Bruder, den Hirten Riederer. Riederer kam etwas vor mir an der Unglücksstelle an. Als ich dort eintraf, sagte er, der Vater sei schon tot. Riederer ging dann zur Dominikushütte, ich blieb neben dem Toten sitzen. Später kamen zwei Touristen vorbei und wollten helfen. Inzwischen trafen immer mehr Leute ein, ein Arzt, der gerade auf Jagd war, ein Treiber, auch Eder, der Wirt der Dominikushütte. Einige Männer brachten eine Tragbahre. Aber Eder sagte, die Leiche müsse liegenbleiben, hier könne kein Mensch abstürzen, da sei etwas nicht in Ordnung ...«

Da ist allerhand nicht in Ordnung, dachte der Untersuchungsrichter. Er vergegenwärtigte sich noch einmal die Zeugenaussagen.

Da waren die beiden Frauen Marie Rauch und Marie Ossana, die unterwegs, als Halsmann zur Breitlahnerhütte lief, dem Studenten begegneten und bald zu ihrem Schrecken die Leiche im Wasser liegen sahen. Nach ihren Angaben befand sich der Kopf des Toten bis zu den Ohren im Wasser. Der Tote lag auf dem Bauch, sein Hinterkopf war blutig.

Der Junge, der die Granatsteine angeboten hatte, sagte aus, die beiden Männer hätten heftig gestritten.

Der Hirte Riederer sagte: »Der Körper lag vollständig im Wasser, mit dem Bauch nach unten. Auch das Gesicht lag unter Wasser. Ich dachte gleich, wenn der Mann noch gelebt hat, als er ins Wasser fiel, muß er ertrunken sein.«

Der Tourist Nettermann gab zu Protokoll, Halsmann habe ihm gesagt, er sei hinter dem Vater hergegangen, als der Vater abgestürzt sei. Dem Begleiter Nettermanns, Schneider, aber hatte Halsmann erzählt, er sei vor seinem Vater gegangen.

In jener Stunde nach Halsmanns Tod hatte noch kein Zeuge an die Bedeutung seiner Aussagen gedacht. Erst der Wirt Eder hatte erklärt, er halte einen Absturz an dieser Stelle für unmöglich. Er hatte deshalb den Boden genauer betrachtet und auf dem einen Meter breiten Pfad Blut entdeckt. Die Blutspur war jedoch etwa sieben Meter von der Stelle entfernt, die Halsmann als Absturzstelle bezeichnet hatte. Zusammen mit dem Touristen Schneider hatte Eder auf mehreren Steinen Blutflecke und, wie er später sagte, »kleine rote Klümpchen, wie Fleischstückchen« entdeckt. Das Erdreich war aufgewühlt und zerstampft, als habe jemand die Blutflecken auf Steinen und Gras zudecken wollen. Eder war dann auf weitere Blutspuren gestoßen, als er mit seinem Stock die obere Sandschicht freilegte. Die Erlenbüsche am Wegrand waren bis in die Höhe eines halben Meters mit Blutspritzern übersät. Seitlich davon begann eine Schleifspur, die mit Blut durchtränkt war. Sie führte den Abhang hinunter zum Bach. Schließlich hatte Eder einen faustgroßen scharfkantigen Stein gefunden. Eine Kante war mit einer Blutkruste überzogen, in der Haare klebten.

Als später der Arzt Dr. Rainer eintraf, nahm er die Blutspuren ebenfalls in Augenschein und veranlaßte zusammen mit Eder und den gegen Abend erschienenen Gendarmen, Halsmann festzunehmen.

Am nächsten Nachmittag erschien die Gerichtskommission aus Innsbruck am Tatort. Eine Spurensicherung war fast unmöglich geworden. Stundenlanger heftiger Regen hatte die meisten Blutspuren ausgelöscht. Aber der Stein, der die Tatwaffe zu sein schien, war am ersten Tage sichergestellt worden.

Wieder einen Tag später fand die Obduktion statt. Das Sektionsprotokoll vermerkte neben einer Anzahl kleinerer Kopfwunden eine große Wunde auf der Stirn oberhalb der Nasenwurzel und mehrere Gruppen von Wunden, die teilweise zu einer großen Wunde zusammenflossen. Oberhalb des rechten Ohrs war die Kopfschwarte durch zahlreiche Hiebe verletzt und der Schädelknochen zertrümmert. Die harte Hirnhaut war zerrissen, das Gehirn gequetscht. Im Schädeldach befand sich ein großer Lochbruch. In mehreren Wunden steckten kleinste Steinsplitter. Die große Wunde über der Nasenwurzel drang durch beide Stirnhöhlen und die beiden vorderen Schädelgruben in den Schädel ein.

Die Obduzenten besaßen große Erfahrung über Verletzungen, die bei Abstürzen im Gebirge entstehen. Sie wiesen darauf hin, daß bei einem Absturz nicht ein und dieselbe Stelle so oft und so gleichmäßig mit einer Gewalt getroffen werde, wie es hier im Bereich der Gruppenwunden der Fall war. Art und Sitz der Kopfwunden ließen ferner darauf schließen, daß das

Opfer seine Lage mehrmals gewechselt hatte. Daraus schlußfolgerten die Obduzenten: Zuerst wurde der Vater Halsmann auf dem Wege verletzt. Er stürzte bewußtlos nieder. Dann wurde er den Abhang hinuntergeschleift und unten am Bach durch weitere Schläge getötet. Allerdings konnte die Todesursache nicht eindeutig festgestellt werden. Möglich war der Tod durch die schweren Schädel- und Hirnverletzungen, aber auch Ersticken durch Einatmen von Blut und Wasser. Die Obduzenten schlossen mit Sicherheit den von Halsmann behaupteten Absturz als Todesursache aus. Der Tod war eine Folge zahlreicher Schläge durch scharfkantige Steine.

Nachdem die Voruntersuchung abgeschlossen war, setzte das Gericht den Prozeßbeginn für Dezember 1928 fest. Die Taktik der Verteidigung konzentrierte sich darauf, die Schlußfolgerungen der Gerichtsmediziner in Frage zu stellen. Das führte zu unlösbaren Widersprüchen.

So hatte Halsmann ursprünglich erklärt, er habe sich im Bach die Hände vom Blut gereinigt. Nun behauptete er, er müsse sich geirrt haben. Wahrscheinlich habe er sich die Hände blutig gemacht, als er den Vater aus dem Wasser zog und dann den Abhang hinaufgeklettert sei. Dabei habe er sich auf die Steine gestützt und sie mit Blut befleckt. Später erklärte er das Blut mit eigenem Nasenbluten. Aber Nasenbluten hinterläßt keine feinen Blutspritzer, wie sie am Gesträuch gefunden worden waren. Halsmanns Argumente überzeugten die Geschworenen nicht. Sie sprachen ihn des Mordes schuldig. Das Gericht verurteilte ihn zu zehn Jahren schweren Kerkers.

Damit schien der Fall Halsmann abgeschlossen.

Aber erst jetzt weitete er sich zu einem Sensationsprozeß aus, der die österreichische und deutsche Öffentlichkeit über ein Jahr lang erregte. Das hatte mehrere Ursachen – gesellschaftliche, publizistische und wissenschaftsgeschichtliche.

Der soziale Status von Täter und Opfer erregte Unruhe unter den Intellektuellen. Ein Student kann kein Vatermörder sein. Solche Verbrechen geschehen nur in den niederen Klassen. Die bürgerliche Presse nahm den Fall Halsmann begierig auf, um mehr oder weniger offen diese Position zu verbreiten. Schließlich kamen durch den Halsmann-Prozeß auch Richtungskämpfe innerhalb der Wissenschaften zum Ausbruch. Es war jene Zeit, da die Psychoanalyse vernehmlich ihr Recht auf eine wissenschaftliche Deutung der Motive menschlichen Handelns anmeldete und einer rein naturwissenschaftlich orientierten Medizin und Psychologie den Kampf ansagte.

So trafen soziale, publizistische und wissenschaftliche Interessen im zweiten Schwurgerichtsprozeß gegen Halsmann aufeinander. Ihr Generalangriff richtete sich gegen die gerichtsmedizinische Begründung des ersten Schwurgerichtsurteils. Die Verteidigung hatte Berufung eingelegt, so daß dieser zweite Prozeß notwendig wurde. Die Verteidigung führte ins Feld, Halsmann sei nicht psychologisch untersucht worden. Ein namhafter Psychologe jener Zeit, der Innsbrucker Professor Erismann, hatte nämlich öffentlich erklärt, psychologische Gründe sprächen gegen eine Täterschaft Halsmanns. Er führte zum Beweis mehrere Gründe an, die den Tod im Zamsertal in einem völlig anderen Licht erscheinen ließen.

Der Oberste Gerichtshof stimmte deshalb dem Antrag der Verteidigung, die sich nun auf Erismann stützte, zu und setzte eine neue Voruntersuchung fest. Diese sollte einen zweiten Schwurgerichtsprozeß vorbereiten.

Das bedeutete, auch das gerichtsmedizinische Gutachten zu überprüfen, das wesentlich zum Schuldspruch und zur Verurteilung Halsmanns beigetragen hatte.

Auch jetzt noch erschien das Gutachten so überzeugend, daß weder die Verteidigung noch ihr Gutachter Professor Erismann es in Frage stellen konnten. Deshalb änderte die Verteidigung in Übereinstimmung mit Erismann ihre Taktik. Hatte sie im ersten Prozeß hartnäckig die These eines tödlichen Unfalls vertreten, akzeptierte sie nun die gerichtsmedizinischen Beweise und räumte ein, der alte Halsmann sei tatsächlich getötet worden. Die Verteidiger und Erismann akzeptierten jetzt also den Mord, aber nicht den Mörder. Nicht der Sohn habe den Vater ermordet, sondern ein unbekannter Dritter.

Die neue Taktik brachte die Verteidigung bald in eine aussichtslose Lage. Schon gleich nach der Tat, als Philipp Halsmanns Täterschaft noch nicht offensichtlich war, hatte die Gendarmerie nach einem unbekannten Täter gesucht, aber dafür keine Anhaltspunkte gefunden. Das bewies natürlich noch nicht, daß es keinen unbekannten Täter gab. Absolut beweiskräftig aber war, daß Philipp Halsmann selber niemals behauptet hatte, sein Vater sei von einem Fremden ermordet worden. Bis zuletzt hatte er ja einen Unfall vorgegeben, er wollte sogar Augenzeuge des Absturzes gewesen sein. Nun aber, veranlaßt durch Professor Erismanns Hypothese, mußte auch Halsmann seine bisherige Aussage ändern.

Wie nun versuchte der Psychologe Erismann, der persönlich völlig von Halsmanns Unschuld überzeugt war, die Unschuld seines Mandanten zu beweisen?

Professor Erismann ging davon aus, Philipp Halsmann könne entgegen seinen früheren Angaben zur kritischen Zeit seinem Vater viel weiter als die von ihm geschätzten fünfzehn Meter vorausgewesen sein. Diese Trennung habe ein Unbekannter zu einem räuberischen Überfall auf den Vater ausgenutzt. Als der Sohn dann, beunruhigt über das Wegbleiben des Vaters, zurückging, sah er diesen leblos im Bach liegen.

Erismann erklärte: »Der Gedanke ABGESTÜRZT! stellt sich mit instinktiver Sicherheit ein, und mit so großer assoziativer Kraft, welche Ursache und Wirkung in unserem Vorstellungsleben verbindet, zwingt sich auch die Vorstellung des vorangehenden Geschehens, der Ursache jener Wirkung, auf: das Bild des taumelnden und abstürzenden Vaters. Dieses Bild nun verfolgt mit seiner sinnlichen Anschaulichkeit Philipp Halsmann, der es sich im ersten Augenblicke unwillkürlich und so lebhaft vorstellt, daß er (in jenem Zustand höchster affektiver Verwirrung) es schon bei seinen ersten Berichten über den Vorfall mit einem Erinnerungsbild verwechselt. Der erste Eindruck, der ihm diese Pseudoerinnerung suggerierte, war der seines abgestürzt daliegenden Vaters, nun fügt sich eines zum anderen, sich gegenseitig stützend, er sieht den Vater hinunterstürzen – daher sein fester Glaube, daß es sich hierbei um einen Sturz, nicht um einen Mord handeln kann, an dem er während der ganzen Voruntersuchung und Gerichtsverhandlung unentwegt festhält.«

Weiter heißt es dann in Erismanns Gutachten, die starke seelische Erschütterung habe einen gewissen Grad von Erinnerungslosigkeit verursacht. »Durch die traumatische Amnesie wäre also gleich der beste Boden gegeben für die Bildung von Ersatzprodukten und deren Verwechslung mit wirklichen Erinnerungsbildern.«

Nach Erismanns Überzeugung hatte sich also folgendes zugetragen: Ein Unbekannter ermordet, von dem weit vorausgehenden Philipp Halsmann unbemerkt, dessen Vater. Die Örtlichkeit zwingt die Vermutung eines Absturzes auf. Der seelische Druck erzeugt eine Gedächtnislücke, die nachträglich durch die Einbildung ausgefüllt wird, er habe die Ursache des Todes, den Absturz, gesehen.

Das Gericht schien mit dieser waghalsigen Hypothese wenig anzufangen zu wissen. Es entschloß sich, ein Obergutachten anfertigen zu lassen. Darin sollte das erste gerichtsmedizinische Gutachten sowie die These Erismanns überprüft werden. In Österreich nennt man ein solches Obergutachten »Fakultätsgutachten«, weil es durch die Autorität der gesamten Fakultät gestützt werden muß. Mit der Ausarbeitung dieses Fakultätsgutachtens wurden Professor Werkgartner und der als internationale Kapazität bekannte Gerichtsmediziner Professor Dr. Karl Meixner beauftragt.

Werkgartner und Meixner machten sich zuerst mit den Prozeßunterlagen und dem ersten medizinischen Gutachten vertraut und führten Gespräche mit dem Angeklagten. Sie wollten die materiellen Indizien genau kennenlernen und Halsmanns Persönlichkeit erforschen. Selbstverständlich gingen sie nicht davon aus, daß Halsmann schuldig gesprochen worden war. Sie begannen sozusagen nochmals am Nullpunkt und waren bestrebt, Halsmanns Aussagen mit den Tatsachen zu vergleichen.

Dabei konzentrierten sie sich auf drei Hauptfragen:

1. Läßt sich beweisen, daß Philipp Halsmann tatsächlich soweit vom Tatort entfernt war, daß unbemerkt von ihm ein Unbekannter den Vater töten konnte?

2. Lag ein solcher Erregungszustand vor, daß er zur Halluzinierung falscher Erinnerungsbilder führen konnte?

3. Ist ein krankhafter Dämmerzustand möglich gewesen?

Fest stand, daß Halsmann in mehreren Aussagen nach der Tat und noch im ersten Prozeß selbst angegeben hatte, er habe sich nicht mehr als höchstens fünfzehn Meter von seinem Vater entfernt befunden. In den Gesprächen mit Werkgartner und Meixner veränderte Halsmann seine ursprüngliche Aussage und machte immer unbestimmtere Angaben über die Entfernung, bis er schließlich bei einem Abstand von 150 Metern angelangt war. Die Zeit, um diese Strecke bis zur Absturzstelle zurückzulaufen, schätzte er nun auf zwei bis fünf Minuten. Unterstellt man seine früheren, sehr bestimmten Ortsangaben als wahr, müßte er sich in unmittelbarer Nähe des Ereignisortes befunden haben. Das aber schließt die Täterschaft eines Unbekannten aus. Unterstellt man seine späteren Angaben über eine große Entfernung als wahr, so müßte seine Behauptung, er habe seinen Vater abstürzen sehen, eine Sinnestäuschung gewesen sein, die durch einen schweren psychischen Schock ausgelöst worden war. Bezeichnenderweise aber schilderte Halsmann viele Vorgänge, die dem Tod des Vaters vorausgingen und folgten, sehr detailliert.

»Aus dieser Reihe von Ereignissen«, sagte Meixner, »soll nun aber ein Bestandteil, die Entfernung vom Vater, nicht in Erinnerung geblieben sein. Es mag nun für eine erste Überlegung recht annehmbar erscheinen, daß in einer solch aufregenden Lage die Entfernung nicht hinreichend beachtet wurde. Diese Annahme verliert aber ihre Überzeugungskraft, sobald man sich klar wird, daß in der behaupteten gefahrdrohenden Situation die Einschätzung der Entfernung einen ganz wesentlichen Bestandteil des Gesamterlebnisses bildet. Jeder, der Augenzeuge von Unglücksfällen war, die ihn zu rascher Hilfeleistung antrieben, weiß, wie eindrucksvoll sich dabei die Entfernung von der Unglücksstelle im Erleben herausbildet ... Je größer die Entfernung ist, desto eindringlicher und peinlicher wird sie dem, der rasch helfend eingreifen will, bewußt.«

Deshalb könne niemand eine Entfernung, die er erst mit fünfzehn Metern angibt, mit 150 Metern verwechseln.

Daraus ergab sich die zweite Frage. Hatte Halsmann, als er den Vater tot im Bach liegen sah, eine solche Gemütserschütterung erlitten, daß sie später seine Erinnerung verfälschte?

Tatsächlich hatte Halsmann einige Erinnerungslücken, vor allem über die Vorgänge unten am Bach. Was aber, fragte Meixner, bewiesen diese einzelnen Ungenauigkeiten in der Erinnerung? »Nicht mehr, als daß sich Halsmann damals in einem Erregungszustande befand. Wodurch aber dieser Erregungszustand ausgelöst wurde, muß unentschieden bleiben. Die Verteidigung nimmt an, der Anblick des abgestürzten Vaters hätte den maßgebenden Erregungszustand bedingt. Aber auch wenn man sich auf den Standpunkt stellen wollte, daß der Angeklagte der Täter war, wären die Bedingungen für einen länger andauernden affektiven Erregungszustand mit der gleichen Wirkung einer nachträglichen Mangelhaftigkeit der Erinnerung gegeben.«

Die Kommission hielt es aber für unwahrscheinlich, Halsmann könne die Tat in einem krankhaften Dämmerzustand begangen haben. Solche Zustände sind durch einen totalen Ausfall der Erinnerung gekennzeichnet, wobei nach einer bestimmten Zeit die Erinnerung schubweise zurückkehrt. »Ganz anders verhält sich Halsmann«, heißt es dann weiter im Gutachten. »Er gibt unmittelbar nach den kritischen Ereignissen bestimmt lautende Angaben über Standort und Entfernung zum Vater. Er hält an diesen Angaben starr durch Monate fest und verliert sich dann ins Unbestimmte. Ein solches Verhalten ist mit den klinischen Erfahrungen über Erinnerungsstörungen nach Zuständen getrübten Bewußtseins nicht vereinbar.«

Nach weiteren Unterredungen mit dem Angeklagten kam die Kommission zu einem abschließenden Urteil: »Die sorgfältige Prüfung aller Umstände und die Erwägung der allenfalls für eine Annahme schwerer Erinnerungsstörungen in Betracht kommenden medizinisch-psychologischen und psychopathologischen Möglichkeiten haben zu dem Ergebnis geführt, daß Philipp Halsmann unter dem Einfluß einer Schreckwirkung die Entfernung, die ihn vom Vater trennte, nicht beachtete, noch die weitere Angabe, daß die Erinnerung an die Wegstrecke durch eine rückläufige Erinnerungsstörung ausgelöst wurde, wahrscheinlich machen läßt, und endlich, daß keine Anhaltspunkte vorliegen, daß Halsmann sich zur kritischen Zeit in einem Dämmerzustand befunden hat, der eine Erinnerungslücke hinterließ. Der Verteidigung kann nur insofern zugestimmt werden, daß die Angaben Halsmanns – seine früheren wie seine nunmehrigen – Konstruktionen enthalten; es sind aber nicht Konstruktionen, die eine Erinnerungslücke überbrücken, es ist vielmehr bemerkenswert, daß sie sich dialektisch gewandt und elastisch der jeweiligen Prozeßlage anpassen.«

Im zweiten Teil ihres Gutachtens beschäftigte sich die Kommission mit der Persönlichkeit des Angeklagten. Die Verteidigung hatte eine Anzahl Zeugen aufgeboten, Lehrer, Freunde, Studienkollegen, die Philipp Halsmann als liebevollen Sohn, strebsamen Studenten, zuverlässigen Freund und als selbstbeherrschten, ethisch hochstehenden Menschen schilderten, dem eine solche Tat nicht zuzutrauen sei.

Meixner und Werkgartner betonten, daß sie dieses Charakterbild Philipp Halsmanns nicht bezweifelten.

Es sei jedoch eine alte Erfahrung, daß manchem Täter seine Tat nicht zugetraut werde. Es komme auch hier darauf an, »den seelischen Aufbau zu entdecken, der hinter der Außenseite steckt«.

Grundlage für die charakterologische Beurteilung des Angeklagten bildeten die persönlichen Gespräche mit ihm, seine Briefe, Tagebuchnotizen, literarischen Versuche.

Halsmann zeigte sich als intellektuell gut veranlagter und begabter junger Mann, der seine geistige Entwicklung und sein Studium erfolgreich durchlaufen hatte. Komplizierter jedoch stellte sich seine Persönlichkeit hinsichtlich Temperament und Charakter dar. Halsmann war ein nach innen gerichteter, kontaktgehemmter Mensch, der erst in einer ihm vertrauten Umgebung allmählich seine Hemmungen überwand. Die Ursache dafür sahen die Gutachter in seiner übermäßig ausgeprägten Reflexivität. Er beobachtete ständig sich selbst und analysierte sich, wie er auf andere Menschen wirkte. Das hemmte seine Persönlichkeitsentfaltung und machte ihn scheu und zurückhaltend. Verstärkt wurde diese Entwicklung sicherlich durch den starken Gegensatz zum Vater. Der Vater war ein jovialer und kontaktfreudiger Mann, der sofort Anschluß an andere Menschen fand, sich mitteilen konnte, der – selbst mit grobschlächtigem Benehmen und zweideutigen Witzen – in lärmender Fröhlichkeit sich in den Mittelpunkt zu setzen pflegte. Der sensible Sohn litt offensichtlich unter der burschikosen Autorität des Vaters, wenn er ihn auch insgeheim um seine Weltgewandtheit zu beneiden schien. Das wiederum machte ihn noch verschlossener. »Alles in allem«, hieß es im Gutachten, »ist der Angeklagte keine einfache, durchsichtige, gut einfühlbare, in ihrer affektiven Reaktionsweise berechenbare Persönlichkeit, sondern eine schwer zugängliche, verschlossene Natur, deren Analyse eine Disharmonie im Gesamtaufbau erkennen läßt. Auf Grund der Zergliederung seiner Persönlichkeit ist der Angeklagte als eine konstitutionell eigenartige, auffällige Persönlichkeit mit ganz bestimmter charakterologischer Kennzeichnung aufzufassen.«

Die Gutachter stellten keine Frühsymptome einer elementaren Geistesstörung fest. Sie sahen im Verhältnis des Sohnes zum Vater die Ursache seiner widerspruchsvollen Persönlichkeit. Die Gegensätze der Charaktere und Verhaltensweisen schufen den Boden für latente Konflikte: »Die Ungleichmäßigkeiten in den Beziehungen zwischen Vater und Sohn – fügsame Unterordnung und Dankbarkeit für die väterliche Fürsorge einerseits, unfreundliche, ablehnende Reaktion gegen das autoritative und die Eigenart des Sohnes nicht genügend berücksichtigende Wesen des Vaters andererseits – spiegeln auch von dieser Seite den oben herausgehobenen Charakterzug einer inneren Zwiespältigkeit des Sohnes, der sich, und dies zum Teil aus verständlichen Gründen, zum Vater in einem gewissen Gegensatz befindet, dabei aber doch sich kindlicher Ergebenheitsgefühle nicht entziehen kann und so in innere Konflikte gerät.«

Die Gutachter fragten dann, ob auf Grund dieser Charakterlage dem Angeklagten ein Vatermord zuzutrauen sei. Die Antwort zeugte von wissenschaftlicher Vorsicht der Gutachter. Es wäre, so schrieben sie, wissenschaftlich nicht zu rechtfertigen, von einem Menschen, selbst wenn man ihn noch so gründlich und tief analysiert hat, zu sagen, er sei einer solchen Tat fähig oder nicht fähig. »Es gibt keine Untersuchungsmethoden, die es möglich machen, das komplizierte Spiel der individuellen seelischen Zusammenhänge auf eine Formel zu bringen, aus der das Verhalten eines Menschen unter den verschiedensten Lebenseinflüssen im vornherein berechenbar wäre.«

Gleichzeitig wiesen sie aber auch darauf hin, daß man nicht in den umgekehrten Fehler verfallen dürfe. Aus der Tatsache, daß kein Motiv für die Tat gefunden wurde, dürfe man nicht schlußfolgern, es gebe tatsächlich kein Motiv. »Es liegt der Fakultät vollkommen fern, zur Frage der Täterschaft des Angeklagten irgendwie Stellung zu nehmen und dem Urteil des Schwurgerichts vorzugreifen.« Sollte aber der Angeklagte die Tat begangen haben, würden die Gutachten folgendes zu seiner Entlastung vorbringen: Die Gutachten halten auf Grund der Persönlichkeit des Angeklagten einen vorbedachten Mord für ausgeschlossen. Da jedoch der Leichenbefund die Merkmale blindwütiger Gewalteinwirkung zeigt, sei die Frage berechtigt, ob sowohl die Persönlichkeit des Angeklagten wie die Umstände vor der Tat eine jähe gewalttätige Affekthandlung wahrscheinlich machten.

Die Gutachter hielten das für möglich. Dafür sprachen nach ihrer Meinung zwei Gründe. Erstens die starke Gegensätzlichkeit zwischen Vater und Sohn und die latente Konfliktsituation zwischen beiden. Zweitens gab es zur Zeit der Tat einige ganz konkrete Ursachen für eine explosivartige Reaktion des Sohnes. Er hatte mit Widerwillen an den Hochgebirgstouren des Vaters teilgenommen, sah mit Abscheu, wie der Vater auf diese Weise ihm gegenüber seine Vitalität zur Schau stellte, war durch die neunstündige Wanderung bei Kälte und schlechtem Wetter ermüdet, durch Hunger gereizt und höchst wütend über den Vater, der die Wanderung fortsetzen wollte.

»Wir wissen«, hieß es weiter im Gutachten, »daß eine derartige Übermüdung sich nicht nur im Körperlichen geltend macht, daß sie vielmehr auch das Seelenleben in Mitleidenschaft zieht und sich hier sehr wohl in einer besonderen Reizbarkeit, in einer Neigung zu explosiven, ungehemmten Zornausbrüchen äußern kann. Es sei erinnert an Erfahrungen aus dem Kriege und an verwandte Erlebnisse von Jägern und Touristen, die zu berichten wissen, daß es unter dem Einfluß der Ermüdung und Entbehrung zu einer reizbaren Angriffsbereitschaft kommen kann, die der sonstigen Persönlichkeit fremd ist und die aus nichtigen Anlässen zu Tätlichkeiten zwischen den besten Weggenossen führen kann. Das Zustandekommen einer solchen Explosivreaktion wird wesentlich erleichtert durch eine von früher her zwischen zwei Menschen bestehende unterdrückte Gegensätzlichkeit, ja sogar durch einen in der Persönlichkeit selbst verankerten inneren Konflikt.«

Überblickt man nochmals den zwölf Aktenbände umfassenden »Fall Halsmann«, so scheint es, daß diese abschließenden Bemerkungen der Gutachter den Vorgängen im Zamsertal wohl am nächsten kommen. Der latente Konflikt zwischen Vater und Sohn war durch die Überanstrengung der Hochgebirgstour offen ausgebrochen und hatte zu einer tödlich endenden Affekthandlung gegen den Vater geführt. Das Fakultätsgutachten, das Philipp Halsmanns Täterschaft als möglich erscheinen ließ, wurde von der Verteidigung heftig attackiert, obwohl Halsmann im zweiten Schwurgerichtsprozeß es gerade diesem Gutachten verdankte, daß die Mehrzahl der Geschworenen statt auf Mord auf Totschlag erkannte. Das erste Urteil auf zehn Jahre schweren Kerkers wurde auf vier herabgesetzt.

Der Kulmbacher Fall

Der siebzigjährige Heinrich Meußdoerffer, Besitzer einer Bierbrauerei, bewohnte mit seiner Frau eine Villa in Kulmbach. Diese bayrische Stadt ist berühmt durch ihre Brauereien. Die Ehe der beiden alten Leute galt als glücklich. Sie waren seit zweiundzwanzig Jahren verheiratet.

Am Montag, dem 4. November 1929, war Meußdoerffer gegen 23 Uhr aus seinem Stammlokal, wo er mit Bekannten Karten gespielt hatte, heimgekehrt. Seine Frau, so sagte er später aus, hatte sich schon zu Bett gelegt. Im Wohnzimmer trank er noch ein Bier. Dann ging er nach oben ins Schlafzimmer. Er befand sich auf der Treppe, als er ein dumpfes Geräusch hörte, so als ob ein Möbelstück umfiele. Schritte liefen über die Diele. Im selben Augenblick erklang ein schwacher Ruf aus dem Schlafzimmer.

Er eilte die letzten Stufen empor und riß die Schlafzimmertür auf. Seine Frau saß im Bett und streckte ihm die Hände entgegen. Sie waren gefesselt. Meußdoerffer trat ans Bett. Seine Frau murmelte: »Hilf mir doch, ich bin geknebelt.«

Meußdoerffer sah keinen Knebel. Er sah nur die Gardinenschnur um ihre Handgelenke. Mit dem Taschenmesser zerschnitt er die Fessel. Die Frau sank zurück. Sie atmete jetzt ruhiger und lag mit geschlossenen Augen still da. Bestürzt fragte Meußdoerffer, was geschehen sei. Sie antwortete nicht. War sie eingeschlafen? Hatten Diebe sie gefesselt? Meußdoerffer hatte immer eine Menge Bargeld im Hause. Er durchsuchte das Zimmer, fand aber alle Türen verschlossen. Er kehrte zu seiner Frau zurück. Noch bevor er neue Fragen stellen konnte, sah er, daß sie tot war. Meußdoerffer trat vom Bett zurück. Er blickte lange auf die Leiche seiner Frau, dann verließ er das Schlafzimmer, ging hinab ins Wohnzimmer, setzte sich an den Tisch und trank eine Flasche Bier. Er steckte sich eine Zigarre an. Bald war eine zweite Flasche geleert, eine dritte. Meußdoerffer blieb sitzen, die Stunden vergingen. Später durchsuchte er noch einmal das ganze Haus. Er weckte die beiden Dienstmädchen. Aber sie hatten nichts gehört. Er sagte ihnen nicht, daß seine Frau tot war. Dann setzte er sich wieder an den Tisch. Den Kopf auf die Arme gelegt, schlief er bis zum Morgen.

Gegen sieben Uhr erhebt er sich und ruft einen Arzt an. Obermedizinalrat Dr. Seidel, den er seit Jahren kennt. Dr. Seidel trifft um halb acht ein. Er sieht, daß Frau Meußdoerffer tot ist. Als er sich zu ihr hinunterbeugt, fährt er zurück. Auf dem weißen Bettzeug und auf der Nachtjacke der Toten befinden sich Blutstropfen. Die Lippen sind aufgerissen. Wahrscheinlich stammt das Blut von dieser Verletzung. An der Zungenspitze der Toten entdeckt der Arzt eine blutunterlaufene Stelle.

Dr. Seidel benachrichtigt die Kriminalpolizei. Kurz darauf trifft der Kulmbacher Oberkommissar Schiffner ein. Schiffner und Meußdoerffer kennen sich seit langem. Der Oberkommissar fühlt sich unbehaglich, als er den Tatort untersucht. Er tut es nur flüchtig, denn brauchbare Spuren sind nicht vorhanden – außer der zerschnittenen Gardinenschnur. Schiffner nimmt die Schnur mit. Dann geht er in den Garten. Er blickt die Hauswand empor. Die Fenster des Schlafzimmers sind mit Läden versehen, von innen noch immer verriegelt. Auf dem Erdboden unterhalb des Schlafzimmers findet der Oberkommissar einige Fußspuren. Aber er läßt keine Abdrücke nehmen.

Anschließend ruft er den Oberstaatsanwalt an. Oberstaatsanwalt v. Rebey hat seinen Sitz in Bayreuth. Er will nach Kulmbach kommen und die Ermittlung selber leiten. Schiffner ist froh, die Verantwortung los zu sein.

Oberstaatsanwalt v. Rebey bringt den Obermedizinalrat Dr. Düring mit. Er läßt die Tote im Badezimmer von Dr. Düring und Dr. Seidel obduzieren. Die beiden Ärzte untersuchen die Leiche sorgfältig. Sie stellen mehrere dunkle Flecken am Hals fest, die wie Würgemale aussehen. Daneben liegen halbmondförmige Eindrücke, wahrscheinlich von Fingernägeln. Die Unterlippe der Toten ist aufgerissen, zwei Schneidezähne sind herausgebrochen. Die Halsmuskulatur zeigt ebenfalls Spuren von Gewalt. An einigen inneren Organen finden sich altersbedingte krankhafte Erscheinungen, so an Herz, Gallenblase und an den Nieren.

Dr. Düring fragt Meußdoerffer, ob seine Frau herzkrank gewesen sei. Meußdoerffer sagt: »Das weiß Dr. Seidel. Meine Frau war in den letzten Jahren deshalb mehrmals zur Kur.«

Die Ärzte berichten dem Oberstaatsanwalt: »Der Tod trat durch Erstickung ein. Die Erstickung wurde herbeigeführt durch einen gewaltsamen Verschluß der Luftwege, durch Zugriff an Mund und Hals.«

Dieser vorläufige Obduktionsbefund bestätigt v. Rebeys Verdacht, daß Meußdoerffer seine Frau ermordet hat. Benahm sich Meußdoerffer nicht äußerst seltsam, nachdem er den angeblichen Tod seiner Frau entdeckt hatte? Ein Unschuldiger hätte sofort den Arzt gerufen und die Polizei benachrichtigt. Aber Meußdoerffer hatte bis zum Morgen untätig dagesessen! Meußdoerffers Hinweis auf die Fesselung tut v. Rebey mit der Behauptung ab, die Fesselung sei wohl erst nach dem Tode erfolgt. Er läßt Meußdoerffer verhaften.

Wenige Tage später sucht Obermedizinalrat Dr. Seidel den Oberstaatsanwalt in Bayreuth auf.

»Nun, mein Lieber«, sagt v. Rebey, »ich habe wenig Zeit, das werden Sie verstehen. Was haben Sie denn auf dem Herzen?«

»Ich möchte mein vorläufiges Gutachten korrigieren.«

»Korrigieren?« fragt v. Rebey verständnislos.

»Ich bin mir nicht mehr sicher, daß Frau Meußdoerffer erwürgt worden ist. Sie war herzkrank. Sie kann an Herzlähmung gestorben sein.«

»Ich nehme das zur Kenntnis«, sagt v. Rebey. Beruhigt fährt Dr. Seidel zurück. Er ahnt nicht, daß der Oberstaatsanwalt bereits wissenschaftliche Verstärkung sucht, um seine Anklage gegen Meußdoerffer zu untermauern.

Der Oberstaatsanwalt bittet Professor Fischer, Direktor des Gerichtsmedizinischen Instituts in Würzburg, die Todesursache von Frau Meußdoerffer festzustellen. Dieses erste gerichtsmedizinische Gutachten wird bis zum Prozeß die entscheidende Rolle spielen. Professor Fischer, der sich nur auf das Sektionsprotokoll stützt, erklärt dem Oberstaatsanwalt mündlich, er zweifle nicht daran, daß das Opfer erwürgt worden sei. Die Fesselung der Hände, das gehe aus den Strangfurchen hervor, sei erst nach dem Tode erfolgt. Mit dieser Ansicht ist v. Rebey sehr zufrieden. So hat er sie sich erhofft. Die mündliche Äußerung Fischers bleibt für die monatelange Voruntersuchung die eigentliche »wissenschaftliche« Grundlage des Mordverdachts.

Aber Meußdoerffers Anwalt ist entschlossen, die Verteidigung gleichfalls auf medizinischen Beweisen aufzubauen. Auch er wendet sich an einen Sachverständigen. Professor Kirch, Direktor des Pathologischen Instituts in Erlangen, erklärt sich zu einem Gutachten bereit. Kirch zieht aus dem Sektionsprotokoll andere Schlußfolgerungen: »Frau M. ist auf Grund des Sektionsurteils an einem Versagen der linken Herzkammer mit anschließendem starken Lungenödem gestorben. Die Ursache hierfür ist ein Herzklappenfehler (chronische Zweizipfelklappenentzündung, vermutlich mit Mitralinsuffizienz) und in einer dadurch bedingten Verdickung der Herzwandmuskulatur der linken Kammer zu erblicken. Der Tod muß langsam eingetreten sein; der Todeskampf hat mindestens viele Minuten, wenn nicht Stunden gedauert. Ein Erstickungstod ist durch nichts bewiesen.«

Aber v. Rebey läßt dieses Gutachten nicht gelten. Meußdoerffer bleibt weiterhin in Untersuchungshaft. Wochen und Monate vergehen. Neue Anträge der Verteidigung lehnt v. Rebey wiederum ab. Und Professor Fischer, der Sachverständige der Anklage, findet merkwürdigerweise noch immer nicht die Zeit, sein mündliches Gutachten schriftlich festzulegen. Ein Zufall gibt dem Fall einen anderen Verlauf, als es sich v. Rebey vorgestellt hatte.

Oberkommissar Schiffner in Kulmbach, nach wie vor Meußdoerffers Schuld bezweifelnd, hat einen Untersuchungshäftling namens Popp zu vernehmen. Popp ist bei einem Einbruch gefaßt worden. Popp gibt zu, gemeinsam mit seinem Freund Schuberth noch andere Einbrüche unternommen zu haben. Er erwähnt auch die Villa Meußdoerffers.

»Ein Einbruch bei Meußdoerffer?« fragt Schiffner aufmerksam.

Popp merkt zu spät, daß er sich soeben selber eine Falle gestellt hat. Er zögert mit der Antwort. Schiffner drängt. Popp ist schließlich bereit zu gestehen. Schuberth besitzt einen Nachschlüssel für die Villa. So sind Schuberth und Popp immer mal wieder in die Villa eingestiegen, um sich einige Flaschen Wein, Lebensmittel und kleinere Geldbeträge zu holen. Schiffner informiert v. Rebey von diesem Sachverhalt. Der Oberstaatsanwalt reagiert nicht darauf.

Schiffner vernimmt nun Schuberth, der zur Zeit im Gefängnis sitzt. Schiffner hatte nämlich festgestellt, daß sich Schuberth an Frau Meußdoerffers Todestag auf freiem Fuß befunden hatte. Also konnte er durchaus mit Popp an jenem 4. November in die Villa eingedrungen sein. Popp jedenfalls hatte es bereits gestanden. Schuberth weiß nichts von Popps Geständnis, als ihm Schiffner Popps Aussage vorhält. Zuerst versucht er einige Ausflüchte. Aber er ist kein Berufsverbrecher und hat nicht viel Widerstandskraft. Er entschließt sich zu einem halben Geständnis: »Ich weiß schon, Herr Oberkommissar, was damals in jener Nacht in der Villa passiert ist. Ich war dabei, jawohl. Ich könnte schon einiges erzählen. Aber ich packe nur aus, wenn mir der Herr Meußdoerffer fünftausend Märker zahlt.«

Schiffner setzt sich mit einem Sohn Meußdoerffers in Verbindung. Dieser ist bereit zu zahlen, wenn Schuberth die Unschuld seines Vaters beweisen kann.

Diese Wendung kommt dem Oberstaatsanwalt sehr ungelegen. Er bezeichnet Schuberths Angebot als reine Erpressung. Aber er kann nicht verhindern, daß sich Meußdoerffers Sohn vertraglich verpflichtet, die fünftausend Mark zu zahlen, wenn Schuberth aussagt. Nachdem das Geld an Schuberths Frau überwiesen worden ist, gibt Schuberth zu Protokoll: »Am späten Abend des 4. November sahen Popp und ich Meußdoerffer aus dem Haus gehen. Wir dachten, das ist wieder einmal eine gute Gelegenheit. Mit dem Nachschlüssel gelangten wir ins Haus. Wir hofften, eine größere Menge Geld zu finden. Deshalb hatten wir uns diesmal maskiert, für alle Fälle. Im Haus war alles still. Wir glaubten, Frau Meußdoerffer schlafe schon. Wir schlichen nach oben, als wir unten nichts fanden. Leise öffneten wir die Schlafzimmertür. Drinnen war es dunkel. Plötzlich ging eine Lampe an. Frau Meußdoerffer saß im Bett und blickte uns erschrocken an. Sie rief um Hilfe. Popp griff nach ihrem Hals und drückte zu. Ich wollte sie mit einem Tuch knebeln. Sie wehrte sich und preßte die Zähne zusammen. Schließlich gelang es mir doch. Dann riß ich die Gardinenschnur herunter und fesselte sie. Jetzt war sie ganz ruhig. Wir durchsuchten das Schlafzimmer. Aber Geld fanden wir keins. Dann hörten wir Meußdoerffer heimkommen. Ich schloß die Balkontür hinter mir zu, wir ließen uns am Blitzableiter hinunter und krochen durch ein Loch im Zaun.«

Schuberth fügte hinzu: »Aber ich schwöre, Frau Meußdoerffer lebte noch, als wir aus dem Schlafzimmer flohen.«

Die Aussagen der beiden Einbrecher und das medizinische Gutachten Professor Kirchs hätten ausreichen müssen, um den Verdacht gegen Meußdoerffer fallen zu lassen. Aber v. Rebey unternimmt einen neuen Schachzug. Er behauptet, Schuberth habe fünftausend Mark erhalten, um den Mord auf seine Kappe zu nehmen. Er versucht auch, Widersprüche in den getrennt aufgenommenen Aussagen von Popp und Schuberth zu entdecken, aber sie stimmen in allen Einzelheiten überein. Er nimmt sich Popp und Schuberth selber vor, bearbeitet sie in stundenlangen Verhören. Er verspricht ihnen sogar vorzeitige Entlassung, wenn sie ihr Geständnis widerrufen. Popp und Schuberth widerrufen.

Aber v. Rebey weiß, auf wie schwachen Füßen seine Anklage steht. Deshalb versucht er erneut, Professor Fischer nochmals vor seinen Wagen zu spannen. Aber Fischer hat sein vor vier Monaten mündlich abgegebenes Gutachten noch immer nicht schriftlich niedergelegt ...

Dem Oberstaatsanwalt ist Fischers Zögern unverständlich. Immer wieder ruft er in Würzburg an, mahnt, drängt, bekommt ausweichende Antworten. Als dann endlich das schriftliche Gutachten eintrifft, atmet v. Rebey auf. Aber bestürzt muß er beim Lesen feststellen, daß es mit dem mündlichen Gutachten nicht mehr übereinstimmt. Fischer hat einen Rückzug angetreten und v. Rebey seinen wichtigsten Verbündeten verloren. Aber er ist nicht in der Lage, seinen Irrtum einzugestehen. Er entschließt sich, Fischers Selbstkorrektur einfach nicht zur Kenntnis zu nehmen. Inzwischen ist es dem Verteidiger gelungen, den Widerruf der beiden Einbrecher in Frage zu stellen und durch Zeugenaussagen ihr Geständnis zu belegen. Diesem sehr detaillierten Nachweis kann sich v. Rebey nicht länger verschließen. Er stellt Popp und Schuberth wegen räuberischen Überfalls mit Todesfolge unter Anklage.

Der Prozeß gegen die beiden Einbrecher wird zugleich zu einem Entlastungsprozeß für Meußdoerffer und zu einem Triumph der medizinischen Sachverständigen. Denn nur sie können beweisen, wie Frau Meußdoerffer wirklich gestorben ist und wer für ihren Tod verantwortlich ist.

Als Sachverständige der Verteidigung treten Professor Kirch und Geheimrat Dr. Borst auf. Professor Fischer erscheint nicht. Obwohl er selbst also nicht anwesend ist, wird der Prozeß zu einem Duell der Experten. Kirch und Borst sehen ihre Hauptaufgabe darin, sich mit Professor Fischers Gutachten auseinanderzusetzen, das der Mordtheorie des Oberstaatsanwalts so lange Vorschub geleistet hatte.

Kirch und Borst weisen nach: Fischers Schlußfolgerungen sind nicht stichhaltig. Sie beruhen nur auf dem vorläufigen Sektionsgutachten, das die beiden Medizinalräte Dr. Düring und Dr. Seidel nach der Obduktion im Badezimmer abgegeben hatten. Sie weisen ferner nach: Professor Fischer hat nicht zur Kenntnis genommen, daß Dr. Seidel sein eigenes Gutachten korrigierte und einen Herztod für möglich hielt. Und sie weisen schließlich nach: Die Würgegriffe haben Frau Meußdoerffers Tod nicht verursacht. Die Todesursache ist eine Herzlähmung, hervorgerufen durch die Aufregung während des Raubüberfalls. Der Herzbefund hat erbracht, daß Frau Meußdoerffer bereits schwer herzkrank gewesen ist. Das Herz ist langsam erlahmt. Nachdem Frau Meußdoerffer gewürgt worden ist, hat sie noch etwa vierzig bis fünfzig Minuten gelebt. Das schließe Würgen als Todesursache aus. Und das bestätigen die Aussagen Meußdoerffers ebenso wie die der beiden Einbrecher. Ob man den Tod durch Herzlähmung im Zusammenhang mit den äußeren Umständen als natürlichen Tod oder als Unfall bezeichnet, ist hier nebensächlich.

Meußdoerffer wird freigesprochen.

Der Fall des Zahnarztes Dr. Müller

Der Fall des Zahnarztes Dr. Richard Müller, der in zwei Schwurgerichtsprozessen 1955 und 1956 verhandelt wurde, gehört ohne Zweifel zu den »klassischen« Kriminalfällen dieses Jahrhunderts. Er erregte zu seiner Zeit größtes Aufsehen, das auch durch die lange Prozeßdauer nicht abgeschwächt wurde.

Der Fall Dr. Müller war, wie der Gerichtsmediziner Professor Mueller sagte, kein sogenannter Paradefall für die Gerichtsmediziner, in dem die gerichtsmedizinische Untersuchung völlige Klarheit geschaffen hätte. Das ist, wenn man den Fall in seinen Einzelheiten kennt, gewiß eine Untertreibung. Tatsächlich haben Kriminaltechniker und Gerichtsmediziner viel Licht in das Dunkel dieses Falles gebracht. Daß Müller seine Frau getötet hat, wurde ohne jeden Zweifel geklärt. Unklar allein blieb, wie es geschah.

Unklarheiten verleiten zur Spekulation. Im Fall des Dr. Müller aber zeichnete es die Sachverständigen aus, daß sie, wie Professor Mueller sagte, sich nicht zu Schlußfolgerungen verleiten ließen, die über die Grenzen gegenwärtiger wissenschaftlicher Erkenntnis hinausgingen.

Der fünfundvierzigjährige Zahnarzt Dr. Richard Müller besaß einen Wagen vorn Typ Borgward. Müller war blasenkrank. Die Wagenheizung schien ihm vor allem im Winter unzureichend. Deshalb schaffte er sich zusätzlich ein Heizgerät an, das mit Katalyt, einem Leichtbenzin, betrieben wurde. Müller pflegte das Katalytöfchen vor den Fahrersitz, direkt unter seine Beine zu stellen.

Am 16. Februar 1954 fuhr Müller, dessen Praxis sich in einem Dorf in der Nähe von Kaiserslautern befand, in die Stadt und kaufte 8 kg loses Katalytbenzin. Der Verkäufer fragte, warum er nicht die verplombten Spezialkanister für Katalyt nehme. Müller erwiderte, sei seien ihm zu teuer. In der Garage füllte er das Katalyt in einen großen Kanister um, der 20 Liter faßte.

Am nächsten Tag kaufte er erneut 4 kg Katalyt, die er ebenfalls in den großen Kanister goß. Am Abend dieses Tages erfuhr er, daß seine Mutter gestorben war. Er begab sich dorthin, um die Begräbnisformalitäten zu regeln. Danach schickte er seiner früheren Geliebten Tilly, die jetzt in England wohnte, ein Telegramm, in dem er ihr den Tod seiner Mutter mitteilte.

Auf der Rückfahrt versuchte er an mehreren Tankstellen Katalyt zu kaufen, bekam aber keines. Die Tankstellen hielten das Katalyt zurück, weil in den nächsten Tagen eine Preissteigerung für Leichtbenzin zu erwarten war. Daraufhin kaufte Müller noch einmal im gleichen Geschäft wie an den Tagen zuvor 8 kg loses Katalyt.

Da an einem der Kanister der Schraubverschluß fehlte, gab ihm der Verkäufer einen Korken zum Verschließen und prüfte, ob er auch dicht saß. Das Katalyt aus diesen beiden 4-kg-Kanistern füllte Müller nicht in den großen Kanister in der Garage um. Er beließ die Kanister im Wagen. Der mit dem Korken verschlossene Kanister stand rechts vorn, also neben dem Beifahrersitz, der andere hinten auf dem Rücksitz. Unter dem Fahrersitz lag stets eine mit einem Glaspfropfen verschließbare Apothekerflasche. Sie war immer mit 5 Litern Katalyt gefüllt. Aus ihr goß Müller das Katalyt in den Heizofen.

An diesem Abend sprach Müller erneut davon, ein Dienstmädchen einzustellen. Frau Müller war seit Jahren kränklich; in letzter Zeit litt sie unter Kreislaufstörungen. Aber sie hatte sich bisher nicht entschließen können, ein Dienstmädchen zu nehmen. Heute wiederholte Müller seinen Entschluß und forderte seine Frau auf, mit ihm zu fahren, um mit Hilfe ihrer Bekannten eine geeignete Person zu finden.

Es war ein kalter Winterabend. Die Straßen waren vereist. Frau Müller hatte nicht die rechte Lust mitzufahren, willigte dann aber doch ein. Die Eheleute zogen sich warm an, der Mann einen Lodenmantel, die Frau ein pelzbesetztes Winterkostüm. Von besonderer Bedeutung sollte es werden, daß Frau Müller außer ihrem Ehering einen Schmuckring trug, den ihr Müller ein Jahr zuvor geschenkt hatte. Müllers fuhren im Borgward, der zusätzlich mit dem Katalytofen beheizt wurde, zuerst zum Drehentaler Hof. Hier wohnte eine Frau, die früher als Haushaltshilfe bei Müllers beschäftigt gewesen war. Man kam überein, daß sich ihre Tochter am nächsten Sonntag bei Müllers vorstellen sollte. Dann begaben sich Müllers wieder in ihren Wagen. Währenddem kam es zwischen ihnen zu einem lautstarken Streit.

Gegen halb neun suchten die Müllers eine Bekannte in Potzbach auf und fragten auch dort nach einem Dienstmädchen. Das Gespräch verlief ergebnislos. Müller sagte noch, sie würden jetzt wieder nach Hause zurückfahren.

Aber eine halbe Stunde später erschienen Müllers bei einer weiteren Familie. Es waren Patienten von ihm. Man unterhielt sich eine Weile in der Küche. Von einem Dienstmädchen war nicht mehr die Rede. Aus dem nahe gelegenen Birotshof ließ Müller einige Flaschen Bier holen, die etwa gegen halb zehn geleert waren. Nun wollte Müller gleich heimkehren. Gegen dreiviertel zehn verließ das Ehepaar die Familie, die die Besucher bis zum Wagen begleitete. Frau Müller setzte sich auf den Beifahrersitz; sie hatte Schwierigkeiten beim Einsteigen, weil sich einer der Katalytkanister vor ihrem Sitz befand.

Die Kälte hatte sich verschärft. Manchmal trat der Vollmond aus den Wolken. Die Straße war voller Schlaglöcher und stark vereist. Müller fuhr langsam. Nach wenigen hundert Metern bog der Wagen von der Hauptstraße in einen Waldweg ein ...

Gegen zweiundzwanzig Uhr fünfzehn kam der Musiklehrer Martin an der Waldgaststätte Birotshof vorbei. Er hatte Akkordeonunterricht gegeben und fuhr mit dem Fahrrad nach Hause. Plötzlich hörte er einen Mann laut um Hilfe rufen. Da erschien auch schon eine Gestalt in der Straßenbiegung und eilte auf ihn zu. Er schrie: »Hilfe! Helfen Sie mir! Meine Frau verbrennt!«

Martin hielt an und sprang vom Fahrrad. Der Mann, dessen Hände und Gesicht rußgeschwärzt waren, packte ihn am Arm und zog ihn mit sich fort. Hinter der Wegbiegung sah Martin ein Auto, es stand in hellen Flammen. Martin eilte nahe zum Wagen und erkannte, daß er hier nicht mehr helfen konnte. Sein Begleiter lief wie ein Wahnsinniger hin und her, rief, man solle ihm ein Messer geben, damit er sich erstechen könne, rief dazwischen: »Meine arme Frau! Warum mußte sie auch Streichhölzer anzünden!« Dann wieder bückte er sich, blickte auf die brennenden Reifen und klagte, nun würden sie auch noch verbrennen. Angesichts der inmitten der Flammen sitzenden Toten im Wagen kam Martin diese Bemerkung makaber vor.

Martin erbot sich, im Birotshof Hilfe zu holen. Der Mann nannte ihm mehrere Telefonnummern, die sich Martin jedoch nicht merken konnte. Martin teilte dem Wirt vom Birotshof das Unglück mit, der Feuerwehr und Polizei alarmierte. Martin kehrte zum Unglücksort zurück. Der Mann schlug mit Zweigen ins Feuer und forderte Martin auf, Gleiches zu tun. Nur um den Mann zu beruhigen, brach auch Martin Reisig und beteiligte sich an dem sinnlosen Unternehmen.

Schließlich gab der Mann auf und bat Martin, den Wagen etwas nach vorn zu schieben. Auch das erschien Martin widersinnig, aber er half dem Mann dabei. Der Wagen kam nicht weit, nach einem halben Meter platzten die Vorderreifen. Daraufhin setzte sich der Mann an die Böschung. Er nannte seinen

Namen. Nun erkannte ihn der Musiklehrer. Es war der Zahnarzt Müller. Müller hatte sich jetzt etwas beruhigt und erzählte Martin den Hergang des Unglücks.

Müller erzählte, er wäre mit dem Wagen nur einige hundert Meter hinter dem Birotshof gewesen, als er hörte, daß eine Radkappe abfiel. Er hielt an, um zurückzugehen und die Radkappe zu suchen. Nachdem er sie gefunden hatte, ging er noch austreten und wollte dann zum Wagen zurückgehen. In diesem Augenblick hörte er eine Explosion und einen Aufschrei seiner Frau. Er lief um die Biegung und sah eine helle Stichflamme aus dem Wagen steigen. Als er am Wagen ankam, stand seine Frau schon in Flammen. Er öffnete die linke Tür, um sie herauszuziehen. Aber wegen der Flammenglut gelang es ihm nur, sie bis auf den Fahrersitz zu zerren. Er konnte noch die unter dem Fahrersitz liegende Apothekerflasche mit Katalyt fassen, die er in die Büsche warf. Müller glaubte auch zu wissen, wie das Feuer ausgebrochen war. Bereits unterwegs hätte seine Frau ihren Schmuckring vermißt. Wahrscheinlich hatte sie ihn, während ihr Mann die Radkappe suchte, im Wagenfond suchen wollen und dabei ein Streichholz entzündet. Dabei müsse der Heizofen explodiert oder etwas ausgelaufenes Katalyt entflammt worden sein.

Inzwischen traf der Wirt vom Birotshof ein. Er hatte Polizei und Feuerwehr alarmiert. Er trat zum Auto, das weiterhin lichterloh brannte. Durch die geplatzte linke Vorderscheibe erblickte er die bereits verkohlte Leiche, aus der noch immer Flammen züngelten. Dr. Müller klagte über die schmerzenden Brandwunden an seinen Händen. Dann weinte er und sagte: »Gestern hat mir Gott meine liebe Mutter genommen, heute meine liebe Frau.« Als nächstes trafen zwei Gendarmen ein. Sie hielten das Ganze zuerst für einen Unfall. Als sie in den Wagen hineinschauten, stellten sie fest, daß die Flammen direkt aus den Hüften der Toten herauszutreten schienen. Die linke Wagentür stand einen Spaltbreit offen.

Dann erschien die Feuerwehr. Der Kommandant entschloß sich, das Feuer nicht zu löschen, um keine Spuren zu vernichten. Später ließ er die immer noch schwelende Leiche mit Wasser begießen, damit sie nicht völlig verkohlte.

Gegen Morgen – Müller war inzwischen in ein Krankenhaus zum Verbinden gebracht worden – nahm die Kriminalpolizei zusammen mit dem Gerichtsarzt Dr. Petersohn aus Kaiserslautern eine Besichtigung des Ereignisortes vor. Petersohn sah zuerst in den geöffneten Wagen. Der Boden und die Reste der verbrannten Sitze waren mit einer gleichmäßigen feinen Staubschicht bedeckt, wie mit Schnee. Petersohn stellte fest, daß diese Schicht unberührt war, also niemand etwas im Wageninneren und an der Leiche verändert hatte. Die Leiche war weitgehend zerfallen. Sogar der Schädel war ausgeglüht und auseinandergebrochen. Links von der Leiche, auf dem Sitz, stand ein Katalytkanister, die Öffnung auf die Leiche gerichtet. Ein anderer Kanister stand in der Mitte hinter beiden Vordersitzen. Beide Kanister waren ausgebrannt und an einigen Stellen zerschmolzen. Auf dem hinteren Kanister lagen Teile des Schädels. Der Katalytofen befand sich vor dem Fahrersitz.

Der Wagen selber war ungleichmäßig ausgebrannt. Der hintere Teil zeigte geringere Brandspuren. Die Vorderreifen waren verbrannt und geplatzt, die hinteren unversehrt. Auch den Kofferraum hatte das Feuer nicht erreicht. Der Benzintank, der sich hinten befand, war fast noch voll.

Links neben dem Wagen fand man den Schmuckring von Frau Müller, die Radkappe etwa 25 Meter in rückwärtiger Richtung. Die Apothekerflasche lag im Wald, der Glasstöpsel jedoch in einiger Entfernung von der Flasche. Bedeutungsvoll war die Tatsache, daß der Wagen bei Ausbruch des Brandes, also bevor er von Müller und Martin etwas verschoben worden war, ganz dicht an einem Straßenbaum gestanden hatte. Der Baum hatte das Öffnen der rechten Tür verhindert.

Bei seiner ersten Befragung erzählte Müller den Kriminalisten, was er bereits dem Musiklehrer und anderen Leuten am Unglücksort berichtet hatte. Als ihn die Beamten fragten, warum seine Frau zum Suchen des Ringes Streichhölzer entzündet haben sollte, statt die Innenbeleuchtung einzuschalten, erwiderte Müller, er habe die Innenbeleuchtung schon vor längerer Zeit außer Betrieb gesetzt, sie hätte ihn beim Rückwärtsfahren in die Garage gestört.

Am Morgen des 19. Februar verließ Müller das Krankenhaus und kehrte heim. Seinen drei Söhnen schilderte er das tragische Unglück auf die gleiche Weise. Dann rief er einen befreundeten Förster an und bat ihn dringend, zu ihm zu kommen: Müller erzählte ihm dann, was geschehen war, gab ihm fünfzig Mark und bat ihn, seine Freundin in England anzurufen, ihr die Geschehnisse zu berichten und sie zu bitten, alle Briefe zu vernichten, die sie von ihm besaß.

Der Förster rief Tilly an. Sie weinte und fragte, was die Vernichtung der Fotos und Briefe mit dem Tode von Frau Müller zu tun hätten.

Am nächsten Tag untersuchte Gerichtsarzt Dr. Petersohn den Zahnarzt. Er fand nur geringfügige Brandwunden an der rechten Hand. Er bezweifelte, daß Müller ernsthaft versucht hatte, seine Frau zu retten.

Die Kriminalpolizei führte Dr. Müller dem Vernehmungsrichter vor. Dieser vernahm ihn und verfügte die Verhaftung. Er hatte hinreichenden Verdacht, daß Müller seine Frau vorsätzlich getötet hatte.

Weitere kriminalistische Ermittlungen liefen an. Sie konzentrierten sich auf die Person Müllers, seine Ehe und auf die der Tat unmittelbar vorausgegangenen Ereignisse.

Der fünfundvierzigjährige Dr. Müller war ein beliebter Zahnarzt. Er hatte in Heidelberg Zahnmedizin studiert und 1932 promoviert, im gleichen Jahr seine Praxis eröffnet und 1935 geheiratet. Seine Frau war zwei Jahre jünger. Müller hatte ein sehr gutes Einkommen. Manchmal ging er auf die Jagd. 1939 verursachte er ohne eigenes Verschulden einen tödlichen Verkehrsunfall. Politisch hatte sich Müller weder in der Nazizeit noch nach dem Kriege engagiert.

Müllers einundzwanzigjährige Ehe galt als harmonisch. Die Eheleute hatten drei Söhne, die noch im Elternhaus lebten. Nur wenige wußten, daß Müllers Ehe nur nach außen intakt war. Gleich nach seiner Heirat hatte der Zahnarzt mit mehreren Frauen intime Beziehungen aufgenommen, unter anderem mit der Schwester seiner Frau, die elf Jahre jünger als diese war. Im April 1947 kam die zwanzigjährige Tilly als Sprechstundenhilfe zu Müller. Die beiden verliebten sich ineinander. Das intime Liebesverhältnis hielt bis 1953 an, als Tilly nach England ging. Auch danach blieb die Verbindung zwischen beiden erhalten.

Ein Gutachter stellte später fest, daß Müllers Beziehung zu Tilly mehr gewesen sei als ein sexuelles Abenteuer. Es sei wirkliche Liebe gewesen. Der labile Mann sei der charakterlich gefestigten Tilly nicht nur sexuell, sondern auch seelisch hörig gewesen.

Frau Müller hatte in mehreren Fällen von der Untreue ihres Mannes erfahren, ihm aber immer wieder verziehen. Trotzdem war es in letzter Zeit zu stärkeren Spannungen zwischen beiden gekommen. Einmal hatte Frau Müller ihren Mann verlassen, war aber auf sein Drängen zurückgekehrt. Ihr Herz- und Kreislaufleiden hatte sich verschlimmert, im letzten Jahr vor ihrem Tode erlitt sie mehrmals einen Kollaps.

Die Ermittlungen der Kriminalpolizei richteten sich besonders auf die Vorgänge, die der Tat vorausgegangen waren. Dazu gehörte der mehrmalige Kauf von Katalyt. Müller erklärte ihn mit der bevorstehenden Preissteigerung. Auf die Frage, warum er loses Katalyt statt solches in verplombten Kanistern gekauft hatte, erklärte er, es sei billiger. Doch hatte er, um loses Katalyt aufzutreiben, mehr Benzin verfahren, als er eingespart hatte.

Die Kriminalpolizei erfuhr auch von Müllers Auftrag an Tilly, Briefe und Fotos zu vernichten.

Das Landeskriminalamt erstattete ein kriminaltechnisches und ein kraftfahrzeugtechnisches Gutachten über den Autobrand. Die Sachverständigen schlossen einen Brand aus natürlichen Ursachen aus.

Professor Wagner führte die gerichtsmedizinische Untersuchung der Leichenreste durch. Er fand Anzeichen dafür, daß Frau Müller kurz vor ihrem Verbrennungstod stärkere äußere Verletzungen erlitten hatte. Am 20. Mai 1955 erhob die Staatsanwaltschaft Mordanklage gegen Dr. Müller. Als Motiv nannte sie seine Absicht, sich der Ehefrau zu entledigen, um Tilly heiraten zu können. Als Indizien für eine vorsätzliche Tötung nannte die Anklage die Beschaffung des Katalyts und die Autofahrt in der Todesnacht. Die Anklageschrift ließ offen, auf welche Weise Müller seine Frau getötet hatte, um sie anschließend zu verbrennen.

Der Schwurgerichtsprozeß fand vom November 1955 bis Februar 1956 beim Landgericht in Kaiserslautern statt. Bereits vor Prozeßbeginn wurde Müller einer Lüge überführt. Früher hatte er erklärt, er sei aus dem Wagen gestiegen, um eine abgefallene Radkappe zu suchen. Der Kfz-Sachverständige hatte die Radkappe untersucht. Ihre Federung war intakt. Sie konnte nicht von selbst abgefallen sein. Sie zeigte frische Kratzspuren, war also kürzlich mittels eines scharfen Gegenstandes abgehoben worden. Müller mußte zugeben, die Radkappe selber abgenommen zu haben, um angeblich einen Igel hineinzulegen, der ihm über den Weg gelaufen war. Seine Erklärung rief stundenlange Debatten hervor, ob im Februar nachts Igel herumliefen.

Müller bestritt entschieden, er habe das Katalyt gekauft, um damit seine Frau zu verbrennen. Einen Kanister voll als Vorrat zu haben, sei doch nicht ungewöhnlich, zumal eine Preissteigerung zu erwarten gewesen war. Zur Brandursache sagte er, entweder sei der Heizofen explodiert oder seine Frau habe mit Streichhölzern hantiert und ausgelaufenes Katalyt habe sich entzündet.

Sachverständige wiesen nach, daß Katalytöfen nur bei einem Bedienungsfehler explodieren können. Was die Entzündung von ausgelaufenem Katalyt angehe, präsisierte der Sachverständige Dr. Leszczynski folgendermaßen: »Dazu mußte Frau Müller einen Kanister an die linke Seite gestellt haben, an der er gefunden worden war. Sie mußte zweitens durch Anstoßen an das Steuerrad den Korken, mit dem der Kanister verschlossen war, entfernt haben. Es mußte dabei drittens eine größere Menge Benzin aus dem Kanister auf den Boden und auf ihre Kleidung gelaufen sein. Sie mußte viertens ein Streichholz entzündet haben, um besser sehen zu können. Fünftens mußte sich durch diese offene Flamme das verschüttete Katalyt entzündet haben. Und sechstens mußte durch die hierbei entstandene kurze Hitze der Tank des links vorn stehenden Katalytofens einen gewissen Überdruck entwickelt haben, so daß am oberen Ende des Ofens eine offene Flamme entstehen konnte.« So viele Zufälle hielt der Sachverständige für ausgeschlossen. Am unwahrscheinlichsten aber erschien ihm, daß Frau Müller, wenn schon Benzin ausgelaufen sei, dann auch noch ein Streichholz angesteckt haben sollte.

Zwei weitere Kfz-Sachverständige schlossen auch andere Brandursachen aus – sowohl Vergaserbrand wie Kabelbrand durch Kurzschluß. Beide Katalytkanister zeigten keine Verbeulung nach außen. Der Innendruck konnte heim Brand nicht beträchtlich gewesen sein und eine Explosion der Kanister verursacht haben. Die Apothekerflasche wies weder Sprünge noch Ruß auf. Sie war also bereits vor dem Brand entleert worden.

Alle Zeugen bestätigten, daß die linke Wagentür einen Spaltbreit offengestanden hatte. Nach Untersuchungen von Dr. Leszczynski dauert es etwa eine Minute, bis sich ein Brand so weit entwickelt hat, daß man nicht mehr nach draußen gelangen kann. Dies und die Tatsache der linken offenen Tür schlossen aus, daß Frau Müller sich nicht mehr retten konnte. In zahlreichen Experimenten mit gleichem Wagentyp und einer Puppe widerlegten die Sachverständigen Müllers These, ausgelaufenes Benzin habe den verheerenden Brand verursacht. Dann hatten sie ihren Hauptversuch unternommen. Mit ihm sollte rekonstruiert werden, was in jener Nacht wirklich geschehen war. Die Rekonstruktion stützte sich auf den Tatortbericht, der die Lage der Kanister während des Brandes genau festgehalten hatte.

Wiederum wurde eine Versuchspuppe auf den Fahrersitz gesetzt. Links neben sie stellte man einen mit einem Korken verschlossenen und mit 4 Litern Katalyt gefüllten Kanister, auf den Rücksitz einen weiteren gefüllten Kanister mit Schraubverschluß. Dann gossen die Sachverständigen 3,2 Liter Benzin, die sich in der Apothekerflasche stets befunden haben sollten, in den Wagenfond und auf die Puppe. Der Brand wurde in seinen einzelnen Phasen aufgezeichnet. Nach dreiviertel Minuten flog der Korken aus dem Kanister links der Puppe. Das Katalyt strömte aus. Nach etwa drei Minuten stand der vordere Innenraum in hellen Flammen. Die Fensterscheiben zersprangen. Nach fünf Minuten war die Apothekerflasche über und über berußt, aber unbeschädigt. Sie zersprang nach acht Minuten. Nach zehn Minuten platzte der Schraubverschluß des hinteren Kanisters. Das auslaufende Benzin verstärkte das Feuer. Nach vierzehn Minuten erreichte der Brand seinen Höhepunkt. Nach einer reichlichen halben Stunde begannen die Flammen zu erlöschen. Dr. Leszczynski faßte sein Gutachten dahingehend zusammen, daß ausgelaufenes Benzin, selbst wenn man die in diesem Fall höchstmögliche Menge in Betracht ziehe, niemals einen solchen Brand verursachen konnte. Es mußte eine erheblich größere Menge ausgegossen worden sein.

Das gerichtsmedizinische Gutachten war das Ergebnis einer komplizierten Untersuchung. Die Leiche war vom Feuer stark zerstört worden. Das Herz zeigte sich noch überraschend gut erhalten. Der gerichtsmedizinische Sachverständige, Professor Wagner, konnte am Herzen keine äußere Verletzung feststellen, was zumindest im Herzbereich eine Stich- oder Schußverletzung ausschloß. Auch organische Schäden, die einen plötzlichen Herztod hervorgerufen haben könnten, ließen sich nicht finden. In den noch erhaltenen tieferen Luftwegen und Lungenbläschen hatte Wagner keine Rußpartikel entdecken können. Das bedeutete, daß Frau Müller bei Ausbruch des Feuers nicht mehr geatmet hatte, also schon tot gewesen sein mußte. Besonders belastete es den Angeklagten, daß Professor Wagner in Nieren und Lungen Anzeichen für eine Fettembolie gefunden hatte. Eine Fettembolie kann entstehen, wenn durch äußere Gewalt bestimmte Verletzungen wie Knochenbrüche und Weichteilquetschungen hervorgerufen werden. Solange der Kreislauf noch in Tätigkeit ist, transportiert das Blut Fetttröpfchen aus den verletzten Organen in die Haargefäße der Lunge. Diese werden durch das Fett verstopft, was zum Tode führen kann. Aus den Anzeichen einer Fettembolie mußte Wagner schlußfolgern, daß Frau Müller vor ihrer Verbrennung eine schwere äußerliche Verletzung erlitten hatte.

Dr. Müller jedoch beharrte auf seiner Aussage, seine Frau habe auf dem Beifahrersitz gesessen, als er aus dem Wagen stieg und die Radkappe suchen wollte. Deshalb mußte diese Behauptung gerichtsmedizinisch überprüft werden. Wenn eine Leiche verbrennt, kann es dabei zu Eigenbewegungen kommen. Sie entstehen dadurch, daß die Muskeln nicht zu gleicher Zeit schrumpfen. Gerichtsarzt Dr. Petersohn äußerte sich zur Frage, ob durch solche Eigenbewegungen der Leichnam vom rechten auf den linken Sitz gelangt sein konnte. Er schloß diese Möglichkeit mit absoluter Gewißheit aus.

In diesem Stadium des Prozesses waren also bereits die wichtigsten Anklagepunkte bewiesen: Frau Müller war getötet, mit Benzin übergossen und verbrannt worden.

Es gelang dem Gericht nicht, Müllers Motiv für diese Tat zu ergründen. Müller bestritt, er habe Tilly heiraten wollen. Und auch seine Geliebte selbst, die als Zeugin geladen worden war, sagte aus, Müller habe ihr niemals die Heirat versprochen, und sie selber habe auch nie damit gerechnet. Das hätte sie natürlich behaupten können, um Müller damit zu schützen. Aber es stand nach allen anderen Zeugenaussagen fest, daß Frau Müller ihrem Mann seine Seitensprünge immer wieder verziehen hatte. Sie hatte auch von seiner Beziehung zu Tilly gewußt und nie ernstlich etwas dagegen unternommen. Es war auch nie von Scheidung die Rede gewesen, gegen die sich Frau Müller vielleicht gesträubt haben könnte. Nur in diesem Fall, so argumentierte der Verteidiger, hätte Müller ein Motiv gehabt, sich seiner Frau zu entledigen. Und auch nur dann hätte er ihre Tötung vorsätzlich geplant und ausgeführt.

Noch inmitten der Verhandlungen unternahm Müller einen Selbstmordversuch. Mit einer Rasierklinge schnitt er sich die rechte Speichenschlagader auf. Im Krankenhaus erhielt er eine Bluttransfusion. Die Verteidigung forderte ein psychiatrisches Gutachten. Der Prozeß wurde vertagt.

Während Dr. Müller in einer psychiatrischen Klinik untergebracht und untersucht wurde, mußte der zweite Prozeß vorbereitet werden. Er sollte beim Landgericht in Saarbrücken stattfinden. Das Gericht zog weitere Gutachter hinzu, unter ihnen als psychiatrischen Sachverständigen Professor von Baeyer und zwei Gerichtsmediziner, Professor Randerath und Professor Mueller, den Direktor des Gerichtsmedizinischen Instituts der Universität Heidelberg.

Die neu hinzugezogenen Professoren Mueller und Randerath übernahmen vorn Erstgutachter Professor Wagner die Leichenorgane. Sie kamen dabei teils zu gleichen, teils zu unterschiedlichen Ergebnissen. Sie übersandten ihr Gutachten Professor Wagner, damit er dazu Stellung nehmen konnte. Schließlich berieten sie gemeinsam über die unterschiedlichen Auffassungen, wobei sich ihre Standpunkte weitgehend annäherten.

Am 16. Juni 1956 begann der zweite Prozeß. Er erbrachte anfangs nichts Neues. Dr. Müller verwies darauf, hätte er seine Frau töten wollen, so hätte er das nicht dicht vor einer Ortschaft getan. Er beteuerte seine Unschuld und wiederholte seine frühere Darstellung der Vorgänge. Fragte ihn das Gericht nach Einzelheiten, die für ihn verfänglich schienen, so gab er vor, sich nicht mehr zu erinnern.

Belastend für Dr. Müller war ein Zeuge, der nachwies, daß der Zahnarzt an jenem Abend, als er nach dem dritten Besuch angeblich heimfahren wollte, zeitweilig einen anderen Weg genommen hatte. Der Zeuge, ein Eisenbahner, war genau zu der Zeit, als sich Dr. Müller entsprechend seinen Angaben auf der Straße befinden mußte, keinem Wagen begegnet. Die Zeitangaben des Zeugen waren so exakt und durch weitere Zeugen bestätigt, daß nun mit Sicherheit feststand, Dr. Müller war kurz vor Ausbruch des Brandes auf einen Waldweg eingebogen. Hier und zu dieser Zeit mußte das geschehen sein, was keiner jemals erfahren wird: Hier mußte Müller seine Frau handlungsunfähig und bewußtlos gemacht haben, so daß er sie dann später, als sich der Wagen wieder auf der Straße nahe dem Birotshof befand, ohne Gegenwehr mit Benzin übergießen und verbrennen konnte.

Auf Grund des medizinischen Erstgutachtens und der von Professor Wagner festgestellten Fettembolie hatte man bisher angenommen, Müller habe seine Frau mit einem Werkzeug oder einem Stein schwer verletzt. Diese Annahme mußte nun im zweiten Prozeß infolge der neuen Gutachten der Professoren Mueller und Randerath aufgegeben werden. Bei der Untersuchung der Luftwege und der Lungenbläschen der Toten hatten die beiden Zweitgutachter im Gegensatz zum Erstgutachter Rußteilchen entdeckt, und zwar in beträchtlichem Maße. Sie waren in Schleim eingebettet und von Wagner übersehen worden. Professor Wagner sah sich dadurch zu einer Nachuntersuchung gezwungen. Er stellte fest, daß sich tatsächlich in den Verzweigungen der Luftröhre Ruß befand. Er war sich aber nicht sicher, ob der Ruß noch zu Lebzeiten in die Luftwege gelangt war. Da er die Lunge zusammen mit anderen rußhaltigen Körperteilen in der gleichen Formalinlösung aufbewahrt hatte, konnte der Ruß seiner Meinung nach auch erst nachträglich in die Luftröhre gelangt sein. Mueller und Randerath schlossen sich nach verschiedenen diesbezüglichen Versuchen dieser Vermutung nicht an. Differenzen zwischen den medizinischen Gutachtern gab es auch über die Fettembolie. Wagner hatte daraus geschlossen, daß Frau Müller durch stumpfe Gewalt schwer verletzt worden war. Randerath nannte die Fettembolie »eine Crux der Deutung«. Er drückte damit aus, daß damals die Fettembolie zu den umstrittensten Symptomen in der Gerichtsmedizin gehörte. Mueller meinte ebenfalls, daß die Fettembolie anders entstanden sei als durch äußere Verletzung: »Sowohl die Lunge als auch die Nieren hatten nach der Freilegung durch das Feuer eine Weite im Körperfett geschmort. Darauf wies ihr makroskopisches Aussehen hin. Hierbei war verflüssigtes Fett von den Gewebsspalten angesaugt worden.«

Nach Ansicht der Zweitgutachter lag also keine wirkliche Fettembolie vor. Dies und der Ruß in den Luftwegen ließ mit hoher Wahrscheinlichkeit darauf schließen, daß Frau Müller bei Ausbruch des Brandes noch gelebt hatte, wenn auch nur noch kurze Zeit. Professor Wagner hielt dies zumindest für möglich. So einigten sich die Gutachter schließlich auf die gemeinsame Feststellung, daß eine Verletzung durch stumpfe Gewalt nicht bewiesen sei.

Trotz dieses für Müller günstigeren Urteils unternahm er wiederum einen Selbstmordversuch. Nach Ansicht des Psychiaters war dieser zweite Suizidversuch nicht ernst gemeint, sondern eine Demonstration gegen das Gericht. Die Verhandlung wurde deshalb in Abwesenheit Müllers fortgesetzt.

Der psychiatrische Sachverständige Professor von Baeyer nannte Müller voll zurechnungsfähig. Aber Müller sei kein roher, brutaler Mensch, der seine Frau lebendigen Leibes verbrennen würde. Manche Zeugen haben bekundet, Müller habe sich am Tatort theatralisch und heuchlerisch benommen. Der Gutachter konnte diese Meinung nicht teilen. Müller sei einer solchen kalt berechneten Verstellung nicht fähig. Seine Verzweiflung über den Tod seiner Frau sei teilweise echt gewesen.

Der Staatsanwalt beantragte lebenslänglich wegen vorsätzlichen Mordes, der Verteidiger Freispruch mangels Beweises. Das Gericht verurteilte Dr. Müller wegen gefährlicher Körperverletzung und fahrlässiger Tötung zu sechs Jahren Freiheitsentzug. Es begründete das Urteil folgendermaßen: Müller hatte kein einleuchtendes Motiv, sich durch einen Mord seiner Frau zu entledigen. Es gab keine Beweise, daß er die Tötung seiner Frau vorbereitet hatte. Der Kauf von 20 Liter Katalyt war nicht ungewöhnlich und durch die tatsächliche Preissteigerung erklärbar.

Im Prozeß war Müller jedoch nach Meinung des Gerichts mehrerer Lügen überführt worden. Die Radkappe hatte sich nicht selbst gelöst, er hatte sie abmontiert. Auch hatte er nach Ausbruch des Feuers nicht ernstlich versucht, seine Frau zu retten. Daß er die rechte Wagentür durch den Baum absichtlich blockiert hatte, ließ sich nicht beweisen. Die Apothekerflasche hatte er nicht während des Brandes herausgezogen, sondern ihren Inhalt vorher auf seine Frau ausgegossen. Seine Frau hatte bei Ausbruch des Feuers nicht mehr auf dem rechten Sitz gesessen, sondern er hatte sie zuvor auf den Fahrersitz gezogen. Besonders belastend war, daß ein Benzinkanister, mit der Mündung auf die Frau gerichtet, neben ihr auf den Sitz gestellt worden war. Wie jedoch Müller seine Frau handlungsunfähig und bewußtlos gemacht hatte, konnte das Gericht nicht beantworten.

Der Gerichtsmediziner Professor Mueller, dem wir diesen Bericht verdanken, schließt daran seine eigene Rekonstruktion, die er auf die Ermittlung und die einzelnen Sachverständigenurteile stützt. Das meiste deckt sich mit den Auffassungen des Gerichts. Wo direkte Beweise fehlen, schließt der Gerichtsmediziner die Lücke durch eigene Vermutungen.

Es läßt sich denken, schrieb Professor Mueller, daß es irgendwann auf der Heimfahrt zu einem Streit zwischen beiden kam, der vielleicht schon, wie die Zeugen aussagten, bei der Abfahrt nach dem ersten Besuch begann. Wahrscheinlich warf Frau Müller ihrem Mann einen Seitensprung vor. Vieleicht sogar zog sie ihren Ring ab und warf ihn fort. Müller wurde im Zorn handgreiflich und würgte sie, so daß sie bewußtlos wurde. Bewußtlosigkeit kann schnell eintreten, wenn bei einem Würgegriff Druck auf einen Nervenknoten an der Teilungsstelle der Halsschlagader ausgeübt wird.

Man kann sich vorstellen, führte Mueller weiter aus, daß Dr. Müller nun die Nerven verlor und seine Frau für tot hielt. Er wollte die vermeintliche Tötung durch einen Unfall tarnen, indem er den Wagen anzündete. Sicherlich hätte Müller das Feuer nicht gelegt, wenn er gewußt hätte, daß seine Frau noch lebte. Daß er sich davon nicht überzeugt hatte, machte ihn der fahrlässigen Tötung schuldig. »Zum Beweis eines Mordes reichte das Gesamtmaterial nicht aus. Das ganze Geschehen und das Verhalten des Angeklagten waren aber so ungeheuerlich, daß auch ein Freispruch nicht angemessen erschien.«

Der Kälberstrick-Fall

In einer Zelle des Zuchthauses Bruchsal in Hessen sitzt der vierzigjährige Hans Hetzel, ein Lebenslänglicher. Er blickt auf die leeren Briefbogen vor sich und überlegt angestrengt, wie er seinen Brief an den Schweizer Kriminalschriftsteller Frank Arnau beginnen soll.

Der Publizist und Kriminologe Frank Arnau hat sich nicht nur durch seine Romane und Tatsachenberichte, sondern auch durch seinen persönlichen Kampf für Wahrheit und Gerechtigkeit einen fast legendären Ruhm erworben. Dieser Mann, der schonungslos Irrtümer, Vorurteile und Ungerechtigkeit im Gerichtssaal aufdeckte, ist Hetzels letzte Hoffnung.

»Wenn Sie nicht nur aus Wichtigtuerei gegen die Justiz wetteifern«, beginnt er entschlossen zu schreiben, »sondern wirklich zugunsten eines verurteilten Menschen, so nehmen Sie sich meiner an!« Er setzt den Stift ab und denkt: unschuldig! Wird er mir das glauben? Niemand hat mir geglaubt, kein Polizist, kein Richter, die Geschworenen nicht, auch nicht die Sachverständigen. Lebenslänglich für einen Mord, den ich nicht begangen habe.

Hetzel starrt auf den angefangenen Brief; auf dem weißen Papier erscheinen Bilder. Er sieht ihrem Wechsel zu wie einem Film. Es ist der Film seiner eigenen Vergangenheit. Die Jahre haben ihn schon eingedunkelt. Einzelheiten sind unscharf geworden. Aber noch immer lassen sich die Vorgänge, die nun schon zwölf Jahre zurückliegen, erkennen. Vor ihm diese Frau im Gebüsch, nackt, kniend, sie wendet ihm den Rücken zu, komm, sagt ihre etwas heisere Stimme, so komm doch.

Ein anderes Bild schiebt sich darüber, wächst aus ihm heraus, ein fremdes, er hat plötzlich einen Stein in der Hand und schlägt damit auf den Kopf der Frau.

Nein! So war es nicht! »Komm!« hat sie gesagt, ich kam, legte meine Arme von hinten um ihren Körper, preßte mich an sie, preßte mich in sie hinein. »Schneller!« rief sie, »schneller!« Plötzlich erstarrten ihre wilden Bewegungen, sie sackte vornüber. Ich erhob mich. Zusammengesunken, reglos hockte sie da. Ich berührte ihren Körper. Er fiel um. Sie war tot.

Und wieder das fremde Bild und darüber die Stimme des Professors: Hetzel warf einen Strick um ihren Hals, einen Kälberstrick, und zog rasch zu, und während sich sein Opfer im Todeskampf wand, vollzog er an ihr den Geschlechtsverkehr.«

Nein, nein, nein! Hetzel atmet schwer, steht auf, tritt unter das Fenster und blickt auf ein Stück fahlen Himmels.

Deine Erinnerung ist doch intakt, redet er sich selber zu, du weißt ganz genau, wie es war. Du darfst nicht zulassen, daß sie deine Erinnerung auslöschen wollten. Schreib auf, wie es war, nur du weißt die Wahrheit. Schildere sie exakt, wie soll dir Arnau sonst helfen. Also noch einmal, ganz von vorn. Also so: Ein Septembertag vor zwölf Jahren. Das war – Augenblick, das war 1955. Ich fuhr mit meinem Wagen nach Hause. Am Straßenrand diese Frau, klein, zierlich, sie hob den Arm, den Daumen emporgestreckt. Anhalterin. Ich erfuhr erst später, sie war als Streunerin bekannt, verrückt auf Männer. Wahllos. Ich nahm sie mit. Im Gasthaus Gutach machten wir halt, aßen, tranken einige Gläser Wein. Als wir wieder zum Wagen gingen, hängte sie sich plötzlich in meinem Arm ein. »Wenn Engel reisen!« sagte sie. Ihr Blick dabei! Mir schwante was. Im Wagen kroch sie an mich heran, und da wußte ich es, was sie wollte. Ich fuhr langsamer und suchte nach einem einsamen Waldweg. Fand einen hinter Gutach und bog ab. Hielt. Sie war schneller ausgezogen als ich. Wir liefen hinter ein Gebüsch. Sie legte sich auf den Waldboden. Wie ausgehungert war sie. Danach gingen wir in den Wagen zurück. »Eine Zigarette!« bat sie. Wir rauchten, eng aneinandergelehnt. Bald gab mir ihre Hand zu verstehen, sie hatte noch nicht genug. Wieder ins Gebüsch. Sie ließ sich auf die Knie nieder, beugte sich nach vorn und stützte sich auf die Ellenbogen. Dieser Anblick! »Na komm«, sagte sie, »komm schon!« Dein Wunsch ist mir Befehl, dachte ich. Wir kamen schnell wieder auf Touren, ihr Körper zuckte, »schneller!« rief sie, »schneller!« Das Bild verwischt sich. Ein Stein kommt ins Bild, ein Strick. Hetzel wischt das fremde Bild weg.

Plötzlich sackte sie vornüber, und ich sah, sie war tot. Nun hat Hetzel wirklich Mühe, dem Film der Erinnerung zu folgen. Der Film haspelt sich jetzt ruckhaft ab, gibt nur noch blitzhaft Bildfetzen zu erkennen: Hetzel sitzt neben der Toten. Hetzel schleppt die Leiche in den Wagen. Fährt, fährt, fährt. Wirft die Kleidungsstücke der Toten aus dem Wagenfenster. Spürt Kotgeruch, säubert die Leiche notdürftig. Fährt weiter, fährt, fährt. Hält an einer Böschung in einem Wald und läßt den Körper ins Gebüsch hinunterrollen. Hetzel an einer Tankstelle. Hetzel auf einem Parkplatz. Stellt abends fest, daß er dort stundenlang in dumpfer Betäubung gesessen haben muß. Entdeckt nach der Heimkehr auf dem Rücksitz die Tasche der Toten und schenkt sie seiner Frau. Unterwegs gefunden, sagt er dabei. Geht fünf Tage später zur Polizei und erzählt alles.

So war es, Herr Arnau, so und nicht anders. Aber der Professor, der Gerichtsmediziner aus Münster, behauptete, so kann es nicht gewesen sein. Hetzel hat die Magdalena erst mit Schlägen betäubt und dann mit einem Kälberstrick erdrosselt, um sie sich gefügig zu machen. Und das, sagte der Professor, das kann er wissenschaftlich beweisen!

Mit dem Hilferuf Hetzels begann der Kampf Frank Arnaus und des Rechtsanwalts Dr. Fritz Gross um die Wiederaufnahme des Verfahrens gegen Hans Hetzel.

Nachdem sich Hetzel damals der Polizei gestellt hatte, hatte die Staatsanwaltschaft Mordanklage gegen ihn erhoben, obwohl das Sektionsprotokoll und ein Abschlußgutachten, obwohl also drei Amtsärzte auf einen natürlichen Tod der Magdalene G. erkannt und eine Tötung ausgeschlossen hatten. Bei der Obduktion war unter anderem festgestellt worden: An der linken Halsseite, unter dem Kieferwinkel, findet sich eine nach oben zu aufgegabelte blutunterlaufene Schnürmarke. Eine weitere oberflächlich etwas abgeschürfte blutunterlaufene Würgemarke zieht sich unter dem Kinn in Höhe des Halsansatzes 6 cm lang über die rechte Gesichtshälfte hin. Der Anairing ist deutlich ausgeweitet, man sieht Einrisse in der Schleimhaut, Blutungen im Bereich der Kopfnickermuskel und in der Muskulatur unter den Würgemalen. Die Lunge ist stark gebläht. In der Richtung der Luftröhre und ihren Ästen findet man massenhaft flüssiges Blut. Am rechten Horn des Zungenbeins eine größere Blutung. Ferner finden die Obduzenten Anzeichen für eine Schwangerschaft im Frühstadium.

Im vorläufigen Gutachten wird darauf hingewiesen, daß die »zahlreichen Spuren der Gewaltanwendung« darauf schließen lassen, daß sie Ergebnis einer hochgradigen sexuellen Erregung seien, der Tod der Frau aber offenbar durch ein Herzversagen eingetreten sei. In seinem Abschlußbericht faßte der Gutachter Dozent Dr. Rübsamen das widerspruchsvolle Ergebnis der Obduktion zusammen: »Eine organische Erkrankung, die den plötzlichen Tod der Frau Gierth erklären könnte, wurde nicht gefunden. Die am Körper der Frau Gierth beobachteten Verletzungen reichen nach ihrer Schwere ebenfalls in keiner Weise aus, um den plötzlichen Tod erklären zu können. Mit Sicherheit als Todesursache auszuschließen ist eine gewaltsame Erstickung.«

Dr. Rübsamen erklärte dann jedoch, daß sieh diese Widersprüche auf Grund der gerichtsärztlichen Erfahrung auflösen und mit der Darstellung der Vorgänge durch Hetzel in Einklang bringen ließen. Ausgehend von der Annahme, daß die Analverletzung der Frau auf einen Analverkehr schließen lasse, wies Dr. Rübsamen darauf hin, daß es dabei zu einer Reizung des Bauchfells und anschließenden Reflex-Reaktionen kommen könne, die zu einem schweren allgemeinen Kreislaufversagen führen. Die Würgemale ähneln den Druckmarken am Hals der Toten, lassen aber auch die Annahme einer anderen Todesart zu. Werde auf die Gabelung der Halsschlagader im Bereich des Sinus caroticus ein starker Druck ausgeübt, könne das einen plötzlichen reflektonischen Herzstillstand zur Folge haben. Da Hetzel eingeräumt habe, während des Verkehrs a tergo den Kopf der Frau am Hals abgestützt zu haben, ließe sich die Möglichkeit eines tödlichen Karotis-Sinus-Reflexes mit dieser Aussage vereinbaren.

»Zusammenfassend ist also festzustellen«, hieß es im Abschlußgutachten, »daß nach allen Befunden der Tod der Frau Gierth akut, also plötzlich eingetreten ist. Bei dem Fehlen organischer Erkrankungen oder schwerer tödlicher äußerer Verletzungen, da weiter eine Erstickung ausgeschlossen werden kann und eine Alkoholbeeinflussung ebenfalls nicht bestand, bleibt nur eine der vorgenannten Möglichkeiten, den Tod zu erklären, als akutes Kreislaufversagen über den Weg eines Bauchfellreflexes durch den Analverkehr bei bestehender Schwangerschaft oder Reflextod durch starken Druck auf den Karotis-Sinus. Sicherlich geht damit der Tod auf äußere Maßnahmen zurück, die von dem Beschuldigten Hetzel nach seinen eigenen Angaben durchgeführt worden sein könnten. Unerklärt bleiben bei dieser Deutung die multiplen kleineren Blutungen und Abschürfungen ... Es wird angenommen, daß sie zum Teil, ebenso wie die Bißspuren, auf die starke (beiderseitige) sexuelle Erregung zu beziehen sind.«

Trotz dieser eindeutigen Feststellung, daß das Opfer nicht gewaltsam getötet, sondern durch unglückliche Handlungen während des von ihm gewünschten Geschlechtsverkehrs verstorben war, erhob Oberstaatsanwalt Naegele Mordanklage gegen Hetzel. Ein Frauenmord, der sich in der Gegend ereignet hatte, war noch unaufgeklärt. Hoffte der Oberstaatsanwalt, mit Hetzel nun gleich einen zweifachen Mörder präsentieren zu können? Die Sensationspresse, mit entsprechenden Fehlinterpretationen des Oberstaatsanwalts aufgefüttert, tat ein übriges, um die Öffentlichkeit gegen Hetzel zu beeinflussen. Aber noch stand eine unübersteigbare Schranke vor Hetzels Überführung als Mörder: das gerichtsmedizinische Gutachten von Professor Dr. Rübsamen. Oberstaatsanwalt Naegele brauchte also jemanden, dieses Gutachten in Frage zu stellen. Und er fand auch jemanden, der dazu bereit war: Professor Ponsold aus Münster.

Frank Arnau berichtete später: »Der Mann, der bereits im Mordprozeß Rohrbach mit einem durch den späteren Freispruch der Angeklagten offenkundigen Fehlgutachten und anderen irrigen Expertisen hervorgetreten war, genoß bei den Staatsanwaltschaften einen vorzüglichen Ruf. Er erstattete auch im Fall Hetzel ein den Vorstellungen der Staatsanwaltschaften entsprechendes Gutachten, er, der die Tote niemals gesehen, der Obduktion nicht beigewohnt, keinerlei Merkmale selbst festgestellt und sein Gutachten nur auf mangelhafte fotografische Vergrößerungen gegründet hatte ...«

Arnau wies ferner daraufhin, daß die Tote fotografiert worden war, nachdem Hetzel sie dreißig Kilometer transportiert und die Leiche tagelang im Gebüsch gelegen hatte.

Das Schwurgericht in Offenburg hatte auf Grund der Anklage zu entscheiden, ob die Gierth, wie Ponsold annahm, erdrosselt worden oder ob entsprechend der Ansicht von Professor Rübsamen plötzlicher reflektorischer Herzstillstand die Todesursache war.

Ponsold dagegen hielt einen Herz- oder Reflextod für unmöglich. Das bei der Toten festgestellte Lungenödem sei für diese Todesart nicht typisch. Der Tod durch starken Druck auf den Sinus caroticus sei ebenfalls auszuschließen, weil die Strangulationsmarke erheblich unter dem Sinus caroticus liege.

Ponsold verneinte aber auch, daß Frau Gierth erwürgt worden sein könnte. Der Sektionsbefund weise vielmehr darauf hin, daß sie erdrosselt wurde. Die Strangulationsmerkmale am Hals und ihre Unterblutung zeigten mit Sicherheit, daß sie zu Lebzeiten des Opfers entstanden seien. Ponsold erklärte, dieses Urteil stütze sich vor allem auf die stark vergrößerten Fotos der Leiche. Er habe lange darüber nachgedacht, mit welchem

Werkzeug das Opfer erdrosselt worden sei. Er wäre jetzt sicher, es sei ein Kälberstrick oder ein Strangwerkzeug aus Metall gewesen.

Im Gerichtssaal wußte inzwischen jeder, daß Hetzel von Beruf Fleischer war. Ein Fleischer also, der sein Opfer wie ein Stück Vieh mit einem Kälberstrick erwürgt! Ponsolds Erleuchtung – anderthalb Tage habe er dazu gebraucht, wie er sagte – wurde mit der dazugehörigen Mischung von Ehrfurcht und Schauder aufgenommen.

Als Ponsold dann weiter ausführte, einige fünfmarkstückgroße Kopfblutungen deuteten darauf hin, daß das Opfer vor der Erdrosselung durch Schläge bewußtlos gemacht worden war, rundete sich das Bild Hetzels ab, das die Sensationspresse seit Monaten geprägt hatte: das einer Sexualbestie.

Ponsold erhärtete seine These von einer Erdrosselung weiterhin dadurch, daß Blutungen am Zungenbeinhorn festgestellt worden waren.

Nun rekonstruierte Professor Ponsold den Tathergang, wie er sich nach seiner Meinung abgespielt hatte. Der Angeklagte habe möglicherweise der Frau Gierth zuerst Schläge auf die Nase und ins Gesicht verabfolgt, worauf sie wohl zu flüchten versuchte. Hetzel sei ihr wahrscheinlich hinterhergerannt und habe sie auf den Kopf geschlagen. Danach sei sie zusammengesunken, worauf er ihr die Schlinge um den Hals gelegt und kräftig zugezogen habe. Es sei dann innerhalb von Sekunden totale Bewußtlosigkeit eingetreten, falls diese nicht schon durch die Schläge herbeigeführt worden war. Anschließend habe der Angeklagte während des drei bis acht Minuten dauernden Todeskampfes und vielleicht noch nach dem Tode den Analverkehr vollzogen.

Die Geschworenen akzeptierten die Beweisführung des bekannten und selbstsicheren Gutachters. Das Gericht erklärte in der Urteilsbegründung, dieser von Ponsold angenommene Tatverlauf entspreche im wesentlichen der Wahrheit. Es verurteilte Hetzel wegen Mordes zu lebenslänglicher Freiheitsstrafe.

Nachdem Hetzel Frank Arnau gebeten hatte, um eine Wiederaufnahme seines Verfahrens zu kämpfen, setzte sich der

Schriftsteller mit dem Rechtsanwalt Dr. Fritz Gross in Verbindung, um Einsicht in das Prozeßmaterial nehmen zu können. Frühere Versuche der Verteidigung, ein Wiederaufnahmeverfahren durchzusetzen, waren gescheitert. Arnau ging mit einer Reihe von Artikeln in die Öffentlichkeit. Zusammen mit Dr. Gross bemühte er sich um neue Sachverständigengutachten. Das war sehr schwierig, denn Professor Ponsold war eine in der Bundesrepublik angesehene Autorität. Unter dem Druck der von Arnau alarmierten Öffentlichkeit sah sich jedoch Oberstaatsanwalt Naegele gezwungen, das Urteil auf lebenslänglich zu rechtfertigen, indem er es erneut fachwissenschaftlich zu untermauern versuchte. Er forderte fünf Professoren für gerichtliche Medizin auf, die für das Urteil entscheidende Grundfrage zu beantworten, ob mit Sicherheit eine Erdrosselung vorliege oder auszuschließen sei.

1967 nahm die Fünferkommission Einblick in das Prozeßmaterial. Die Kommission ging von der Tatsache aus, daß eine Strangulation vorliege, wenn entsprechende äußere Spuren von grober Gewaltanwendung am Hals vorhanden seien und keine andere konkurrierende Todesursache festzustellen sei. Die Kommission machte sich mit dem vorhandenen Beweismaterial, dem Sektionsbefund und den Leichenfotos vertraut. Danach kam sie zu folgendem Ergebnis: »Es steht fest, daß die auf den Fotografien erkennbaren Hautveränderungen mit den von den Obduzenten beschriebenen inneren Veränderungen korrespondieren und daß es sich nicht um Veränderungen handeln kann, die erst nach dem Tode entstanden sind, denn die Merkmale der vitalen Entstehung sind an den inneren Verletzungen nachweisbar ... Unter diesen Umständen müssen wir die Feststellung treffen, daß eine erhebliche und nicht nur ganz kurze, etwa zufällige Gewalteinwirkung am Hals stattgefunden hat ... Die Spuren am Hals sprechen für Drosselungsspuren.«

Schließlich bestätigte die Kommission, daß sie einen Herz- oder Reflextod für unwahrscheinlich halte. Außerdem unterstützte sie auch noch Professor Ponsolds Kälberstrick-Theorie: »Abdrücke eines Musters am Hals können durchaus einen Hinweis auf die Beschaffenheit des Werkzeuges erlauben.«

Damit schien alle Hoffnung auf eine Wiederaufnahme des Verfahrens begraben zu sein. Aber Arnan und Gross gaben nicht auf. »Zunächst gelang es mir«, berichtete Arnau später, »den Leiter des Wissenschaftlichen Dienstes der Kriminalpolizei ... Zürich, Dr. Max Frei-Sulzer, für eine Gutachtertätigkeit zu gewinnen ... Nach Dr. Frei-Sulzers Zusage schöpften wir neue Hoffnung. Wir brauchten allerdings auch universitätsprofessorale Autoritäten. Professor Dr. Otto Prokop, Direktor des Universitätsinstituts für gerichtliche Medizin an der Berliner Humboldt-Universität, nahm meine Dokumentation über den Fall Hetzel, der für mich auch zu einem Fall Ponsold geworden war, entgegen. Wir sprachen ausführlich über alle Punkte. Professor Prokop, dessen Hauptwerk »Lehrbuch der gerichtlichen Medizin« (Jetziger Titel »Forensische Medizin« – d. A.) wie auch sein gemeinsam mit Medizinaldirektor Waldemar Weimann erarbeiteter Atlas der gerichtlichen Medizin wesentliche Fortschritte für die gerichtsmedizinische Erkenntnis bieten, überprüfte in mehrmonatigen Untersuchungen das Gutachten Ponsolds und erklärte sich bereit, als Gutachter im Wiederaufnahme verfahren tätig zu werden und, für den Fall einer Verhandlung, vor dem Geschworenengericht in Offenburg als Sachverständiger aufzutreten. Dann folgte Prokops schriftliches Gutachten. Es ließ Ponsolds Elaborat als reif für den Papierwolf erscheinen. Jetzt war der Bann gebrochen.«

Eine Reihe weiterer Sachverständiger aus der Schweiz und der Bundesrepublik wurden als Gutachter gewonnen. Arnau hatte noch keinen Strafprozeß erlebt, in dem ein Antrag zur Wiederaufnahme eines Verfahrens mit einem solchen Aufgebot wissenschaftlicher Autoritäten abgesichert wurde.

Trotz erbitterten Einspruchs der Staatsanwaltschaft mußte sich das Gericht schließlich dazu bereit erklären, dem Antrag auf Wiederaufnahme zuzustimmen. Denn zwei der Sachverständigen – Professor Prokop und Dr. Scheffler – hatten Beweismittel vorgelegt, die eine Überprüfung des Schwurgerichtsurteils von 1955 rechtfertigten.

Im Wiederaufnahmeverfahren zeigte der Kölner Dozent Dr. Scheffler neue Positive und Diapositive von den Negativen der Leichenfotos. Sie waren kontrastreicher als die im Erstprozeß vorgelegten Bilder. Scheffler legte dar, es könne keine Rede sein von parallel verlaufenden Spuren, die Ponsold als Abdrücke eines »Kälberstricks« gedeutet hatte. Die stark vergrößerten Lichtbilder bewiesen vielmehr, daß die Leiche mit der linken Halsseite auf einem harten Gegenstand gelegen hatte.

Den eigentlichen Todesstoß gegen Ponsolds Kälberstrick-Hypothese führte jedoch Professor Prokop in seinem Gutachten am 30. Oktober 1969 vor dem Schwurgericht. Prokop stellte fest, daß sich das Schwurgerichtsurteil von 1955 auf gerichtsmedizinische Befunde stützte, die teilweise gar nicht erhoben oder aber von Sachverständigen fehlgedeutet worden waren. Kein Gerichtsmediziner war am Tatort und bei der Obduktion anwesend gewesen. Gerade in einem solchen Fall aber wäre besondere Vorsicht geboten gewesen.

Ponsold hatte behauptet, bei der Toten sei es deshalb zu keinen Bindehautblutungen gekommen, weil der »Kälberstrick« rasch zugezogen worden wäre, was Stauungsblutungen verhindert hätte. Die gerichtsmedizinische Erfahrung zeige aber, daß bei Erwürgen und Erdrosseln stets Bindehautblutungen auftreten. Das von Prokop vorgelegte Zahlenmaterial bewies dies hundertprozentig. In diesem Zusammenhang wandte sich Professor Prokop einem weiteren Indiz zu, das erstaunlicherweise bisher von allen Sachverständigen übersehen oder fehlgedeutet worden war: die beiden sogenannten Strangulierungsmarken am Hals der Toten. »Bei raschem Zuziehen aber und bei Anwendung der nötigen, die Blutzufuhr zum Gehirn drosselnden Gewalt durch ein Drosselwerkzeug (das nie gefunden wurde) wäre eine zirkuläre Strangmarke zu erwarten gewesen«, eine Strangfurche also, die entsprechend dem um den Hals gelegten Strick auch den ganzen Hals hätte umlaufen müssen.

Diese gab es aber nicht, sondern nur zwei Marken von einigen Zentimetern Länge!

Schon mit diesen Nachweisen hatte Prokop zwei Steine des Ponsoldschen Beweisgebäudes herausgebrochen. Er ging nun daran, die tragende Säule dieses Baus zu Fall zu bringen. Ponsolds Mordtheorie hatte sich hauptsächlich darauf gestützt, daß Hetzel seinem Opfer zu Lebzeiten Schläge ins Gesicht und auf den Kopf zugefügt und es dann erdrosselt habe. Beweis dafür waren nach Ponsolds Meinung die Unterblutungen an Kopf und Hals, die nach Ponsold noch zu Lebzeiten entstanden waren. Prokop erklärte jedoch: »Fest steht seit den Arbeiten von Dr. R. Schulz aus dem Jahre 1896 ..., daß postmortal gesetzte Verletzungen oder mechanische Alterationen des Gewebes Blutungen verursachen, die von vitalen Blutungen nicht zu unterscheiden sind ... In unserem Fall hat Hetzel die Leiche ein- und ausgeladen, Wiederbelebungsversuche gemacht und gereinigt, dann abgeworfen.«

Unter Hinweis auf eigene Forschungsergebnisse betonte Prokop, »daß je nach Lagerung der Leiche ... vital imponierende Blutungen noch weit länger als nach zwölf Stunden auftreten können. Die Ansicht der Fünferkommission, daß Blutungen als vitale Zeichen anzusehen seien, ist demnach nur sehr beschränkt haltbar.«

Was das Entstehen der als Strangulierungsmarken gedeuteten Vertrocknungen am Hals betraf, so legte Prokop das Ergebnis einer Reihe von Versuchen vor. Diese bestanden im wesentlichen darin, daß Leichen Stunden bzw. Tage nach dem Todeseintritt mit dem Hals auf kantige Gegenstände gelegt wurden. Dabei entstanden am Hals ähnliche Merkmale wie bei der toten Magdalena Gierth. In Verbindung mit dem Fall Hetzel kam Professor Prokop zu folgender Schlußfolgerung: »Die Leiche der Verstorbenen ist zu einem Zeitpunkt beginnender Totenstarre in das Brombeergesträuch von der Straße aus nach unten zu (Höhenunterschied?) abgeworfen worden und kam, wie es auch das Bild von der Auffindungssituation zeigt, mit deflektiertem Kopf zur Auflage auf Ästen. Dabei kann die Aufliegestelle Y-förmig sein (Astgabel), oder es treten durch die beginnende Totenstarre kleine Stellungsänderungen auf (Experiment von Holzhausen, Weimann und Prokop) ... Durch Lösung der Totenstarre und Erschlaffen der Muskulatur kann bei einer schräg an einem Abhang liegenden Leiche gleichfalls eine ganz kleine Änderung der Stellung ausreichen, um eine Vertrocknung etwas anders zu zeichnen.«

Kein Kälberstrick also! Was Ponsold und die Fünferkommission als Abdruck eines Strickes gedeutet hatten, war experimentell als Folge eines Druckes durch eine Astgabel nachgewiesen worden! Ponsolds Mordtheorie war vom Tisch gefegt.

Hinsichtlich der tatsächlichen Todesursache schloß sich Prokop der Meinung Rübsamens an. »Der Tod beim Beischlaf und kurz danach ist nicht so selten, wie der Laie annimmt.« Prokop bezog sich auf verschiedene Untersuchungen über den Tod beim Beischlaf. Während des Geschlechtsverkehrs komme es zu stärkeren Blutdruckveränderungen, sowohl zu Blutdruckerhöhung wie zum -abfall, was bei herzkranken und kreislaufgeschädigten Personen zu einem Herzversagen führen könne. Die verstorbene Frau Gierth hatte eine Syphilis durchgemacht, besaß eine Struma, hatte kurz vor ihrem Tode einen Abtreibungsversuch unternommen, außerdem lagen Anzeichen für eine frische Herzmuskelentzündung vor. All das war geeignet, den bereits von Professor Dr. Rübsamen vermuteten Überanstrengungstod beim Beischlaf zu verursachen.

Zusammenfassend erklärte Professor Prokop: »Zeichen von Würgen und Drosseln sind nicht nachzuweisen ... Die angeblich verdächtigen Spuren im Halsbereich sind mühelos durch postmortale Vorgänge und Manipulationen an der Leiche zu erklären. Es spricht nichts gegen die Einlassung des einzigen Tatzeugen, des Angeklagten Hetzel. Die naturwissenschaftlichen Erkenntnisse waren bereits zur Zeit der ersten Verhandlung (1955) in genügendem Maße vorhanden, um den Fall richtig einzuschätzen. Der Tod der Gierth ist, wie auch von pathologisch-anatomischer Seite erst eingeschätzt, offenbar durch Herzversagen eingetreten.«

Hans Hetzel wurde nach 16 Jahren unschuldig verbüßter Strafe freigesprochen.

NACHBEMERKUNG

Dieses Buch ist ein Bericht über Kriminalfälle aus gerichtsmedizinischer Sicht, aber keine wissenschaftliche Abhandlung. Deshalb habe ich meist auf Quellenangaben verzichtet.

Da ich hinsichtlich des Materials Gerichtsmedizinern, Kriminalisten, Forschern und Schriftstellern zu Dank verpflichtet bin, verweise ich, zugleich für den weiter interessierten Leser, auf die wesentlichen Quellen dieses Berichts. Es sind dies die Zeitschriften ARCHIV FÜR KRIMINOLOGIE, die KRIMINALISTIK, KRIMINALISTIK UND FORENSISCHE WISSENSCHAFTEN, die DEUTSCHE ZEITSCHRIFT FÜR DIE GESAMTE GERICHTLICHE MEDIZIN. Jürgen Thorwalds DIE STUNDE DER DETEKTIVE und DAS JAHRHUNDERT DER DETEKTIVE lieferten mir Material für »Nur ein Haar«, »Die toten Bräute in der Badewanne«, »Der Fall Marie Besnard«, »Der sicherste Weg ins Jenseits«, ferner für die Fälle des Nikotinmörders Bocarmé und der Lafarge. Der Autobiographie von Sidney Smith entnahm ich die Informationen über den »3-Knochen-Fall«, den Aberdeener Kindermord und den Fall Ruxton. Für den Bericht über den Sexualmörder Pitchfork benutzte ich Wambaughs »Nur ein Tropfen Blut«. Über den Fall Hetzel berichteten ausführlich Frank Arnau und Otto Prokop. Die Fälle, in denen Dr. Walthari auftritt, verdanke ich mündlichen Berichten von Kurt Herold und Dieter Krause.

Dean Koontz

»Er bringt die Leser dazu, die ganze Nacht lang weiterzulesen... das Zimmer hell erleuchtet und sämtliche Türen verriegelt.«

Eine Auswahl:

Die Augen der Dunkelheit
01/7707

Schattenfeuer
01/7810

Schwarzer Mond
01/7903

Tür ins Dunkel
01/7992

Todesdämmerung
01/8041

Brandzeichen
01/8063

Schutzengel
01/8340

Mitternacht
01/8444

Ort des Grauens
01/8627

Vision
01/8736

Zwielicht
01/8853

Die Kälte des Feuers
01/9080

Die Spuren
01/9353

Nachtstimmen
01/9354

Das Versteck
01/9422

Schlüssel der Dunkelheit
01/9554

Die zweite Haut
01/9680

Chase
01/9926

Highway ins Dunkel
Stories
01/10039

Drachentränen
01/10263

Heyne-Taschenbücher

John Grisham

»Grisham schreibt derart spannend, daß man beim Lesen Urlaub vom Urlaub nimmt und im Strandkorb das Baden glatt vergißt.«

WELT AM SONNTAG

»Hochspannung pur.«
FOCUS

Die Jury
01/8615

Die Firma
01/8822

Die Akte
01/9114

Der Klient
01/9590

Die Kammer
01/9900

Der Regenmacher
01/10300

01/9900

Heyne-Taschenbücher

Stephen King

»Stephen King kultiviert den Schrecken… ein pures, blankes, ein atemloses Entsetzen.«

Eine Auswahl:

Im Morgengrauen
01/6553

Der Gesang der Toten
01/6705

Die Augen des Drachen
01/6824

Der Fornit
01/6888

Dead Zone - das Attentat
01/6953

Friedhof der Kuscheltiere
01/7627

Das Monstrum - Tommyknockers
01/7995

Stark »The Dark Half«
01/8269

Christine
01/8325

Frühling, Sommer, Herbst und Tod
Vier Kurzromane
01/8403

In einer kleinen Stadt »Needful Things«
01/8653

Dolores
01/9047

Alpträume
Nightmares and Dreamscapes
01/9369

Das Spiel
01/9518

Abgrund
Nightmares and Dreamscapes
01/9572

»es«
01/9903

Das Bild – Rose Madder
01/10020

schlaflos – Insomnia
01/10280

Brennen muß Salem
(in Neuübersetzung)
01/10356

Desperation
01/10446

H e y n e - T a s c h e n b ü c h e r

Peter Straub

Geheimnisvolles Grauen beherrscht seine spektakulären Horror-Romane. Ein Großmeister des Unheimlichen!

Der Schlund
01/9441

Geisterstunde
01/9603

Der Hauch des Drachen
01/9751

Das geheimnisvolle Mädchen
01/9877

Die fremde Frau
01/10071

Julia
01/10305

01/10305

Heyne-Taschenbücher

AKTE X

Michael White
Die Wissenschaft der Akte X
Beweise für die Realität des Unerklärbaren
01/11506

Ted Edward
Entschlüsselt
Ein Streifzug durch das Archiv der Akte X
01/10252

01/10252

Jörg Alberts
Roland Hepp / Kai Krick
**»Sagen Sie, Scully…?«
Das große
Akte-X-Quizbuch**
2.000 fesselnde Fragen für Fans des Unerklärlichen
01/10253

Marc Shapiro
**Gillian Anderson –
Die Akte Scully**
Facts und Fiction über die Frau der 90er
01/11519

Chris Nickson
**David Duchovny –
Der X-Faktor**
Facts und Fiction über den Star der 90er
01/11514

N.E. Genge
Akte X – Wie es wirklich war
Die wahren Hintergründe der unheimlichen Fälle von Scully und Mulder
01/10251

N.E. Genge
Die Wahrheit über Akte X
Geheimnisse, Verschwörungen, Hintergründe
01/9866

Heyne-Taschenbücher